WIZARD

トレードシステムの法則

検証での喜びが
実際の運用で
悲劇にならない
ための方法

キース・フィッチェン[著]
長尾慎太郎[監修] 山下恵美子[訳]

Building Reliable
Trading Systems
Tradable Strategies That Perform
as They Backtest and Meet Your
Risk-Reward Goals　by Keith Fitschen

Pan Rolling

Building Reliable Trading Systems : Tradable Strategies That Perform as They Backtest and Meet Your Risk-Reward Goals

Copyright © 2013 Keith Fitschen

All rights reserved. This translation published under license with the original publisher John Wiley & Sons, Inc.

監修者まえがき

　本書は、トレードシステムの「アベレイション」（Aberration trading system）の考案者として有名なキース・フィッシェンが著した"Building Reliable Trading Systems"の邦訳である。一般的にトレードシステムの開発においては、その過程で、システムが拠って立つ考え方が正しいことの論証が必要である。それが製作者の単なる思い付きや虚語でないことが確認できなければ、継続して使用することはできないからである。そして、通常その論証の方法は、①演繹的方法（Deduction）、②帰納的方法（Induction）、③仮説的推論（Abduction）――の３種類しかない。本書は、このうち帰納法による論証を試みためずらしい相場書なのである。

　まず、ファンダメンタルズアプローチの運用手法では演繹法によってその確からしさが主張されている。アカデミックな経済理論などに基づく少数の公理から出発して推論を展開し、その運用手法の正しさを聞き手に納得させようとするのである。それらの公理は人々にとってなじみのあるものなので、その正当性が疑われる機会はあまりない。疑義が生じるのは、その戦略を使ってもまったく儲からないことが判明してからである。また、仮説的推論による論証は、ヘッジファンドをはじめ一部の機関投資家によって近年利用されている強力な論証法である。この成功例は、『続マーケットの魔術師』（パンローリング）に登場する運用者たちにいくつも見ることができるが、初心者がいきなり取り組んで簡単にできる種類のものではない。

　一方で、帰納法による論証は、プロセスとしてはそれほど複雑ではない。マーケットのデータと統計解析の知識さえあれば、だれにでもすぐに取り組むことができる。だが、残念ながらこれまでのところ、データマイニングや過去の検証といった方法を用いて信頼できるシス

テムの構築に成功した例は、トレンドフォロー手法などの一部の例外を除いて存在しない。ここで、システムが正しいことを帰納法によって証明しようと思えば、あらゆる環境下・条件下で普遍的にそれが正しいことを示す必要がある。それは厳密には神にでもならなければできないことである。またすべてのトレードシステムは、必然的に最適化を伴う。このため、多くの解説者は自分のシステムに都合の良い事例のみを数点取り上げることで正しさを示したつもりになってきた。もちろんそれが真に正しいはずもなく、そういった欠陥のあるシステムをドローダウンやアンダーパフォームの時期を乗り越えて使い続けることは、製作者自身にもできないことであった。

したがってこれまでは、信頼できる方法論としては、「帰納法による新事実の発見」と「経験則による演繹法」を組み合わせた方法があるのみであった。だが、フィッシェンは、本書において、先行研究のレビューと網羅的な検証を組み合わせることで、かなりの程度まで帰納法による論証に成功している。こうしたスタイルによるトレードシステムの解説は、一般投資家を対象にしたものとしては非常にまれなものであるが、「アベレイション」の大成功はこの新しいアプローチの堅実さと革新性を示していると理解してよいのではないか。

翻訳にあたっては以下の方々に心から感謝の意を表したい。山下恵美子氏は正確かつ迅速な翻訳を行っていただいた。そして阿部達郎氏にはいつもながら丁寧な編集・校正を行っていただいた。また、本書が発行される機会を得たのは、パンローリング社の後藤康徳社長のおかげである。

2014年3月

長尾慎太郎

CONTENTS

監修者まえがき 1
序文 7

第1章 トレーダブルな戦略とは何か 11

第2章 バックテストと同様のパフォーマンスを示す戦略を開発する 19

第3章 トレードしたい市場で最も抵抗の少ない道を見つける 51

第4章 トレードシステムの要素 —— 仕掛け 67

第5章 トレードシステムの要素 —— 手仕舞い 91

第6章 トレードシステムの要素 —— フィルター 123

第7章 システム開発ではなぜマネーマネジメントが重要なのか 145

第8章 バースコアリング —— 新たなトレードアプローチ 157

目次

第9章 「厳選したサンプル」のワナに陥るな　175

第10章 トレードの通説　201

第11章 マネーマネジメント入門　231

第12章 小口口座のための従来のマネーマネジメントテクニック ── 商品　251

第13章 小口口座のための従来のマネーマネジメントテクニック ── 株式　281

第14章 大口口座のための従来のマネーマネジメントテクニック ── 商品　289

第15章 大口口座のための従来のマネーマネジメントテクニック ── 株式　303

第16章 株式戦略と商品戦略を一緒にトレードする　311

付録A ── 各種公式　315
付録B ── 先物　323

CONTENTS

付録C ── つなぎ足　　　　　　　　　　　　　　　341
付録D ── カーブフィッティングの例　　　　　　351

序文

　本書はトレーダブルな戦略の開発方法について書かれたものだ。トレーダブルな戦略とは、自分のリスク・リワード目標に一致し、実際のトレードでもバックテストと同様のパフォーマンスが得られる戦略のことを言う。しかし、さまざまな落とし穴が待ち受けているため、トレーダブルな戦略を開発するのは容易なことではない。私たちは貪欲で、大きなリターンが見込まれるものをトレードしたがる。大きなリターンを得るためにはドローダウンという名の大きなリスクを伴うことは百も承知だと私たちは思っているが、実際はというと、20％のドローダウンに耐えられるトレーダーはほとんどいない。現実的なリスク・リワード目標を設定するために、第1章では世界で最も優れたトレーダーたちの過去5年にわたる実際のパフォーマンスを提示する。第1章を読んだあと、あなたにとってのトレーダブルなシステムの特徴を書き出してみることをぜひともお勧めする。まずは、最大ドローダウン、平均年次最大ドローダウン、資産が高値を更新してから次に高値を更新するまでの最長期間という形でリスクを考えてみよう。最初の落とし穴は貪欲だ。貪欲は戦略開発のあらゆる段階で姿を現す。あなたは、たとえそれがリスクを高めるルールであっても、利益を高めるルールであれば採用したいと思うはずだ。しかし、さらに大きな落とし穴はカーブフィッティング（こじつけ）である。
　カーブフィッティングは少なすぎるトレードサンプルで戦略を開発しようとするときに発生する。カーブフィットしたシステムはトレーダブルなシステムの2番目の特徴に影響を及ぼす。つまり、カーブフィットしたシステムは現実の世界ではバックテストのときほどうまくいかないということである。あなたが購入するシステム開発ソフトのほとんどはワンチャートパラダイムを内包している。つまり、1つの

チャート上のただ1つのトレーダブルな商品から多くのデータを抽出し、それをもとにその商品をトレードするための戦略を開発するということである。開発した戦略が何百というトレードを生みだしても、それは大きくカーブフィットされた戦略以外の何物でもない。第2章ではカーブフィッティングをより詳しく検証し、カーブフィッティングを最小化するために十分なトレードを生成するための方法を示していく。これには事例と統計学を使いる。また、システム開発においてカーブフィッティングの度合いを知るための簡単なプロセスを紹介する。ほとんどの戦略は過度にカーブフィットしているため、失敗するか市場平均を下回るパフォーマンスしか上げられない。成功を目指すのなら、カーブフィッティングを最小にする方法を知ることが重要だ。

本書の後半では2つのトレーダブルなシステムを開発する。1つは株式のための短期スキャルピングシステムで、もう1つは商品のための中期トレンドフォローシステムだ。これらのシステムの開発とともに、仕掛け、手仕舞い、トレードフィルターについても詳しく解説する。これらのシステムは2つとも現状のままで「トレーダブル」なものだが、これらのシステムをさまざまなリスク・リワード特性に合わせて調整するためにはマネーマネジメントが必要になる。マネーマネジメントについては5つの章にわたって説明する。私は小口口座のトレーダーと大口口座のトレーダーとは区別する。小口口座のトレーダーはほんのわずかでも逆行トレードを出せば、追証が請求される。1枚以上のリスクをとれば口座サイズの10%あるいは20%にもなるため、彼らは資産の成長を最適化するサイジングテクニックを活用することができない。小口口座のトレードテクニックを使った株式システムと商品システムのためのマネーマネジメントは2つの章にわたって解説する。同様に、大口口座のトレーダーのためのマネーマネジメントについても2つの章にわたって解説する。最後に2つのシステムを一緒にトレードするときのマネーマネジメントについて解説する。**表P.1**

表P.1　株式戦略と商品戦略を一緒にトレードしたときのパフォーマンス

平均年次リターン（%）	平均年次最大ドローダウン（%）	最大ドローダウン（%）
23.4	5.6	8.7
25.9	6.1	9.6
28.6	6.7	10.4
31.2	7.2	11.3
33.9	7.8	12.1
36.6	8.3	13.0

は株式戦略と商品戦略を一緒にトレードしたときのパフォーマンスを示したものだ。

　本書にはほかでは見られない情報が満載だ。特に注目してもらいたいのがバースコアリングで、これについては第8章で解説する。バースコアリングはそれぞれの足の潜在的利益をユーザー定義の基準に基づいて特徴づける面白くて斬新な方法だ。

　第9章と第10章は文献でよく見られるトレードにおける主張とトレードの格言について見ていく。

　本書で開発したシステムのトレードステーションのイージーランゲージのコードと日々のシグナルについては関連するウェブサイトから入手可能だ。

第1章

トレーダブルな戦略とは何か
What Is a Tradeable Strategy?

　本書の目的は、トレーダブルな戦略の開発方法を示すことである。しかし、ノウハウを知る前に、まずはトレーダブルな戦略とは何かを「現実的」に理解する必要がある。現実的、と言ったのにはわけがある。トレーダーのなかにはトレーダブルな戦略を、負けトレードを出さず、負け日もなく、毎年お金を最低でも2倍にしてくれる戦略だと思っている人がいるからだ。高い目標をかかげるのは良いことだが、こうした条件を満たす戦略などない。トレード戦略によってどんなことが達成可能かを示すために、本章の前半は最高のトレーダーたちの過去5年にわたるパフォーマンスを見ていく。そのあと、トレード戦略のパフォーマンスを最もよく特徴づける検証結果を見ていく。そして最後に、あなたのリスク許容量に合うトレーダブルな戦略を構成するものが何なのかを定義するうえで役立つ質問を紹介したいと思う。

リスクとリワードに対する現実的な期待

　表1.1は、2005年7月1日から2010年6月30日までの5年にわたるトップ20のCTA（商品投資顧問業者）のパフォーマンスを示したものだ。これは情報が開示されている290のCTAのなかからバークレーが選んだものだ。

表1.1　トップ20のCTAのパフォーマンス（2005/7/1～2010/6/30）

CTA	5年複利の年次リターン（%）	最大ドローダウン（%）	勝ち月の比率	最良の12カ月（%）	最悪の12カ月（%）
ベガソウル・キャピタル・マネジメント	44.54	6.88	80.0	112	1
クオンティタティブ・インベストメント・マネジメント	37.01	29.49	68.33	126	−22
ペレ・トレーディング・グループ	36.44	60.72	61.66	570	−50
ディトマソ・グループ	33.73	26.13	68.33	76	−26
コモディティー・フューチャー・サービシズ	32.04	27.84	61.66	135	−22
ツー・シグマ	31.56	18.17	66.66	75	0
24FXマネジメント	29.41	19.28	80.0	55	2
スカリー・キャピタル・マネジメント	28.44	21.26	58.33	79	−6
ダイトン	27.41	44.32	61.66	226	−44
ベルベデーア・アドバイザーズ	27.35	14.55	66.66	86	7
ファイナンシャル・コモディティー・インベストメント	26.99	34.63	76.66	112	−23
レッドオーク・コモディティー・アドバイザーズ	25.03	21.91	68.33	86	−7
アルティスGFPマスター・ファンド	24.45	22.73	56.66	70	−8
ハイデン・アンド・ステインドゥル	23.69	17.76	51.66	82	−8
アイズリング・アナリティクス	23.13	26.05	65.0	66	−20
タクティカル・インベストメント・マネジメント	22.64	22.23	51.66	52	−16
クイックシルバー・トレーディング	22.04	24.58	63.33	73	−20
ブレンハイム・キャピタル・マネジメント	21.53	25.63	63.33	84	−22
パスクウィッツ・アセット・マネジメント	21.05	12.18	68.33	64	−7
MIGFX	21.02	12.86	63.33	67	−11
平均	27.98	24.46	65.08	125.3	−15.1

表1.1を見るといくつかの興味深い点が明らかになる。

■20のファンドの平均年次パフォーマンスである27.98％は、最大ドローダウンの平均をわずか3.5％上回っているだけである。

図1.1　トップ20のCTAのリターンとリスク

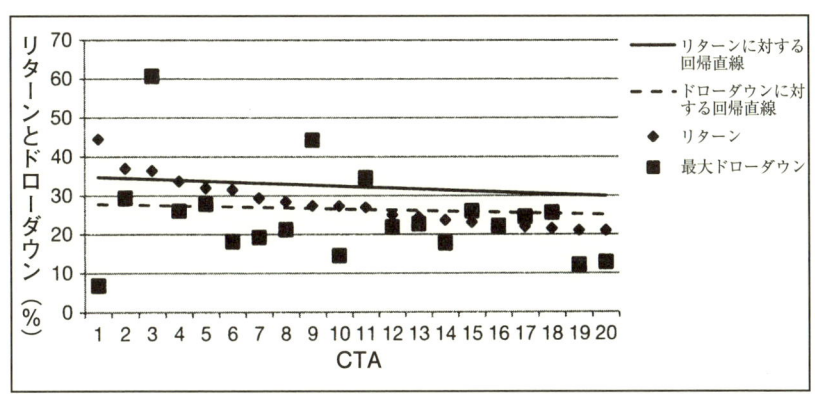

- 20のファンドのうち、17のファンドは利益の出ない年が1年あった。
- 最良の12カ月間のパフォーマンスによって5年平均リターンは大きくゆがめられている。元金を年27.98％（20のファンドの平均年次リターン）で5年複利にすれば、最終資産は元金よりおよそ243％多くなるが、最良の12カ月間の平均リターンである125.3％はその半分以上に当たる。
- 一般に、5年リターンが高いファンドは、ドローダウンの数字からも分かるように、大きなリスクをとっている。これは平均リターンと最大ドローダウンをグラフにして、リターンとドローダウンに対して回帰直線を引いてみるとよく分かる。図1.1はこのグラフを示したものだ。

　これらのパフォーマンスの数字は自分自身のトレーダブルな戦略を開発しようと思っている人にとって、現実を見せつけられたようでショックを感じるかもしれない。実際のトレードでは次のような現実に直面することになる。

■毎年100％儲けられるわけではない。リストのナンバー１のCTAは５年の平均リターンが44.54％だが、12カ月で１％しか利益の出なかった期間がある。
■比較的高いリターンを目指せば、どこかの時点で比較的高いドローダウンを喫することになる。逆に、比較的低いリターンを目指すのなら、ドローダウンも比較的低くなる。
■幸運にも驚異的に高いリターンを達成できた期間があった場合、あなたのパフォーマンスはそれらの利益によって何年にもわたって支えられることがあるかもしれない。
■利益の出ない期間が続くこともある。

トレーダブルなシステムのパフォーマンスを測定するのに用いる検証結果

　世界で最も優れたマネーマネジャーのパフォーマンスによれば、自分に合ったトレーダブルなシステムを定義するのには少なくとも３つの検証結果が必要になる。

１．通常のリターンと通常のドローダウンを測る評価尺度。これはリスク・リワードのベンチマークになる。
２．最悪のケースにおけるリスクのベンチマーク。長期間にわたる最悪のドローダウンがこれに当たる。おそらくは過去５年から10年の最悪のケースのドローダウン。
３．最長フラットタイム。資産が新たな高値を更新するまでの最長時間。

　まずは最悪の場合のリスクから見ていくことにしよう。世界で最も

優れたマネジャーたちでさえ、5年の最大ドローダウンを若干上回る程度の平均リターンしか上げられないのが現実だ。トレーダブルなシステムの目標は、最大ドローダウンを上回る平均年次リターンを上げることだ。本書が示すように、リターンは一般にレバレッジによって増加したり減少したりする。リターンの増減に合わせて、ドローダウンも増減する。したがって、まずあなたが許容できる最大ドローダウンを設定し、レバレッジを使って最大ドローダウンが許容レベル以下になるようにするのがよい。

　私の経験によれば、最小の「フラットタイム」を持つシステムを設計するのは難しい。最善を尽くす以外にないと言うしかない。あなたのリスク・リワード目標に合うものを見つけたら、ほかの検証結果がどうなっているのかを見る。フラットタイムやほかの特性があなたの期待するものより悪い場合、この問題を解決する最も良い方法は、この問題を持つ戦略と相関性の低い別の戦略を導入することだ。

自分自身を知る

　戦略を設計するとき、「最大ドローダウンが20％の戦略を作りたい。そのリスクであれば平均リターン25％を達成できるはずだ」というのは簡単だ。しかし、そういった戦略を開発して、トレードし始めると問題が発生する。3カ月トレードして、資産が10％減少したとしよう。あなたは次のような疑問を持ち始めるはずだ。

■この戦略はカーブフィットしているのではないだろうか。
■市場が変わってしまったのだろうか。
■ボラティリティが高すぎるようだ（あるいは、低すぎるようだ）が、これが問題なのか？

最大ドローダウンを高く設定しすぎれば、立ち直る前に、あるいはドローダウンが20％に達するころには、破綻してしまう。自分自身を知ることが重要なのはこのためだ。トレードを始めたばかりで、それまで20％のドローダウンを経験したことがないのであれば、最大ドローダウンは低く、おそらくはかなり低く設定しなければならない。私はこれまで何千人というトレーダーと話をしてきたが、彼らのほとんどは、「リターンがＸ％であれば、20％のドローダウンは乗り切ることができる」と言う。しかし、現実はそうではない。ドローダウンはリターンの関数として見てはならない。リターンを実現するにはドローダウンを乗り切らなければならないのだ。したがって、最大ドローダウンはあなたが乗り切れるレベルに設定しなければならない。

結論

　世界で最良のマネーマネジャーでも１年に平均で30％を下回るリターンしか上げられず、５年の最大ドローダウンも平均リターンを数％下回るだけである。残念ながら、平均年次最大ドローダウンの結果を把握するのは簡単ではない。しかし、これは非常に重要な数値だ。なぜなら、それこそがあなたのリターンを達成するのに毎年乗り切らなければならない数値だからだ。したがって、トレーダブルなシステムを開発するときには、次の２つのパフォーマンス目標を取り入れなければならない。

１．平均年次リターンが最低でも過去５年の最大ドローダウンを上回る。
２．平均年次リターンは平均年次最大ドローダウンの倍数でなければならない。

３番目に必要なパフォーマンス目標はトレーダーによって決められる。それは最大許容ドローダウンである。現実的な数字を設定しよう。

　本書はこれらの目標を満たす戦略を開発する方法を示すものだ。こうした戦略を開発できれば、株式でも商品でも思いどおりにトレードできるだろう。こうした戦略を開発する前に、トレーダビリティーに関してもう１つ重要なことがある。それは、あなたの戦略は実際のトレードでもバックテストと同様のパフォーマンスを示さなければならないということである。次章は、バックテストと同様のパフォーマンスを示す戦略の開発方法について議論する。

第2章

バックテストと同様のパフォーマンスを示す戦略を開発する
Developing a Strategy So It Trades Like It Back-Tests

　トレーダブルな戦略を開発するのには2つのステップが含まれる。第1ステップでは、トレーダーが許容できるリスク・リワード・レシオを定義する。第2ステップでは、それらのガイドラインを満たし、実際のトレードでもバックテストと同様のパフォーマンスを示す戦略を開発する。本書の後半では、あなたのトレード目標を満たす戦略を開発する方法について議論するが、本章ではもっと重要なことを議論する。それは、実際のトレードでもバックテストと同様のパフォーマンスを示す戦略を開発するうえで出くわす落とし穴である。戦略を「開発」する方法はたくさんあるが、本書では私の方法のみを示す。開発した戦略が実際のトレードでもバックテストと同様のパフォーマンスを示すには、ただ1つの方法しかない。それは、開発段階でカーブフィッティング（こじつけ）をできるだけ避け、トレードの前提をできるだけ現実的なものにすることである。なかでも最大の落とし穴はカーブフィッティングだ。本章ではこの概念を分かりやすく説明するために統計学を用いるが、数学だからといって読み飛ばさないでほしい。これらの統計学は重要な概念だ。もしこれらの統計学を理解できなければ、実際のトレードではうまくいかないシステムばかりを作ることになり、理由は永遠に霧の中だろう。

カーブフィッティング

　トレード戦略を開発するとき、トレードアイデアが利益の出るものかどうかを確かめるためにヒストリカルデータでそのアイデアを検証するはずだ。ヒストリカルデータが無限にあれば、ヒストリカルデータで利益の出ることが証明されたアイデアは、将来的にも利益が出ることを確信できる。しかし、私たちは無限のデータを手に入れることはできない。よくても数十年分のデータしか手に入らない。「無限の大きさを持つ母集団」のなかから取り出したほんの一部のデータでは、バックテストで利益の出ることが証明されたアイデアが将来的にも利益を出ると確信することはできない。開発におけるこの問題はカーブフィッティングによってさらに深刻化することが多い。カーブフィッティングとは、①比較的大量のデータを使ってトレード戦略を開発するときにトレードルール、パラメーター、フィルター、損切りなどを使いすぎること、②用いるルールやフィルターなどは適切だが、データ量が少なすぎること ── と定義することができる。

　カーブフィッティングの例をそれぞれのケース別に見てみよう。比較的大量のデータが使われたケースの場合、実話がある。1990年代の終わりごろ、あるトレーダーが45分足を使ってS&P500先物のトレードシステムを開発した。彼が使ったのは1984年から1998年までのS&P500の45分足のデータだった。当時、S&P500先物は9時30分（以降、時間はすべて米東部時間）に開いて、16時15分に引けていた。したがって、その15年間では45分足は1日に9つできるので、全部でおよそ3万4000本の足のデータが入手可能ということになる。これらのデータを使って、15年間で90回を下回るトレードを生成するトレードシステムを開発した。つまり、トレードを行うのは2カ月に1回ということになる。これらの90回のトレードは素晴らしいものだった。負けトレードは2～3回しかなく、平均トレードは2000ドルを超

えた。彼はこの戦略を使えば1万ドルの元手を毎年2倍にできると考えた。数年後、彼に会ったのでシステムの調子はどうかと聞いてみた。すると彼は頭をかいて、「何が間違っていたのかなぁ」と言った。そのシステムはトレードを始めた途端に「機能しなくなった」のだと言う。これは、比較的大量のデータでルールやフィルターなどを使いすぎ、大きな利益を上げた90回のトレードだけに頼ってシステムを開発したために起こったことだと私は思っている。

適切な開発手順を使ったが、比較的少ないデータのためカーブフィッティングした例

　比較的少ないデータでのカーブフィッティングの例は1980年代のスイスフランだ。1980年代を選んだのは、その時期、スイスフランが見事なまでのトレンド相場だったからだ。トレンドがあるかどうか判断するには移動平均を用いることができる。今日のn日の平均が昨日のn日の平均よりも大きい場合、上昇トレンドなので1枚買う。今日のn日の平均が昨日のn日の平均を下回るまでそのポジションを保持する。今日のn日の平均が昨日のn日の平均を下回ったら、買いポジションを手仕舞って、売る。これはドテンシステムと呼ばれるものだ。ポジションは常に建った状態で、買いから売りへ、また売りから買いへとドテンする。表2.1はn日を10日から100日まで10日刻みで変化させたときの結果を示したものだ。
　表2.1を見ると1980年代はスイスフランはトレンド相場にあったことが分かる。移動平均線の日数をいろいろに変えても、それぞれの日数で大きな利益が出ている。50日移動平均線を選び、n日のルックバックフィルターを加えて、このシステムを改良してみることにしよう。トレンドトレードの注意点の1つは、長期トレンドの方向にのみトレードすることである。これはn日ルックバックフィルターで行う。n

表2.1 平均の計算に用いる日数を変化させたときのスイスフランの移動平均線システム（1980/1/1～1989/12/31）

日数	勝ちトレード数	負けトレード数	利益（ドル）	1トレード当たりの利益（ドル）
10	116	184	31,625	105
20	77	127	64,200	315
30	59	99	50,763	321
40	49	63	61,037	545
50	37	43	72,072	900
60	25	59	45,187	538
70	36	54	56,275	625
80	25	53	55,500	712
90	22	40	63,475	1,023
100	25	39	62,925	983

日ルックバックして、今日の終値がn日前の終値よりも高い場合は上昇トレンドなので、買いのみを行う。また、今日の終値がn日前の終値よりも安い場合は、売りのみを行う。このロジックを50日のドテンシステムに加え、ルックバック期間を60日から150日まで変化させたときの結果は**表2.2**に示したとおりである。

ここで110日のルックバックフィルターを基本戦略に加え、リスクコントロールを加えるとどうなるか見てみることにしよう。ここでは「カタストロフィックストップロス」を使う。これは、損失が「あまりにも大きくなる」ようなトレードは手仕舞うことを意味する。買いあるいは売りのポジションを建てたら、カタストロフィックストップは仕掛けからXドル離れた位置に置く。そのストップに引っかかったら、逆方向の仕掛けシグナルが出るまで同じ方向には再び仕掛けない。このストップを置く方法は2つある。1つは、「取り消すまで有効な（good until canceled）」ストップロスとして入れる方法だ。この場合、市場がオープンしている間はストップは常に置いている状態だ。もう1つは、ストップは置かず、買いの場合はストップより下げて引けた

表2.2 ルックバックトレンドフィルターの日数を変化させたときのスイスフランの移動平均線システム（1980/1/1～1989/12/31）

日数	勝ちトレード数	負けトレード数	利益（ドル）	1トレード当たりの利益（ドル）
60	28	36	66,924	1,046
70	31	37	70,987	1,060
80	34	33	75,737	1,130
90	33	33	78,349	1,187
100	31	32	75,849	1,204
110	31	31	79,187	1,276
120	31	31	77,287	1,247
130	29	32	74,487	1,221
140	31	31	77,412	1,249
150	30	29	74,200	1,258

とき、売りの場合は上げて引けたときに、次の寄り付きで手仕舞うという方法だ。この場合、損失はストップロスを大幅に上回るが、利点が2つある。1つは、流動性がないときはストップはアクティブにはならないという点だ。ほぼすべての商品は買い気配と売り気配のスプレッドが夜間の間は開く。ときには大きく開くこともある。ストップがアクティブであれば、法外な価格で執行されることもある。もう1つの利点は、アクティブなストップは日中に執行されることが多いが、市場はその地点から反転して、ストップ内で引けるという点だ。この場合、あなたのトレードはまだ生きており、利益を生みだす。2番目の方法を使ったときの結果は**表2.3**に示したとおりである。ストップロスの値は250ドルから2000ドルまで250ドル刻みで変化させた。

ストップの値として最適なのは750ドルであることが分かる。

このシステムについては次のことが言える。

■ドローダウンが適切な値なら、このシステムはトレードに適したシステムということになる。平均年次リターンはおよそ8500ドルで、

表2.3　110日のルックバックフィルターとカタストロフィックストップを使ったときのスイスフランの50日移動平均線システム（1980/1/1～1989/12/31）

カタストロフィックストップ（ドル）	勝ちトレード数	負けトレード数	利益（ドル）	1トレード当たりの利益（ドル）
250	20	40	32,588	526
500	23	40	38,324	608
750	31	33	84,887	1,326
1,000	30	34	82,775	1,293
1,250	30	34	80,512	1,258
1,500	30	35	79,662	1,226
1,750	30	35	77,162	1,187
2,000	31	34	75,425	1,160

必要証拠金は1枚当たりおよそ3000ドルだった。こんな結果が得られるシステムなら満足するだろう。

■このシステムは非常にシンプルだ。仕掛けルールは1つ、フィルターも1つ、リスクコントロールロジックも1つしかない。こんなシステムなら、変数が多すぎるとか、最適化しすぎだと苦情を言う人もいないだろう。

■750ドルのストップは比較的小さい。したがって、2～3回連続して損切りにあったとしても、口座には大きな影響は及ぼさない。

■勝ちトレードよりも負けトレードのほうが多くても特に気にはしない。長期トレンドフォローシステムのほとんどは、平均すると勝ちトレードは30％から45％しかないのが普通だ。

■スリッページと手数料の利益に占める割合は非常に小さいので、1トレード当たりの利益が1326ドルというのは非常に安心だ。

これがカーブフィッティングの例だということはもうお分かりになるだろう。**表2.4**は、1990年から2010年までこのシステムでスイスフランをトレードした結果を示したものだ。

表2.4　110日のルックバックフィルターと750ドルのカタストロフィックストップを使ったときのスイスフランの50日移動平均線システム（1990/1/1～2010/12/31）

勝ちトレード数	負けトレード数	利益（ドル）	1トレード当たりの利益（ドル）
77	154	30,638	133

　1980年代には年間平均で8500ドルの利益を上げたシステムが、それに続く21年間ではおよそ1500ドルの利益しか上げていない。このシステムが1980年代の10年間のスイスフランの素晴らしいトレンドフォローのパフォーマンスでカーブフィットされたのは明らかだ。1980年代以降の年はスイスフランは1980年代ほど「トレンド相場」ではなかった。多くのルールやフィルターなどを使ったわけではないが、これは比較的少量のデータでシステムをカーブフィットしてしまった例である。

カーブフィッティングの度合いはシステム開発に用いたデータに比したトレード数に比例する

　先に述べた2つのカーブフィッティングの例を比べてみると、1つの類似点が浮かび上がる。それは、いずれも開発時のサンプルトレード数が比較的少ないことである。カーブフィッティングが開発に用いたデータに比したトレード数に比例すると仮定しよう。もしトレード数が無限なら、トレードの全母集団が入手できるためカーブフィッティングなど起こらないはずだ。そこで質問だ。トレード数がどれくらいあれば無限サンプルを「近似」できるのだろうか。そのための実験として、1つの商品を選び、大量のトレードを生成し、そこからサンプルを抽出して、その小さなサンプルに含まれるトレード数がいくつのときから、「無限」サンプルとの違いが生まれるかを見てみればよい。仮説が正しければ、「無限」サンプルの結果と私たちが抽出した小さ

図2.1　サンプルサイズを増やせば無限サンプルとの差は小さくなる

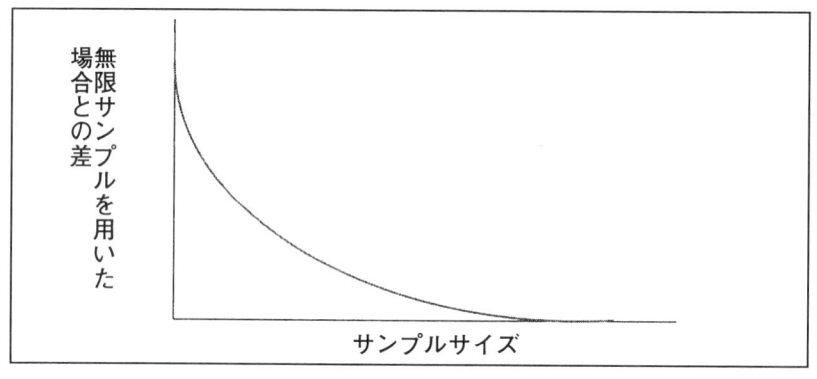

なサンプルの結果との差は、抽出したサンプルにおけるトレード数が増えるほど小さくなるはずだ。**図2.1**はこれを示したものだ。

　この方法には問題点が１つある。それは、「結果にばらつき」が生じることである。幸いにも、統計学者たちはこの問題をすでに解決している。それは標準誤差と呼ばれているものだ。標準誤差を計算するには、まず無限サンプルの平均値（１トレード当たりの平均利益）を計算し、ｎトレードのサンプルを何回もランダムに選びだす。そしてこれらのサンプルのそれぞれの平均を計算し、その平均の標準偏差を計算する。得られた値が標準誤差である。これは例を見たほうが分かりやすいだろう。

　ある戦略によって無限数のトレードを生成し、その無限サンプルの１トレード当たりの平均利益が100ドルだったとする。その無限サンプルから10回のトレードサンプルを何回もランダムに抽出し、その結果が無限分布にどれくらい近いかを見てみる。**図2.2**は10回のトレードサンプルを５回ランダムに抽出したときの結果を示したものだ。

　各サンプルの１トレード当たりの平均利益は以下のとおりである。

図2.2 無限トレード分布から10トレードのサンプルを5回ランダムに抽出したときの結果

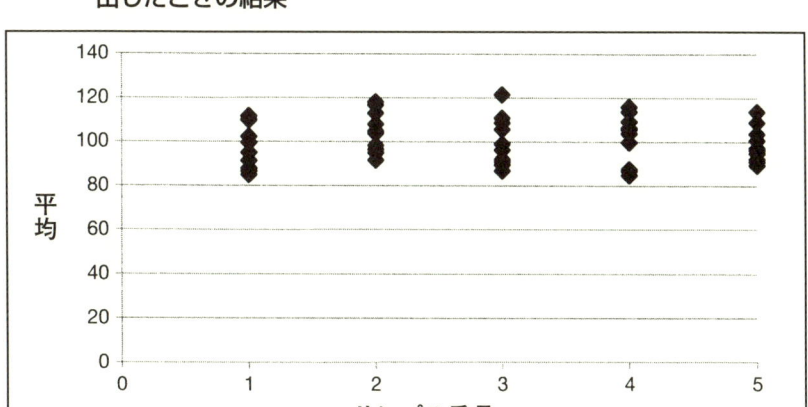

サンプル1　　97.94
サンプル2　　104.60
サンプル3　　100.17
サンプル4　　101.43
サンプル5　　98.89

　5つのサンプルの1トレード当たりの平均利益の標準偏差は2.59である。これは標準誤差でもある。これは何を意味するのだろうか。無限サンプルの平均である100±1標準偏差の間にはサンプル平均の68.3％が含まれる。5に0.683を掛けると3.415なので、3.415個のサンプル平均が100±1標準偏差の範囲内に入っているということになる。100±1標準偏差は97.41～102.59である（無限サンプルの平均である100から1標準偏差を引くと97.41、無限サンプルの平均である100に1標準偏差を足すと102.59）。このケースの場合、サンプル平均の4つがこの範囲内に入っており、1つ（104.6）だけ範囲外だ。これを10トレードのサンプルを100回ランダムに抽出したものに拡大すると

次のようになる。

■サンプル平均の68.3％は、「100－1標準偏差」と「100＋1標準偏差」の範囲内に入るはず。
■サンプル平均の95.4％は、「100－2標準偏差」と「100＋2標準偏差」の範囲内に入るはず。
■サンプル平均の99.7％は、「100－3標準偏差」と「100＋3標準偏差」の範囲内に入るはず。

つまり、1トレード当たりの平均利益が100ドルで、標準誤差が2.59ドルの戦略を開発したとすると、その戦略の1トレード当たりの真の利益が97.41ドルと102.59ドルの間に含まれていることを68.3％の確率で確信でき、92.23ドルと107.77ドルの間に含まれていることを99.7％の確率で確信できるということである。（こんなふうに言うと統計学の教授に殺されるかもしれないが、統計学の注意事項をすべて無視すれば、おおよそはこんな意味だ）。

　これが標準誤差の意味するところだが、現実世界では、nトレードのサンプルを何百回も抽出することはできない。1つのサンプルを抽出して、それがバックテストの結果になる。次に1つのサンプルを使って平均の標準誤差を予測する。バックテストで使ったトレードの標準偏差を計算して、それをサンプルサイズの平方根で割る。10回のトレードの5つのサンプルの計算値は以下のとおりである。

サンプル1　平均＝97.94、標準偏差＝10.26、標準誤差＝（10.26÷$\sqrt{10}$）＝3.25
サンプル2　平均＝104.6、標準偏差＝9.28、標準誤差＝2.94
サンプル3　平均＝100.17、標準偏差＝11.19、標準誤差＝3.54
サンプル4　平均＝101.43、標準偏差＝11.34、標準誤差＝3.59

サンプル5　平均＝98.89、標準偏差＝7.97、標準誤差＝2.52

　5つのサンプルを使ったときの標準誤差は2.59だったが、1つのサンプルを使ったときの標準誤差はそうはならない。でも、いずれも2.59に近い。

　例はこれで終わりにしてトレードに進む前に、もう1つ別の概念を見ておく必要がある。それは、無限サンプルの分散である。前の例では、10回のトレードのサンプルの平均はどれも無限トレードの平均の100に近い値になった。それは、無限トレードの分布を形成する何千というトレードを生成するときに、無限サンプルの標準偏差として10を使ったからである。標準偏差として10を使うということは、ランダムに生成したトレードの68.3％は、1トレード当たりの平均利益が90から110（100－1標準偏差から100＋1標準偏差）の間の値を取り、95.4％は80から120（100－2標準偏差から100＋2標準偏差）の間の値を取り、99.7％は70から130（100－3標準偏差から100＋3標準偏差）の間の値を取ることを意味する。しかし、実際のトレード分布はこうはならない。負けトレードは何百ドルあるいは何千ドルにもなるかもしれないし、勝ちトレードも何百ドルあるいは何千ドル、あるいはそれ以上になるかもしれない。私たちの例で見たように3標準偏差の幅が60ドルではなく、実際のトレード分布は何千ドルという幅になるかもしれない。重要なのは、元となる分布の標準偏差（分散）が大きいほど、標準誤差も大きくなるということである。次の例は前の例に似ているが、無限サンプルの標準偏差を10にする代わりに、500という値を使った点が異なる。これによって3標準偏差の幅は3000になる。つまり、トレードの99.7％は、1トレード当たりの平均利益（トレード平均）±1500ドルの値になるということになる。トレード平均が100ドルで、トレードの標準偏差が500ドルの「無限トレードプール」から10トレードのサンプルを5回抽出した結果は以下のとおりである。

サンプル１　　平均＝263.29ドル、標準誤差＝165.81ドル
サンプル２　　平均＝－31.05ドル、標準誤差＝151.96ドル
サンプル３　　平均＝－71.57ドル、標準誤差＝95.18ドル
サンプル４　　平均＝198.69ドル、標準誤差＝148.14ドル
サンプル５　　平均＝275.74ドル、標準誤差＝195.65ドル
平均の平均＝127.02ドル

　平均の平均が127.02ドルなので、このサンプル集合の平均は無限サンプルの平均である100ドルよりも大きい。これは無限分布の分散が比較的大きいとき、標準誤差が大きくなることを意味する。標準偏差が10のとき標準誤差は2.59だったが、標準偏差が500ドルになると、標準誤差は95.18ドル〜195.65ドルの幅を持つ。
　これはトレーダーにとって何を意味するのだろうか。バックテストによって生成した10回のトレードの平均利益が275.74ドルで、標準誤差が195.65のとき（サンプル５）、その戦略の１トレード当たりの実際の利益は80.09ドルから471.39ドルの範囲になることを68.3％の確率で確信できるということである。この程度ならサイコロを振ってトレードしても変わりはないかもしれない。でも、あなたがバックテストで生成したサンプルはサンプル２だった可能性もある。この場合、サンプル平均が－183.01ドルから120.91ドルの範囲になる確率は68.3％になる。これは魅力的とは言えない。
　この例は、私たちが必ず遭遇する別の問題も浮き彫りにする。５つのサンプルを別々のバックテストと考えてみよう。バックテストを１回やるごとにパラメーターの１つを少しずつ変える。サンプル１とサンプル５は正しい軌道に乗っており、サンプル２とサンプル３は間違った軌道に乗っていると思いがちだが、これらの結果はすべて同じ分布から得られたものだ。つまり、比較的大きな標準偏差を持つ小さな

サンプルでは判断を下すことはできないのである。

カーブフィッティングがサンプルデータにおけるトレード数に比例するという仮説を実際のトレードデータで検証する

ちょっと回り道してしまったが、この仮説を実際のトレードデータを使って検証してみよう。金は1975年からの日々のデータが入手できるので、金で検証してみた。多くのトレードを生成するために、20日移動平均線ドテンシステムを使った。これは、過去20日の終値の今日の平均が昨日の平均より高ければ買い、過去20日の終値の今日の平均が昨日の平均より安ければ、買いポジションを手仕舞って売るというものだ。以下はバックテストの結果を示したものだ。

勝ちトレード数	233
負けトレード数	450
総利益	2万2400ドル
平均トレード	32.80ドル
最大勝ちトレード	1万6230ドル
最大負けトレード	5150ドル
トレードの標準偏差	1884ドル

この分析においては、これがトレーダブルな戦略かどうかは問題ではない。私たちが知りたいのは、全母集団の結果を近似するのにサンプルトレードがいくつあればよいかである。全683トレードの各損益を記録し、各サンプルサイズに対して、そのサンプルサイズのトレードをランダムに抽出し、そのサンプルの平均を算出した。これは各サンプルサイズに対して1万回行った。1万のサンプル平均の標準偏差

図2.3　金のトレードの標準誤差とサンプルサイズ

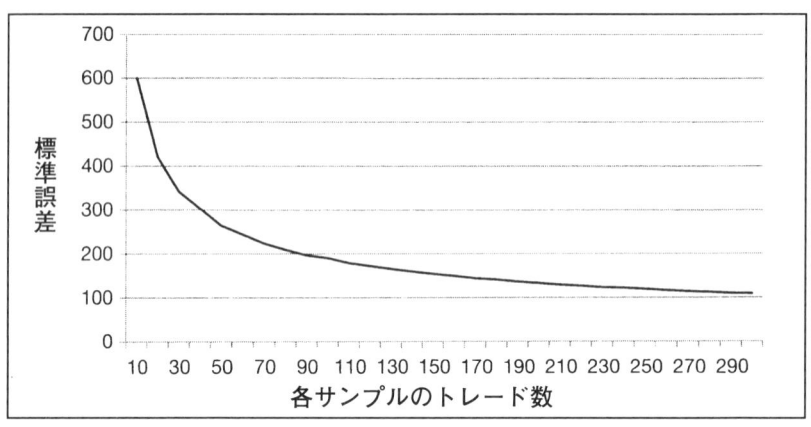

を使って、そのサンプルサイズの標準誤差を算出した。まとめると、例えばサンプルサイズが90の場合、683回のトレードが含まれる金のトレードファイルから90回のトレードをランダムに1万回抽出し、各回ごとに90回のトレードの平均を算出し、1万個の平均値の標準偏差を算出し、標準偏差を90の平方根で割って標準誤差を算出した。この場合、標準誤差はおよそ200ドルだった。**図2.3**は標準誤差とサンプルサイズをグラフにしたものだ。トレードファイルに含まれるトレードはわずか683回しかないので、サンプルサイズは300に制限した。

　サンプルサイズは、10回のトレードから300回のトレードまで、10回のトレードごとに変化させた。**図2.3**を見ると、サンプルサイズが増えるほど、標準誤差は減少することが分かる。これは私たちの仮説に一致する。サンプルサイズが300のとき、標準誤差はおよそ100ドルだ。これは実際の分布に比べるとまだ大きい。この場合、1標準偏差の幅は－67.20（平均トレードの32.80ドル－100ドル）から132.80ドル（32.80ドル＋100ドル）である。無限サンプルを正確に定義するにはサンプルサイズをもっと大きくしなければならないことは明らかだが、

「無限サンプル」として683回のトレードしかないので、使えるサンプルサイズには制限がある。

無限サンプルのサイズを大きくするために、コモディティー・システムズ（CSI）の37の国内商品に対するつなぎ足データ（CSIがデータを入手し始めてからのデータ）を使った。これらのデータを使って20日移動平均線ドテンシステムでバックテストした結果は以下のとおりである。

勝ちトレード	7875
負けトレード	1万7107
総利益	84万5713ドル
平均トレード	33.85ドル
最大勝ちトレード	9万9641.20ドル
最大負けトレード	1万2800ドル
トレードの標準偏差	2316ドル

図2.4は標準誤差とサンプルサイズをグラフにしたものだ。ただし、サンプルサイズは20回のトレードから1000回のトレードまで20回のトレード刻みで変化させた。

図2.4を見ると分かるように、サンプルサイズが1000でも、標準誤差はまだ大きく、およそ75ドルだ。

トレーダーとしては、この議論から学ぶべき実践的な教訓がある。つまり、その戦略が将来的に見せる実際のパフォーマンスをバックテストの結果から確信するためには、バックテストの結果の分散が大きいほど、サンプルサイズは大きくしなければならないということである。最初の例では、トレードサンプルの標準偏差は10だった。この分布から10回のトレードのサンプルを抽出したとき、標準誤差はおよそ2.5だった。トレードサンプルの標準偏差を500に増やすと、標準誤差

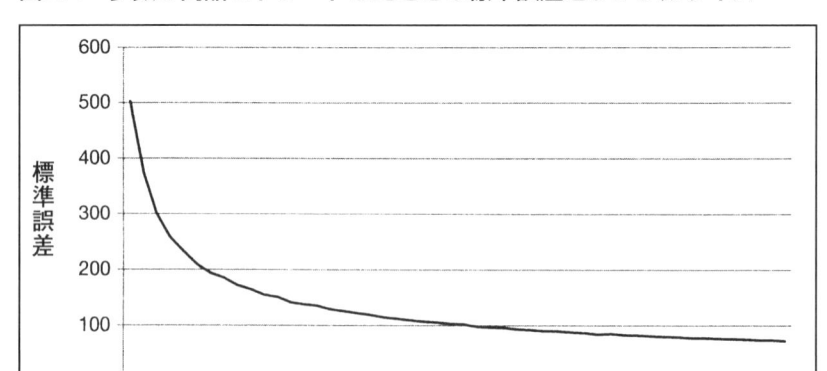

図2.4 多数の商品をトレードしたときの標準誤差とサンプルサイズ

はおよそ95から195まで上昇した。そして、**図2.4**からは、標準偏差が2316になると、標準誤差はおよそ500になることが分かる。短期トレーダーにとっても長期トレーダーにとっても、これらの事実については良いニュースと悪いニュースがある。

■短期戦略については、平均利益は減る（悪いニュース）が、平均損失も減る（良いニュース）。すべてのトレードの標準偏差は比較的小さいため、標準誤差も比較的小さく、カーブフィッティングを最小化するのに必要なサンプル数も少なくて済む（良いニュース）。
■長期戦略については、平均利益は増える（良いニュース）が、平均損失も増える（悪いニュース）。すべてのトレードの標準偏差は比較的大きいため、標準誤差も比較的大きく、カーブフィッティングを最小化するのに必要なサンプル数も増やさなければならない（悪いニュース）。

カーブフィッティングの検証

　これで統計学は終わりだ。前の節のポイントは、ほとんどのトレードシステム（すべてとは言わないが、私はすべてだと思っている）については、カーブフィッティングの影響を最小化し、実際のトレードがバックテストの結果に一致するためには、バックテストでは大量のトレード（何百あるいは何千というトレード）が必要になるということである。モデルがカーブフィットしているかどうかを確かめるのにモデルを統計学的に検証する必要はない。開発したシステムがカーブフィットしているかどうかを確かめる比較的簡単で堅牢な方法がある。これはBRAC（「Build, Rebuild, and Compare」［構築、再構築、比較］）という方法だ。この方法では、戦略の開発でトレードする証券のすべてのヒストリカルデータを使う。戦略を開発するとき、たどったステップと用いた選択ロジックを記録し、パフォーマンスの良い戦略を開発し終えたら、「Build」（構築）の部分は終了だ。次に、ヒストリカルデータの最後の部分のデータを削除する。例えば、20年分の日足データを使っているのであれば、最後の１年分のデータを削除する。最後の部分のデータを削除したヒストリカルデータを使って、最初と同じステップと判断基準を使って戦略を「Rebuild」（再構築）する。そして最後に、すべてのヒストリカルデータを「再構築」した戦略に入力し、再構築した戦略の削除したデータ期間におけるパフォーマンスと同じ期間における最初の戦略のパフォーマンスを「Compare」（比較）する。パフォーマンスが似通っていれば、あなたの戦略は実際のトレードでも機能する。

BRACの例

　前のカーブフィッティングのところで使った37の国内商品のデータ

表2.5 移動平均線の日数を変化させたときの37の商品の移動平均線システム

移動平均線の日数	勝ちトレード数	負けトレード数	利益（ドル）	1トレード当たりの利益（ドル）
10	11,614	24,153	−884,394	−25
20	7,875	17,107	845,713	33
30	6,318	13,976	1,084,360	53
40	5,266	12,153	1,377,589	79
50	4,734	10,822	1,433,893	92
60	4,208	10,060	1,579,068	110
70	4,021	9,020	2,005,335	153
80	3,585	8,201	2,252,218	191
90	3,287	7,569	2,403,499	221
100*	3,158	7,067	2,591,263	253
110	2,923	6,810	2,253,408	231
120	2,820	6,441	1,863,185	201

＊判断基準に基づいて選んだ値

を使って、本章の最初に出てきたスイスフランのカーブフィッティングの例でやったように、移動平均線システムを開発してみよう。前の例では、次のステップと選択ロジックを使った。

■移動平均線の日数を10日から120日まで10日刻みで変化させる。最大利益を生む日数を選ぶ。
■ルックバックフィルターの日数を、移動平均線の日数＋10日から＋200日まで10日刻みで変化させる。最大利益を生むルックバック期間を選ぶ。
■カタストロフィックストップの値を250ドルから2000ドルまで250ドル刻みで変化させる。最大利益を生むストップの値を選ぶ。

これらのステップおよび判断基準を使った移動平均線システムの結果は**表2.5**に示したとおりである。ただし、検証期間は、37の商品に

表2.6　n日のルックバックフィルターを追加したときの37の商品の移動平均線システム

ルックバックフィルターの日数	勝ちトレード数	負けトレード数	利益（ドル）	1トレード当たりの利益（ドル）
110	2,316	4,887	2,646,091	372
120	2,202	4,665	2,506,464	365
130	2,141	4,536	2,402,654	359
140	2,113	4,428	2,493,393	381
150	2,123	4,363	2,499,807	385
160	2,101	4,264	2,519,704	395
170	2,078	4,171	2,495,891	399
180	2,043	4,129	2,538,957	411
190	2,038	4,102	2,612,408	425
200*	2,055	3,996	2,681,790	443

＊判断基準に基づいて選んだ値

対してCSIがデータを入手し始めた日から2010年の終わりまでとする。

最大利益が得られたのは移動平均線の日数が100日のときである。したがって、移動平均線の日数として100日を選ぶ。**表2.6**は、トレンドルックバックフィルターを加えたときの結果を示したものだ。トレードは長期トレンドの方向のトレードのみを仕掛ける。

最大利益が得られたのはルックバックフィルターの日数が200日のときである。したがって、ルックバックフィルターの日数として200日を選ぶ。次に、カタストロフィックストップを加えてみよう。**表2.7**がその結果を示したものだ。

最大利益が得られたのはカタストロフィックストップが2000ドルのときである。したがってカタストロフィックストップの値として2000ドルを選ぶ。

すべてのデータを使って開発したシステムの勝ちトレード数は2103で、負けトレード数は4326、検証期間中の純利益は255万5125ドルだった。検証期間の最後の1年（2010年1月1日～2010年12月31日）の

表2.7 カタストロフィックストップを追加したときの37の商品の移動平均線システム

カタストロフィックストップ（ドル）	勝ちトレード数	負けトレード数	利益（ドル）	1トレード当たりの利益（ドル）
250	2,362	8,682	2,140,902	193
500	2,260	6,474	2,298,666	263
750	2,196	5,516	2,390,608	309
1,000	2,160	4,982	2,482,679	347
1,250	2,141	4,705	2,538,943	370
1,500	2,127	4,540	2,524,710	378
1,750	2,116	4,411	2,542,710	389
2,000*	2,103	4,326	2,555,125	397

＊判断基準に基づいて選んだ値

パフォーマンスは以下のとおりである。

勝ちトレード数　101
負けトレード数　205
利益　　　　　　33万3407ドル

　次に、同じステップとロジックを使って戦略を再構築してみよう。ただし、最後の1年分のデータはバックテストから削除する。**表2.8**から**表2.10**は選択基準に基づいて各ステップで選ばれたパラメーターの値を示したものだ。

　各ステップで選ばれたパラメーターの値が、すべてのデータを使ったときと同じだったことに、あなたは驚くかもしれないが、驚くには当たらない。なぜなら、何千というトレードを使って戦略を開発した場合、最良のパラメーターの組は年毎に変わったりしないからだ。アベレイションというシステムを35商品のバスケットで開発したとき、最良のパラメーターは80日だった。その後も25年以上にわたり最良のパラメーターの値は変わらず、今では57の世界の商品のバスケットを

表2.8　37の商品の移動平均線システム——移動平均線の日数

移動平均線の日数	勝ちトレード数	負けトレード数	利益（ドル）	1トレード当たりの利益（ドル）
100*	2,982	6,707	2,250,087	232

＊判断基準に基づいて選んだ値

表2.9　37の商品の移動平均線システム——ルックバックフィルターを追加

ルックバックフィルターの日数	勝ちトレード数	負けトレード数	利益（ドル）	1トレード当たりの利益（ドル）
200*	1,957	3,832	2,361,508	407

＊判断基準に基づいて選んだ値

表2.10　37の商品の移動平均線システム——カタストロフィックストップを追加

カタストロフィックストップ（ドル）	勝ちトレード数	負けトレード数	利益（ドル）	1トレード当たりの利益（ドル）
2,000*	2,002	4,121	2,221,718	362

＊判断基準に基づいて選んだ値

使っている。このBRACテストでは、再構築したシステムの結果と最初のシステムの結果は削除した1年間においては同じだった。このあとの章ではさらに戦略を開発するが、カーブフィッティングが現れたと思ったときにはBRACテストを行う。覚えておいてもらいたいのは、私たちは無限のデータを得ることはできず、ヒストリカルデータに基づいて解を導きだしているので、カーブフィッティングはある程度は避けられないということである。重要なのは、カーブフィッティングをできるだけ減らすことである。

BRACテスト対アウトオブサンプルテスト

　任意の問題に対する究極の解として、あることが狂信的なまでに信じられてしまうことがある。トレードの世界でこの範疇に入るものは3つある。

1. モンテカルロ分析は、その戦略がいくらの利益を生み、最悪のドローダウンがどれくらいになるのかを教えてくれる。
2. ダイバージェンスシグナルは非常に強力な仕掛けテクニックだ。
3. 良いシステムを見極めるために唯一信頼できる評価尺度は、アウトオブサンプルテストである。

　モンテカルロ分析とダイバージェンスについては、本書の別のところで述べる。ここではアウトオブサンプルテストについて考えてみたいと思う。私のセミナーでよく聞かれる質問の1つは、システムをトレードする前にアウトオブサンプルテストはどれくらいやりますか、というものだ。私はアウトオブサンプルテストなんてまったくやらない。開発したシステムがBRACテストをパスし、トレードしているほかのシステムにもフィットすれば、私はそのシステムをトレードする。アウトオブサンプルテストの最大の問題点は、アウトオブサンプルの結果を参照すべきパフォーマンスがないことである。例えば、入手できるすべてのデータでシステムを開発し、アウトオブサンプルテストで「次の年のパフォーマンスを調べる」とする。何千というトレードを使って行った20年のバックテストでは、1年当たりの平均利益が2万ドルで、1年当たりの平均ドローダウンが1万ドル、最大ドローダウンが2万ドルだった。このシステムを1年のアウトオブサンプルで見ると、損益は－5000ドルで、最大ドローダウンは1万5000ドルだった。このアウトオブサンプルテストは失敗なのだろうか。それは状況

によると思う。過去5年のトレード結果が次のようになったとする。

年	リターン	最大ドローダウン
5年前	30,000ドル	5,000ドル
4年前	－5000ドル	15,000ドル
3年前	40,000ドル	5,000ドル
2年前	15,000ドル	15,000ドル
1年前	20,000ドル	10,000ドル
平均	20,000ドル	10,000ドル

　もし4年前にアウトオブサンプルテストをやったとすると、5000ドルの損失と、1万5000ドルのドローダウンが出るというのが「正しい」答えになっただろう。しかし、このテスト結果では、ほとんどの人がその戦略を破棄するだろう。
　アウトオブサンプルテストを行うとき、20年分のデータのうち19年分のデータを使って戦略を開発し、残りの1年分のデータを使って収益テストを行えば、重要なデータを見落とすことになる。データ不足は開発上の大きな問題だ。もし無限のデータを入手することができるとするならば、この章の存在価値はない。データを削除して問題を悪化させる必要があるだろうか。
　BRACテストは、開発サンプルに含まれないデータに対するパフォーマンスも参照することができるだけでなく、入手できるすべてのデータを使って開発が行われるため、これらの問題のいずれも解決することができる。

カーブフィッティングについて最後に一言

　トレーダーたちがカーブフィッティングというワナにはまるのは陰

謀のせいだと私は思っている。その陰謀を仕掛けるのは開発ソフトの販売会社だ。ほとんどのパッケージソフトには「チャートパラダイム」というものが含まれている。これは、1つ以上のチャートをウィンドウに表示して、そのチャートの1つのシンボルのデータのみで戦略を開発するというものだ。つまり、解は1つのデータセットのみで導き出されるということである。これではデータが少なすぎる。さらに、マウスでポインターを移動させてクリックするだけでトレードルールやストップやフィルターを追加することができ、それらを最適化することもできる。トレーダーたちは「これでいい」と思ってしまう。この方法にはカーブフィッティングという問題が潜んでいることをソフトウエア会社は知っている。だから、これは陰謀なのだ。潜在的顧客はこのパラダイムを使えば2週間で「聖杯を見つけることができる」といとも簡単に思ってしまうため、ソフトは確実に売れる。

　ユーザーたちがいろいろなシンボルのバスケットで戦略を開発できるようなパッケージを提供するのが理想的だが、その方法ではトレーダブルな戦略を開発するのは難しい。それに、広告で目にする素晴らしいトレードチャートは見た目ほど良くはない。

有効なバックテストを妨げるそのほかの要因

　戦略を開発して、それが実際のトレードで失敗すれば、ほぼ90％の確率で、データに対しカーブフィットさせていただけの可能性が高い。しかし、理由はこれ以外にもある。

■足のなかのすべてのポイントをトレードポイントと仮定する。
■1つの足のなかで2つの注文を出す。
■現実的な取引コストを含める。
■指値注文マニア

これらの問題で比較的良い点は、1トレード当たりの利益目標が上がれば、問題の深刻さは低減するという点だ。例えば、日足で戦略を開発し、1トレード当たりの利益目標を500ドル以上にしたとすると、これらの問題によってリターンは下がるが、戦略が破綻してしまうことはない。しかし、50ドルのスキャルプを1日に2～3回得ようとすれば、これらの問題によってシステムは破綻し、結局は損失を出すことになる。

足のなかのすべてのポイントをトレードポイントと仮定する

　日足を使い、その日の始値、高値、安値、終値がそれぞれ101、101、99、99だとすると、あなたのバックテストプラットフォームはおそらくはその日は200のトレードポイントがあったと仮定するだろう（101から99まで1セントにつき1つのトレードポイント）。しかし、実際には101で寄り付いて、100.5までギャップダウンし、その後、99の終値まで1セントずつ下がっていった可能性もある。あなたの戦略が100.95で逆指値で売りを仕掛けたとすると、あなたのソフトウエアはその値を示すが、実際には100.5以下で執行されてしまった可能性もある。あなたが長期トレーダーなら、0.45ドルの誤差で殺されてしまうことはないが、1トレード当たり0.10ドルの儲けを目指している場合、その0.45ドルは利益目標の4.5倍になる。このバックテスト問題の解決法は、日足で戦略を開発してもよいが、良いと思える戦略が見つかったら、日足の結果の一部を、もっと短い時間枠（5分足、1分足、ティックデータ［ティックデータとはすべての約定価格をプロットしたもの］など）でトレードした結果と比較してみることである。

１本の足で２つの注文を出す

　戦略の多くは１つの足で１つ以上の注文が有効になることが多い。例えば、

- ブレイクアウトシステム —— 市場がオープンする前に買いの逆指値注文と売りの逆指値注文を入れ、最初のブレイクアウトによってどちらのポジションを取るかが決まる。
- カウンタートレンドシステムまたはトレーディングレンジシステム —— 現在価格の上に売りの指値注文を入れ、現在価格の下に買いの指値注文を入れ、価格が仕掛け価格まで上昇または下落したあと、再び逆方向に動けば、利益を得て手仕舞い、執行されなかった指値が次の利益目標となる。
- 条件付き注文 —— ある注文を出し、その注文が執行されたらストッププロテクションのために別の注文が出される。

　これらの注文の問題点は、両方の注文が足の範囲内に含まれている場合、どちらの注文が先に執行されたかが分からない点だ。２番目の例は、どちらのトレードも勝ちトレードになるため、どちらの注文が先に執行されたかは問題にはならない。しかし、ほかの２つではこれが問題になる。このバックテスト問題の解決法は、もっと短い時間枠のデータを見て、どちらの注文が先に執行されたかを調べることである。

現実的な取引コストを含める

　取引コストにはスリッページと手数料が含まれる（実際には利益にかかる税金も含めなければならないが、これについてはほとんど議論

されない)。1993年に私が最初のトレードシステムを世に出したとき、トレードが継続した60日について1枚当たり75ドルの取引コストを含めた。60日ということは、建玉の乗り換え処理のためのロールオーバーコストが含まれることになる。当時、ブローカーは先物1枚につきおよそ25ドルの往復料金を取り、ピットはどんな注文に対しても、あるいはいつ注文を入れてもこれ以外に50ドル取っていた(ブローカーが顧客の希望価格で執行できない「市場が早く動く」恐ろしい状況を思い出そう)。今では取引コストは格段に安くなった。ブローカー間の競争が激しくなり(今では先物1枚につき往復料金2ドルから5ドルでトレードできるし、2万5000ドル相当の約定代金の株式のデイトレードが5ドルから10ドルという安さだ)、また電子市場に移行したため、買い気配と売り気配のスプレッドは1ティックから数ティックに下がった(ただし、夜間は除く)。したがって、取引コストのトレードに対する影響は昔ほどではなくなった。しかし、目指す利益が比較的小さい場合、現実的な取引コストを含める必要がある。

　次に示すのは私がバックテストで使うスリッページの値だ。あなたは自分のブローカーの実際の取引コストを使えばよい。

株式

　私がトレードする株式は、過去5トレード日の平均流動性が2000万ドルの株だけである。ここで言う流動性とは「終値×出来高」を意味する。私は流動性を考えて日中の逆指値注文を入れることはない。私が使うのは次のタイプの注文で、平均的なスリッページは示したとおりである。

　　MOO注文(寄成注文)　──　始値から0.015ドル(1.5セント)
　　MOC注文(引成注文)　──　終値から0.0025ドル(4分の1ペニー)
　　指値注文 ── 次の「指値注文マニア」を参照のこと

口座サイズが比較的小さい場合、注意すべきことがある。100株未満の注文は、最小取引単位に満たない端株として扱われる。端株に対してMOO注文を行う場合、スリッページは平均で取引単位（100株）以上の株の寄り付き注文よりもはるかに大きくなる。なぜなら、端株注文は寄り付きで板寄せされず、反対方向の同じ端株注文が存在するときのみ執行されるからだ。こうした注文のスリッページは非常に大きいため、私はこういった注文は行わない。

商品
　その戦略の１トレード当たりの利益が比較的大きいとき、流動性が低い商品でもトレードするが、スリッページは大きくなる。

　その日の成行注文と逆指値注文——25ドル
　夜間取引時間帯における成行注文と損切り注文——スプレッドが手仕舞いしたほうがよいほど大きいときは、日中取引時間帯まで待つ

外国為替（FX）
　私はFXはあまりやらないが、やるときは指値注文でやる。なぜなら、FXはカウンタートレンドでトレードするほうが簡単だからだ。マーケットメーカーではなくFXブローカーを使い、６つの主要通貨を含むペアをトレードしている場合、往復手数料としては３～４ピップスが適切だ。

指値注文マニア

　指値注文は「金の卵を産むガチョウ」になるとほぼすべてのトレーダーは思っているに違いない。指定した価格以上の価格で執行できる

わけだから、表面上はスリッページの心配はないように思える。しかし、実際には指値注文ではスリッページは別の形——仕掛け損なう——で発生する。以前、1日に20～30回の買いの指値注文を出す株式システムをトレードしていたことがある。仕掛けは10回もあれば十分だったので、10回執行されたら、残りはキャンセルするようにソフトを設定した。そのシステムは稼いではくれたが、バックテストほどではなかった。何が起こったのかというと、最良の注文を仕掛け損ねたのである。注文はいつも指値で約定して、価格はそこから下がり続けた。つまり、大きな勝ちトレードを仕掛け損ない、得られるのはいつも負けトレードばかりということである。

　価格が買いの指値まで下がると、その注文の反対側にすべての買い注文をその価格で執行できるだけの十分な流動性があるときのみあなたの指値注文は執行される。十分な流動性がなければ、あなたの注文は執行されないか、部分的にしか執行されない。S&PやFXのように非常に流動性の高い市場では、どの価格でも十分な流動性があるのではないかと思う人が多いが、実はそうではない。たとえ1枚のトレードでも、あるいはたった10万ドルのFXのトレードでも、価格があなたの指値価格になっても注文が執行されないこともある。しかし、あなたのバックテストソフトは執行されたものとみなしてしまう。スクリーン上で何百という入札価格が私の指値価格になるのを見たことは何回もある。「いいぞ、執行しろ」と言うのだが、執行されることはない。仕掛け、あるいは利食い手仕舞いに指値を使う戦略の問題は、指値に達しても執行されないことがあることであり、その場合、結果はバックテストより悪くなる。1トレード当たりの利益が比較的大きい場合、実際のトレードはバックテストのトレードよりも若干悪くなる程度で済む。しかし、1トレード当たりの利益が比較的小さければ、大問題になりかねない。

　小幅な利益を狙ってスキャルピングするのに指値注文を使うシステ

ムの場合、実際の執行はバックテストの執行よりも大幅に低下するため、金のなる木は金食い虫になってしまう。そこで実例を紹介しよう。バックテストで素晴らしい結果が出たあと、次のロジックを5分足チャートのEミニS&Pに対する「オートトレード」ソフトウエアに組み込んだ。

●仕掛け注文
買いの指値＝終値−0.75ポイント
売りの指値＝終値＋0.75ポイント

●仕掛け後の損切り
損切り＝仕掛け価格から75ドルの位置（EミニS&Pの1.5ポイント）

●指値注文の利益目標
売り＝終値＋0.75ポイント
買い＝終値−0.75ポイント

　2011年3月12日から2011年4月12日までの1カ月間のバックテストの結果は以下のとおりである。

勝ちトレード数	928
負けトレード数	330
総利益	2万1525ドル
1トレード当たりの利益	15.90ドル
最大ドローダウン	1262.50ドル

　バックテストの資産曲線はチャートの左下から右上までほぼ直線だったが、実際のトレードでは、負けトレードが多く、勝ちトレードは

その半分しかなかった。その戦略に感激するのはあなたのブローカーだけである。ブローカーはひと月当たり600回以上往復手数料を取れるのだから。

結論

　トレーダブルな戦略を開発したら、実際のトレードでもバックテストと同じような結果が得られるかどうか調べたほうがよい。本章では、実際のパフォーマンスがバックテストのパフォーマンスを下回る原因として最も可能性の高いものを取り上げた。最も大きな原因は戦略の開発段階におけるカーブフィッティングである。戦略を開発するとき、そのステップを行うことでカーブフィットする可能性はないか、と常に自分に問うことが重要だ。

　付録Dにはカーブフィッティングの例を提示している。驚くような例もある。カーブフィッティングを減らす最も安全な方法は、興味のある戦略を開発したらBRACテストを行ってみることである。

第3章

トレードしたい市場で最も抵抗の少ない道を見つける

Find The Path of Least Resistance in the Market You Want to Trade

　本章では3つの市場クラス──株式、商品、FXの通貨ペア──のトレードの特徴について見ていく。これらの市場クラスは全世界でトレードされており、いずれも高い流動性を持つ市場だ。どの市場も同じようにトレードすればよいと思っているトレーダーが多いが、それぞれの市場クラスは異なる動きをする。さらに、同じ市場クラス内でも、それぞれの証券は各時間枠（月足、週足、日足、日中足）で異なる動きをする。本章ではこれらの違いを示すとともに、各トレードクラスの特徴を見極める一般的なアプローチについて紹介する。

　市場クラスの傾向を見つけることは、そのクラスに対する良いトレードアプローチを見つける近道になる。ある市場が特定の時間枠でトレンドを形成する傾向がある場合、移動平均線、ブレイクアウト、トレンドラインといったトレンドフォローテクニックから始めるのが良い。カウンタートレンドの傾向がある市場は、RSI（相対力指数）、ストキャスティックス、モメンタムといった買われ過ぎ・売られ過ぎを見るオシレーターから始めると良いだろう。

市場は異なる──日足

　市場クラスが基本的に違った動きをすることを示すために、株式と

商品の日々のデータを使って分かりやすいプロセスで説明することにしよう。株式は基本的にカウンタートレンドで動き（弱い株式が強い株式をアウトパフォームする）、商品はトレンドで動く（強い商品は上昇し続け、弱い商品は下落し続ける）のが普通だ。このプロセスは次のステップからなる。

ステップ1 ── 基本となるバイ・アンド・ホールドのパフォーマンスを決定する

各月の初めに2つのクラスのそれぞれの証券に投資する。株式の場合、月の終わりの資産をその市場クラスの株式数で割り、その価格分の株数だけ買う。その月の終わりには、各株式をその月の終わりの株価で売る。商品の場合、その月の最初のトレード日の始値で、各商品を1枚買い、その月の終わりの終値で売る。株式の場合、2000年から2011年の終わりまでの流動性の高い株式1714銘柄をベースラインとして使う。株式のベースラインのパフォーマンスはその月の1トレード当たりの利益率とする。商品の場合、同じ期間の世界の56商品からなるバスケットを使い、パフォーマンスは1枚当たりの利益（ドル価）とする。

ステップ2 ── 強い株式と強い商品のトレンドフォロー戦略のパフォーマンスを決定する

このステップはバイ・アンド・ホールドと同じだが、各月の最初のトレード日で買う株式と商品が、月の終わりの終値が過去20日の終値の平均を1標準偏差だけ上回る株式と商品になる点が異なる。標準偏差には過去20日の終値の標準偏差を使う。

表3.1 　3つの異なる株式の買い戦略の結果（各数字は1カ月当たりの平均利益率）

年	バイ・アンド・ホールド	トレンドフォロー （強い株式を買う）	カウンタートレンド （弱い株式を買う）
2000	1.78	0.41	1.96
2001	0.41	−1.46	4.11
2002	−1.26	−1.11	−0.82
2003	2.95	2.56	3.85
2004	1.54	0.95	2.33
2005	1.01	1.19	0.65
2006	1.35	1.08	1.43
2007	0.99	1.68	0.81
2008	−3.57	−4.81	−3.79
2009	3.38	1.55	3.63
2010	1.08	−0.62	1.37
2011	0.03	−1.11	1.79
1トレード当たりの 平均利益率	0.71	0.16	1.56

ステップ3 ── 弱い株式と弱い商品のカウンタートレンドの買い戦略のパフォーマンスを決定する

　このステップは強い株式のトレンドフォロー戦略と同じだが、終値が過去20日の終値の平均を1標準偏差だけ下回る証券を買う点が異なる。

3つのステップに沿ってトレードした株式の結果

　表3.1は株式の年ごとの結果を示したものだ。各数字はその年の12カ月にわたる平均月次リターンを示したものだ。また、最後の行はすべてのトレードの平均利益率を示している。

　表3.1を見ると分かるように、1714銘柄のバスケットのバイ・アンド・ホールド戦略の1トレード当たりの平均利益率は0.71％である。強い株式を買うトレンドフォロー戦略の場合は1トレード当たり0.16

％で、これはバイ・アンド・ホールドをおよそ70％も下回る。ところが、各月の初めに弱い株式を買うカウンタートレンド戦略の場合、1トレード当たりの利益率は1.56％と高く、バイ・アンド・ホールドを100％以上も上回っている。株式の日足データと中期の時間枠(例えば、1カ月)を使った場合の最も簡単なアプローチは、弱い株式を買う戦略であることは明らかである。

　この株式バスケットは同じ時間枠の市場パフォーマンスを上回っていたが、これは生き残りバイアスによるものだ。1714銘柄の株式は分析が行われた2011年の終わりに最も流動性が高かった株式である。2000年から2011年までの間にはほかの株式がバスケットに入っていた可能性もあるが、パフォーマンス悪化のため2011年末の時点ではバスケットには入っていない。もしこれらの株式をバスケットに含めたままであれば、リターンは実際の市場リターンと同程度になったはずだ。しかし、これはこのリサーチの大きな欠点とは言えない。また、3つの戦略のそれぞれでは同じ市場データを使った。

3つのステップに沿ってトレードした商品の結果

　表3.2は、56商品のバスケットの結果を示したものだ。1トレード当たりの平均利益は、毎月の各トレードの利益を合計して、その年の買いの取引の総数で割ったものだ。

　表3.2を見ると分かるように、56商品のバスケットの1トレード当たりの平均利益はバイ・アンド・ホールドで66ドルである。強い商品を買うトレンドフォロー戦略の場合、バイ・アンド・ホールドを92ドルも上回っている。これはバイ・アンド・ホールドのおよそ140％である。しかし、各月の初めに弱い商品を買うカウンタートレンド戦略はバイ・アンド・ホールドを43ドルも下回っている。したがって、商品の日足データを使った場合、最も簡単なアプローチはトレンドフォ

表3.2　3つの異なる商品の買い戦略の結果（各数字は1カ月当たりの平均利益）

年	バイ・アンド・ホールド	トレンドフォロー（強い商品を買う）	カウンタートレンド（弱い商品を買う）
2000	8	−109	−205
2001	−305	−625	−903
2002	41	−9	196
2003	429	434	473
2004	68	299	834
2005	169	193	419
2006	353	940	45
2007	629	1,085	−668
2008	−377	130	−1,550
2009	439	524	731
2010	345	381	833
2011	−642	−1,113	1,270
1トレード当たりの平均利益	$66	$158	$23

ロー戦略（強い商品を買い、弱い商品を売る）ということになる。

　最初にこの分析を行ったとき、弱い商品を買うカウンタートレンド戦略の1トレード当たりの利益が23ドル出ているのには驚いた。これは損失が出ることを予想していたからだ。1980年から2011年までのすべての商品データで、カウンタートレンド戦略を分析し直したが、このときの1トレード当たりの損益は45ドルの損失になった。この違いは、この10年で商品のインデックスファンドが多数設定されたためではないかと見ている。これらのファンドは、貴金属やエネルギーといった複数の商品の買いのみのファンドだ。こうしたファンドにとっては、彼らのファンドのポートフォリオに弱い商品が含まれることは買いの絶好のチャンスのようだ。商品トレードシステムを開発していると、買いサイドのトレードは通常、売りサイドのトレードの2～3倍儲かることが分かる。その理由の1つは**表3.2**を見れば明らかだ。買いトレードを行えば、1トレード当たり66ドルの利益（バイ・アンド・

ホールドの1トレード当たりの平均利益）が得られるのだ。

　バイ・アンド・ホールドの1トレード当たりの平均利益である66ドルは、2000年から2011年の期間のみの特異現象ではない。同じ56商品を1980年にさかのぼって調べてみたところ、バイ・アンド・ホールドの1トレード当たりの平均利益は50ドルだった。商品の最も抵抗の少ない道は上昇傾向にあるのは明らかである。

3つのステップに沿ってトレードしたFXペアの結果

　これまでの分析は、どういった資産クラスでも時間枠でも、行うのは比較的簡単だった。FXトレードでは主要な通貨は7つある――米ドル、ユーロ通貨（1999年以前はドイツマルク）、スイスフラン、英ポンド、日本円、豪ドル、カナダドル。どの通貨もペアでトレードすることができるため、21のペアが存在する。FXペアをトレードする場合、10万通貨単位が「1枚」となり、各トレード結果はドルに換算される。**表3.3**は、2000年からのFXペアの日足データによる分析結果を示したものだ。

　表3.3を見ると、21のFXペアのバスケットの1トレード当たりの利益はバイ・アンド・ホールドで平均で－87ドルであることが分かる。強いペアを買うトレンドフォロー戦略は、1トレード当たりの利益はバイ・アンド・ホールドよりも14ドル少なく、各月の初めに弱いFXペアを買うカウンタートレンド戦略は、1トレード当たりの利益はバイ・アンド・ホールドよりも265ドル多い。FXペアのトレードは買いでも売りでもペナルティーがないため、弱いFXペアを買って、強いペアを売るカウンタートレンドアプローチが抵抗の最も少ない方法だ。このカウンタートレンドアプローチを使ったときの結果は表の一番右側に示している。この方法でトレードしたときの1トレード当たりの平均利益は137ドルで、基本的なバイ・アンド・ホールドよりも224ド

表3.3　FXペアの買い戦略の結果（各数字は１カ月当たりの平均利益）

年	バイ・アンド・ホールド	強いFXペアの買い（トレンドフォロー）	弱いFXペアの買い（カウンタートレンド）	カウンタートレンド（弱いFXペアを買い、強いFXペアを売る）
2000	−109	506	−743	−572
2001	249	304	640	290
2002	283	−578	894	750
2003	170	−111	867	626
2004	143	−67	10	129
2005	−142	−233	−47	45
2006	670	63	1,125	484
2007	−34	215	−477	−300
2008	−1,348	1,356	−1,745	−1,628
2009	140	−1,040	986	1,005
2010	−746	−2,332	−22	1,237
2011	−199	−1,022	160	685
１トレード当たりの平均利益	−$87	−$101	$178	$137

ルも多い。

FXペアはトレンド相場

　前の結果には驚くトレーダーもいるかもしれない。通貨は一般にトレンドを形成すると考えられている。これは通貨先物がトレンドを形成する傾向があることによる。投機的なFXトレードが人気になったのは比較的最近だが、通貨先物のトレードは1970年代にさかのぼる。それ以来、６つの通貨先物が取引されてきた。６つの通貨先物とは、米ドルに対する主要通貨である。表3.4は、米ドルベースの６つの主要なFXペアと通貨先物のバイ・アンド・ホールドおよびトレンドフォロー戦略をそれぞれ比較したものだ。

　表3.4からは２つの疑問が浮かび上がる。

表3.4　米ドルベースのFXペアと通貨先物の比較（各数字は１カ月当たりの平均利益）

年	バイ・アンド・ホールド（米ドルベースのFXペア）	バイ・アンド・ホールド（米ドルベースの通貨先物）	トレンドフォロー（米ドルベースのFXペア）	トレンドフォロー（米ドルベースの通貨先物）
2000	172	−777	634	783
2001	266	−518	550	428
2002	170	844	−9	−106
2003	71	1,355	1,150	582
2004	367	567	10	−119
2005	−290	−984	−107	160
2006	474	416	−1,052	−536
2007	233	639	1,150	890
2008	−875	−573	2,117	1,989
2009	111	760	−1,153	−416
2010	−344	521	−951	−1,237
2011	−142	208	−996	−921
１トレード当たりの平均利益	22	214	210	208

■バイ・アンド・ホールドはFXペアと通貨先物とでなぜこんなにパフォーマンスが異なるのだろうか。FXペアは１トレード当たりの平均利益は22ドルだが、通貨先物はそのほぼ10倍の214ドル。

■FXペアのトレードでは、米ドルベースの６つの主要通貨では利益が出ているが、21の主要な通貨ペア（**表3.5**）では正味で損失になっているのはなぜか。

最初の疑問については、２つの可能性が考えられる。１つは、利益の違いは時間枠によるものというものだ。しかし長い目で見れば、違いはこれほど大きくはならないはずだ。もう１つの可能性は、通貨先物の価格がキャリーを折り込んでいることである。

もっと複雑なのは２番目の疑問だ。つまり、米ドルベースのFXペアのトレンドフォローの性質と、そのほかの通貨をベースとするFX

表3.5　FXペアのトレンドフォロー戦略の結果（各数字は1カ月当たりの平均利益）

年	米ドルペア	豪ドルペア	英ポンドペア	カナダドルペア	ユーロ通貨ペア	日本円ペア	スイスフランペア
2000	634	432	1,075	762	606	980	357
2001	550	599	−1,476	−820	591	1	−899
2002	−9	−817	−739	−1,254	−985	85	−510
2003	1,150	−689	−1,071	−910	−756	−510	−973
2004	10	78	−211	637	223	−1,351	126
2005	−107	−473	436	−142	−213	679	−327
2006	−1,052	−512	−184	−98	−421	−520	−430
2007	1,150	319	−85	517	376	916	438
2008	2,117	3,145	−935	618	1,621	4,588	1,367
2009	−1,153	192	−1,584	−2,023	−77	−891	−965
2010	−951	−1,202	−1,015	−927	−357	−1,548	−1,689
2011	−996	−1,010	−381	−570	−736	−1,327	46
1トレード当たりの平均利益	210	3	−405	−375	22	−87	−352

ペアのトレンドフォローの性質が異なるということである。**表3.5**は7つの通貨をそれぞれベースとする通貨ペアのトレンドフォロー戦略の結果を示したものだ。

　カウンタートレンドの結果も似たような数字になるが、符号が逆転する。例えば、トレンドフォローで100ドルだったら、カウンターフォローでは−100ドルになるといった具合だ。

　米ドルベースのペアはトレンドフォローが適しているが、英ポンド、カナダドル、スイスフランベースのペアはカウンタートレンドが適している（カウンタートレンドの場合は数字の符号が逆転することに注意）。ここで、トレンドフォローが適した通貨の組み合わせとカウンタートレンドが適した通貨の組み合わせを見てみることにしよう。

■トレンドフォローが適した組み合わせ —— 米ドルと豪ドル、米ド

表3.6 同じトレンド傾向を持つFXペアのトレード（各数字は１カ月当たりの平均利益）

年	トレンドフォローのペアの組み合わせ（ドル）	カウンタートレンドのペアの組み合わせ（ドル）
2000	838	–1,424
2001	–1,360	1,647
2002	–402	388
2003	2,022	2,905
2004	445	202
2005	–415	–472
2006	–370	142
2007	1,062	–161
2008	4,780	612
2009	–430	1,846
2010	–1,380	1,926
2011	–1,280	314
１トレード当たりの平均利益	$675	$629

ルとユーロ通貨

■カウンタートレンドが適した組み合わせ——英ポンドとカナダドル、英ポンドと円、英ポンドとスイスフラン、カナダドルと円、カナダドルとスイスフラン

　表3.6はトレンドフォローの組み合わせとカウンタートレンドの組み合わせのパフォーマンスを示したものだ。

　表3.6を見ると分かるように、トレンドフォロー同士、カウンタートレンド同士をトレードしたほうが利益になるのは明らかだ。数字を細かく見てみると、トレンドフォローの組み合わせは、勝ち月が84で負け月が69、総利益は10万3421ドルだった。一方、カウンタートレンドの組み合わせは、勝ち月が192で、負け月が166、総利益は22万5376ドルだった。また、トレンドフォローの組み合わせで損失が出た年は、カウンタートレンドの組み合わせでは利益が出ている。つまり、市場

60

表3.7 異なるトレンド傾向を持つ通貨ペアをトレンドフォロー戦略でトレードした結果（各数字は1カ月当たりの平均利益）

年	利益
2000	478
2001	432
2002	−273
2003	698
2004	−167
2005	−48
2006	−905
2007	1,204
2008	130
2009	−1,131
2010	−786
平均	−950
1トレード当たりの平均利益	−$12

に方向感がなく、トレンドが形成されないときは、カウンタートレンドのほうがうまくいき、市場にトレンドが形成されているときは、トレンドフォローのほうがうまくいくということである。どちらの戦略も損失になっているのは2005年の1年だけである。

FXペアの傾向分析を終わる前に、強いトレンドフォローの傾向を持つ通貨と強いカウンタートレンドの傾向を持つペアについて見てみよう（トレンドフォロー戦略では、豪ドルベースのペアは1トレード当たりの平均利益がわずか3ドルで、ユーロベースのペアは平均利益がわずか22ドルで、強いトレンドフォローでもカウンタートレンドでもないため、このペアからは外す）。該当するペアは米ドルと英ポンド、米ドルとカナダドル、米ドルと円、米ドルとスイスフランの4つのペアだ。結果は**表3.7**に示したとおりである。

日足を使った場合、強いトレンドフォローの傾向を持つ通貨と、強いカウンタートレンドの傾向を持つ通貨を組み合わせると、結果は惨

憺たるものになる。このペアはトレンドを形成することもなく、カウンタートレンドの動きをすることもない。

日足の傾向のまとめ

本章をまとめると、日足データでは、株式は基本的にカウンタートレンドの傾向を持ち、商品はトレンドフォローの傾向を持つ。また、FXペアは基本的にカウンタートレンドの傾向を持つが、弱いトレンドフォローの傾向を持つものや強いトレンドフォローの傾向を持つものも存在する。

市場は各々異なる ── 日中足

ぜひともお勧めしたいのは、自分のトレードしたいと思っている時間枠で、トレードしたいと思っている市場の「傾向分析」を行うことである。例えば、5分足でトレードしたいと思っている場合、その証券がその時間枠でトレンドを形成するかどうかを知ることは重要だ。ここでは、株式、証券、FXペアの1時間足データを使った例を見てみることにしよう。株式は、2000年から2010年終わりまでのナスダック100の100銘柄を使い、商品は、2000年から2010年終わりまでの電子取引されている米国のすべての商品を使う。また、21のFXペアについては、2002年から2010年終わりまでの1時間足データを使う。

日中足による株式のトレード

株式のトレンドフォローでは、1時間足の終値が1時間足の終値の10本の足の平均を1標準偏差上回るとき、その1時間足の次の足で買う。そして、翌日の終値で手仕舞う。**表3.8**はこの結果を示したものだ。

表3.8 株式のトレンドフォロー戦略（各数字は1日当たりの平均利益率）

年	基本のバイ・アンド・ホールド戦略——毎日の寄り付きで買い、引けで売る	トレンドフォロー戦略——終値が10個の1時間足の平均を1標準偏差だけ上回る銘柄を買い、次の足の終値で売る
2000	0.07	0.40
2001	0.10	0.25
2002	−0.05	0.18
2003	0.26	0.30
2004	0.13	0.14
2005	0.04	0.08
2006	0.04	0.01
2007	0.05	0.10
2008	−0.17	−0.12
2009	0.23	0.10
2010	0.09	−0.05
平均（％）	0.07	0.12

　株式の場合、バイ・アンド・ホールドでは1銘柄当たりの1日の平均リターンが0.07％であることから、上昇バイアスのあることが分かる。しかし、1時間足でトレンドフォロー戦略を用いた場合、リターンはほぼ2倍になっている。これは株式の日足分析とはまったく逆である。株式の日足分析ではカウンタートレンドに分があった。これから分かることは、1つの時間枠でトレンドを形成する証券が、ほかの時間枠でもトレンドを形成するとは限らないということである。

日中足による商品のトレード

　商品の分析では、流動性の高い電子取引されている25の商品を使った。バイ・アンド・ホールドは、毎日の寄り付きで買い、翌日の終値で手仕舞った。トレンドフォローは、過去10本の1時間足の終値の平

表3.9 商品のトレンドフォロー戦略(各数字は1日当たりの平均利益)

年	基本のバイ・アンド・ホールド戦略――毎日の寄り付きで買い、引けで売る	トレンドフォロー戦略――終値が10個の1時間足の平均を1標準偏差だけ上回る商品を買い、下回る商品を売り、翌日の終値で手仕舞う
2000	44.64	95.06
2001	1.14	10.54
2002	28.14	7.25
2003	64.41	−23.05
2004	25.03	−71.14
2005	7.60	−4.66
2006	58.26	96.78
2007	44.02	29.34
2008	−80.68	47.78
2009	58.36	56.87
2010	29.46	50.55
平均(ドル)	21.26	30.05

均を1標準偏差上回る商品を買い、過去10本の1時間足の終値の平均を1標準偏差下回る商品は売った。そして、翌日の終値で手仕舞った。この結果を示したものが**表3.9**である。

日中足によるFXペアのトレード

FXペアの1時間足による分析は商品と同じ方法で行った。結果は**表3.10**に示したとおりである。

基本のバイ・アンド・ホールドは1ペアで1日当たり11.64ドルの損失を出していることより、FXペアはこの時間枠では下降バイアスのあることが分かる。トレンドフォロー戦略は基本戦略を1トレード当たり20ドル以上アウトパフォームし、9.17ドルの利益を出している。株式の場合と同様、FXペアの傾向も日足データと1時間足データとでは異なる。

表3.10 FXペアのトレンドフォロー戦略（各数字は１日当たりの平均利益）

年	基本のバイ・アンド・ホールド戦略——毎日の寄り付きで買い、引けで売る	トレンドフォロー戦略——終値が10個の１時間足の平均を１標準偏差だけ上回るペアを買い、下回るペアを売る
2002	5.25	−100.85
2003	4.96	66.00
2004	5.45	37.423
2005	−2.70	−21.02
2006	33.31	50.95
2007	−2.13	−1.21
2008	−74.33	30.55
2009	5.59	24.00
2010	−35.39	−79.75
平均（ドル）	−11.64	9.17

資産クラスごとにトレンドの傾向が違うのはなぜか

　本章の分析を通じて、各資産クラスでトレンドの傾向が違うことは分かったと思う。でも、なぜなのだろうか。株式の日足データの場合、トレーダーたちは価値ではなく、感情によって動かされているため、基本的にカウンタートレンドだ。恐れや欲といった感情は群れ行動を引き起こす。株式が急上昇すると、投資家たちはその動きを逃したくなくて、貪欲が生じてその株式に飛びつく。買う投資家たちが増えれば、価格は適正価格を超え、やがて買い手がいなくなり、価格は下落する。その時点で、今度は恐れが顔を出す。利益は瞬く間に損失へと変わり、投資家たちはどんな価格ででも売って、市場から撤退したいと思う。売り手がいなくなると、価格は適正価格を下回り、価格は上昇する。これを証明することはできないが、これを裏づける証拠はある。
　株を買うと、株券が与えられる。株券は、商品価値の基礎となる金の延べ棒や穀物のような実物資産ではない。ドットコムバブルによっ

て証明されたように、その会社の価値を知っている人はだれもいない。会計ゲームによって会社が語りたいストーリーがでっち上げられるため、その会社の実質的な価値は不透明だ。価値を示す明確な指標がないため、トレーダーや投資家たちは、その株が良い買いになるのかどうか分からなくて途方に暮れる。

1997年から2003年にかけての株式バブルとそれに続く大暴落では、S&P500先物によって測定された株式市場は83.6％の時間帯で日々の値幅が終値の1％を超えた。同じ時期、（株価指数先物を差し引いた）私たちの56商品のバスケットの日々の値幅が価格の1％を超えたのはわずか53.6％の時間帯のみだった。また同時期の通貨先物の日々の値幅が価格の1％を超えたのは26％の時間帯でのみだった。なぜ株式市場が5日のうち4日もその価格の1％以上動くのか、根本的な理由は分からない。しかし、価格が上下動するのは、トレーダーの感情によるものだと私は思っている。

結論

資産クラスによって動きは異なるし、同じ資産クラスでも、トレード特性は時間枠によって異なる。戦略の開発を始める前に、トレードしたいものを、トレードしたい時間枠で分析してみるのも悪くはないだろう。本章は、最も抵抗の少ない道を見つけるための簡単なプロセスについて見てきた。これによって戦略の開発ではライバルよりも有利なスタートが切れるのではないだろうか。

第4章
トレードシステムの要素 ── 仕掛け
Trading Systems Elements : Entries

　トレード戦略の開発は反復作業を伴うが、プロセスは必ず仕掛けのアイデアから始まる。ある資産クラスや、株価指数といった単一の証券をトレードするとき、まずそのクラスや証券がどんな動きをするのかを知る必要があり、次に適切な時期にどう仕掛ければよいかを検証する必要がある。仕掛けのアイデアは、「終値が2回続けて上昇して引けたら買い、終値が2回続けて下げて引けたら売るというトレンドフォローを使う」簡単な方法から、「エリオット波動の3番目の波で3分の1だけリトレースメントするまで待ち、そのあとフィボナッチのリトレースメントレベルで段階的に買う」といった複雑なものまで多岐にわたる。多くのトレーダーにとって、仕掛けのアイデアの多くはチャートの観察から生まれることが多い。つまり、一定のチャートセットアップのあと反復的に現れる上昇や下落の動きに基づいて仕掛けを決めるわけである。仕掛けのアイデアのなかには、テクニカル分析の文献が刺激となって生まれるものもあれば、私のように、雑貨屋で買い物しているときや、芝を刈っているときに突然思い浮かぶものもある。どんな方法であれ、良い仕掛けのアイデアを思いついたら、戦略の開発はほぼ終わったも同然だ。
　これから3つの章にわたって、戦略の開発プロセスについて解説していく。この第4章は仕掛けについて、第5章は手仕舞いについて、

第6章は良いトレードセットアップと悪いトレードセットアップを選別するために仕掛けとともに用いるトレードフィルターについて見ていく。これら3つの章では、株式戦略と商品戦略を通して、開発プロセスを見ていく。システムを開発するときには簡単なマネーマネジメントの検証結果を資産曲線から算出する。これら3つの章で示すプロセスは、私のシステム開発の方法を示すものだ。本当にトレーダブルなものを見つけるまでには、そのプロセスを何度も繰り返さなければならないだろう。しかし、失敗しても、市場について何かは学べるはずだ。大発見は失敗から生まれるのだ。あるステップで物事が悪化する場合、逆をやるとよいこともある。

　仕掛けは非常に重要なテーマなので、本章は仕掛けアイデアがどれくらい優れているかを判断する方法から見ていくことにする。私はこれを「仕掛け力」と呼んでいる。この仕掛け力を使って、人気のあるさまざまな仕掛けテクニックを調べてみることにしよう。

仕掛け ── システムの最も重要な要素

　仕掛けがシステムの最も重要な要素といっても、大概の人はこれには同意しないだろう。トレンドフォロワーなら、トレンドを見つけるのはだれにでもでき、すぐにトレンドに乗ることができるが、違いを生むのは手仕舞いだ、と言うだろう。もちろん手仕舞いも重要だ。しかし、そのトレードでどれだけ素早く利益を得られるかを決めるのは仕掛けなのである。仕掛けが良ければ、ランダムに手仕舞っても利益が出るが、手仕舞いがどんなに良くても、仕掛けが悪ければランダムに手仕舞って利益を出すことはできない。ラスベガスのカジノの胴元が有利なエッジを持つように、仕掛けはあなたのエッジだ。素早く利益を出すには仕掛けが良くなければならないのだ。システムの残りの部分は、エッジがなくなり、手仕舞いする時期を決めるだけである。

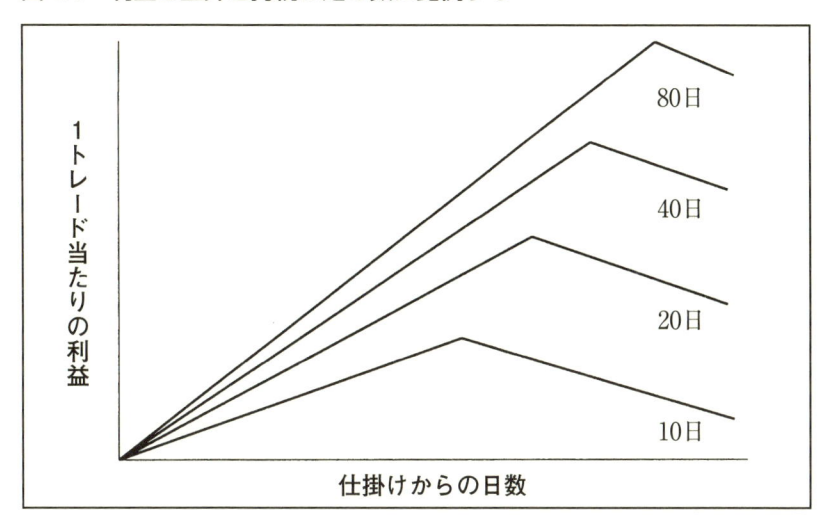

図4.1　利益の上昇と持続は足の数に比例する

（縦軸：1トレード当たりの利益、横軸：仕掛けからの日数。上から80日、40日、20日、10日）

　良い仕掛けには力があり、その力はセットアップロジックに用いた足の数に比例する。足は情報だ。足が1つでは大した情報は得られないが、多くの足があれば次に何が起こるかを知ることができる。仕掛けに10本の足の情報を使えば、それに続く足が同じ方向に進むか否かにはかかわらず、ある程度の利益を稼ぐ予測力を与えてくれる。仕掛けに20本の足の情報を使えば、10本の足の情報を使ったときよりも利益は増え、持続する。50本の足の情報を使えば、利益はさらに増え、より長く持続する。**図4.1**はこの考えを示したものだ。

　足の数が増えればより良いシグナルが得られるということだろうか。それはノーだ。10本の足の仕掛けは、50本の足のシグナルが1つのトレードを生みだす間に十分な数のトレードを生みだすため、より良いトレードの解を得ることができるかもしれない。これは、仕掛けシグナルを、仕掛けを決めるのに使った足の数で比較することができるということである。各仕掛けシグナルによって生成されたすべてのトレ

ードを受け入れ、その日以降の損益を累算してみるのである。

次の2つの仕掛けの例は、トレーダブルな商品クラスの仕掛け力を示したものだ。

トレンドフォローの仕掛け1 その足の終値がn日の移動平均線を上回ったら買い、その足の終値がn日の移動平均線を下回ったら買いポジションを手仕舞って、売る。

トレンドフォローの仕掛け2 n日の短期の移動平均線がn1日の長期の移動平均線を上回って引けたら買い、n日の短期の移動平均線がn1日の長期の移動平均線を下回って引けたら売る。

トレンドフォローの仕掛け1のルールは、すべてのトレンドフォロワーが検証する基本的なシステムだ。最初のシグナルの手仕舞いが2番目のシグナルの仕掛けになっているため、これは完全で独立したシステムだ。このシステムは常にポジションが建った状態で、ほかのルールは不要だ。一方、トレンドフォローの仕掛け2のルールは、移動平均線を使ったより高度なトレンドフォロー戦略だ。最初の戦略は、トレンドが形成されないとき、ちゃぶつきがたくさん発生するが、2番目の戦略は、2つの移動平均線でトレンドを確認するので、ちゃぶつきを防ぐことができる。**図4.2**と**図4.3**は2つの仕掛けの仕掛け力を示したものだ。

図4.2を見ると分かるように、10日移動平均線は良い仕掛けとは言えない。仕掛けからの日数で見た利益は150日後までゼロラインに沿って推移している。20日移動平均線は1トレード当たりの最大利益はおよそ50ドルだ。40日移動平均線は1トレード当たりの最大利益はおよそ80ドルで、80日移動平均線は仕掛けからおよそ90日後に最大利益である110ドルに達している。

この図には興味深い変則性が1つある。各折れ線とも、仕掛けから

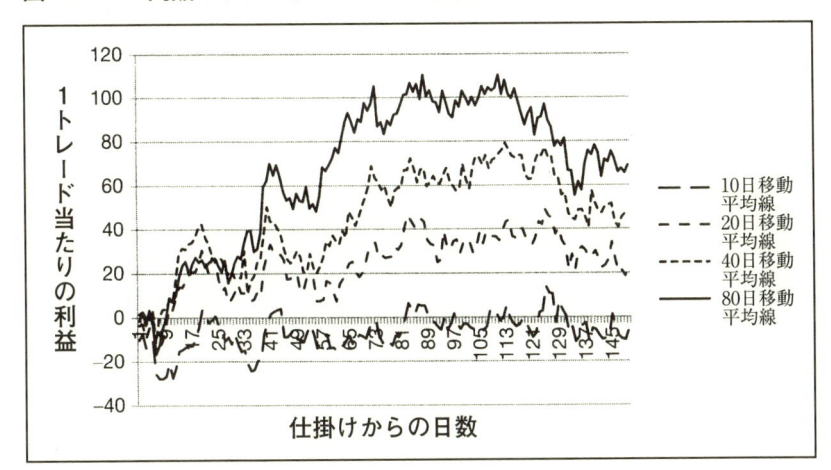

図4.2　56商品のトレンドフォローの仕掛け１の仕掛け力

(グラフ：縦軸「１トレード当たりの利益」-40〜120、横軸「仕掛けからの日数」、凡例：10日移動平均線、20日移動平均線、40日移動平均線、80日移動平均線)

何日かたたなければ利益が出ないという点だ。10日移動平均線は仕掛けから20日たたなければ利益は出ず、20日移動平均線は仕掛けから10日たってようやく利益が出ている。また、40日移動平均線は仕掛けから7日目でようやく利益が出ており、80日移動平均線は仕掛けから9日目にようやく利益が出ている。もし私がこれらの仕掛けを使うとすれば、この情報を生かし、適当な利益が出る日まで仕掛けを遅らせるか、より良い価格で指値で仕掛けることを考えるだろう。

　この変則性からは、一般的な仕掛けテクニックではシグナルから一定の日数がたつまでは利益は出ないことが分かる。つまり、これらの仕掛けテクニックは人気があるため、異常に多くのトレーダーがこれらのシグナルで仕掛けているということである。これらの仕掛けは最終的には利益を生むかもしれないが、異常に多くの仕掛けを支えるほどの流動性はなく、負荷の重みで価格は下がってしまう。しかし、やがては市場の流動性は需要に追いつき、数日後には利益になる。人気のある仕掛けテクニックを使うつもりなら、押しや戻りを利用する方

図4.3　56商品のトレンドフォローの仕掛け2の仕掛け力

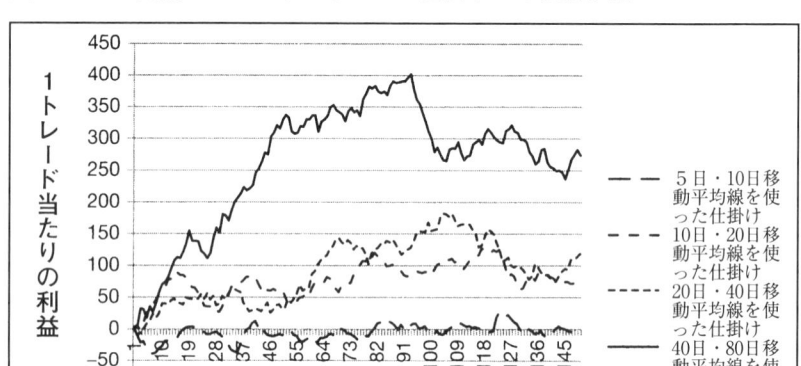

凡例：
— 5日・10日移動平均線を使った仕掛け
--- 10日・20日移動平均線を使った仕掛け
---- 20日・40日移動平均線を使った仕掛け
— 40日・80日移動平均線を使った仕掛け

縦軸：1トレード当たりの利益
横軸：仕掛けからの日数

法を考えたほうがよいだろう。

　図4.3は2つの移動平均線を使ったシステムの仕掛け力を示したものだ。

　図4.3を見ると分かるように、5日と10日の移動平均線を使った仕掛けシステムは、仕掛けてから150日間利益がほぼゼロなので、トレードする価値はない。10日と20日の移動平均線を使った仕掛けシステムは最大利益はおよそ150ドルで、20日と40日の移動平均線を使った仕掛けシステムは最大利益がおよそ175ドルで、40日と80日の移動平均線を使った仕掛けシステムは最大利益がおよそ400ドルである。2つの移動平均線を使った仕掛けシステム2のほうが1つの移動平均線を使った仕掛けシステム1よりも効果的なのは明らかだ。しかし、注意点が1つある。1つの移動平均線を使ったシステムのほうが2つの移動平均線を使ったシステムよりもシグナルの数は多い（およそ1.5倍）という点だ。

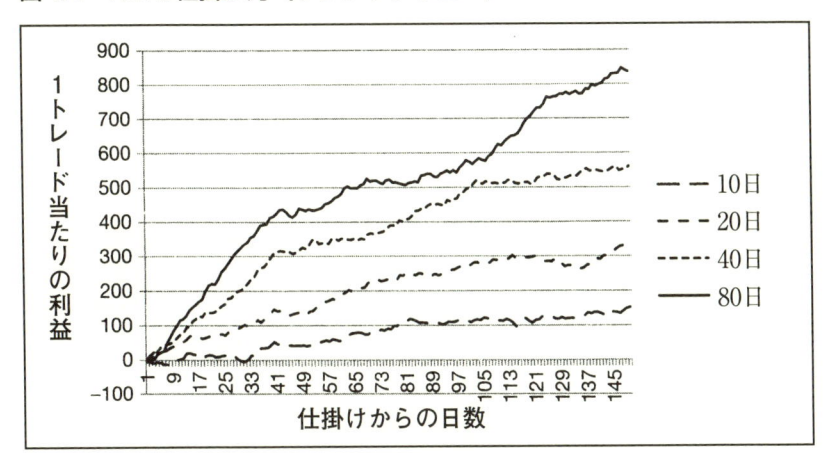

図4.4　RSIの仕掛け力（トレンドフォロー）

（縦軸：1トレード当たりの利益、横軸：仕掛けからの日数、凡例：10日、20日、40日、80日）

一般的なトレンドフォローの仕掛けテクニックを商品の日足データで比較する

　本節のグラフは、56商品のバスケットを使って人気の仕掛けテクニックを10、20、40、80本の足の日足データで検証したものだ。

RSI

　このRSI（相対力指数）はJ・ウエルス・ワイルダー・ジュニアが彼の古典『**ワイルダーのテクニカル分析入門**』（パンローリング）のなかで紹介したものである。これは、一定の期間に、上昇して引けた足の上昇幅の平均と下落して引けた足の下落幅の平均の割合を示したもので、0から100の間の値を取る。トレンドフォローとして使った場合、値が50以上であれば上昇トレンド、50を下回れば下降トレンドとみなされる。この分析では、トレンドフォローの買いシグナルはRSIの値が53以上のときに出され、売りシグナルはRSIの値が47以下

図4.5 ストキャスティックスの仕掛け力（トレンドフォロー）

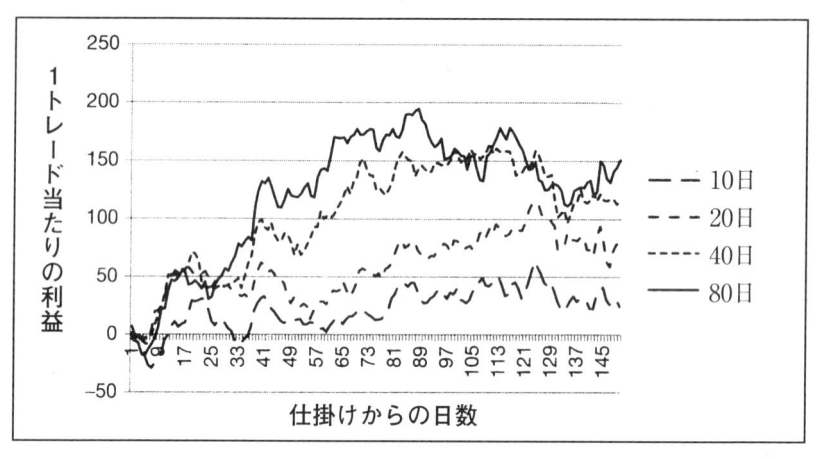

のときに出される。**図4.4**は結果を示したものだ。

図4.4を見ると分かるように、各仕掛けではリターンが明確に分かれている。どの仕掛けも、仕掛けからおよそ40日後に利益は中間ピークを迎えている。この図は仕掛け力を視覚的に分かりやすく示すためのものであるが、リターンが減少する領域もはっきり示されている。40日以降は利益が減少するため、損切りは狭くしたほうが良い。

ストキャスティックス

このインディケーターはジョージ・レーンによって開発されたものだ。RSIと同様、ストキャスティックスも０から100の間の値を取る。このインディケーターは現在の価格が最高値に近いのか、最安値に近いのかを表すものだ。ストキャスティックスの値は直近の３つの値を平均することで平滑化することができる。**図4.5**は平滑化した値を示したものだ。この分析では、トレンドフォローの買いシグナルはストキャスティックスの値が51以上のときに出され、売りシグナルは49を

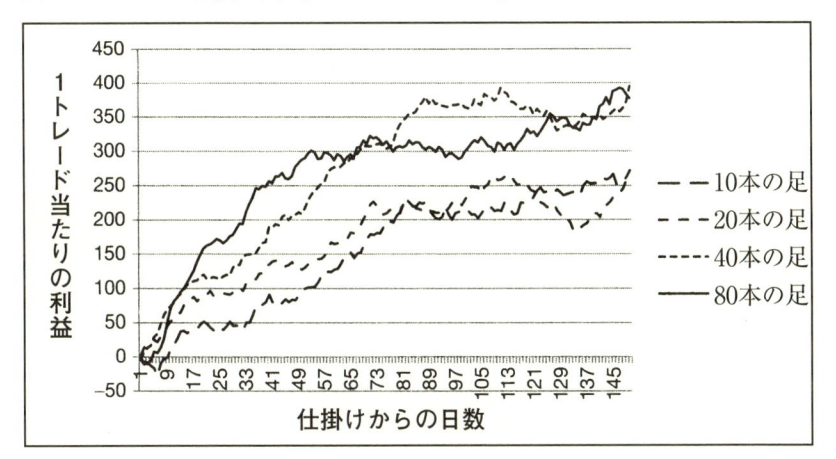

図4.6 ROCの仕掛け力（トレンドフォロー）

[グラフ: 1トレード当たりの利益、仕掛けからの日数、10本の足・20本の足・40本の足・80本の足]

下回ったときに出される。

図4.5のラインはRSIよりも上下動が激しい。ストキャスティクスのうまい利用方法はいまだによく分からないが、ストキャスティクスはファストラインとスローラインの2つを併用するというのが一般的な使い方だ。

ROC

ROC（変化率）は価格の変化率を測定するインディケーターだ。ROCは、今日の終値を何本か前の足の終値で割って、100を掛けたものになる。ROCの値が100を上回れば変化率は上昇し、100を下回れば変化率は下落していると見ることができる。**図4.6**は、ROCが102以上のときは買い、98以下のときは売ったときのこの仕掛けシグナルの仕掛け力を示したものだ。

仕掛けから50日辺りまではラインは明確に分かれているが、それ以降は入り乱れている。50日までの中間ピークはRSI（**図4.4**）よりも低い。

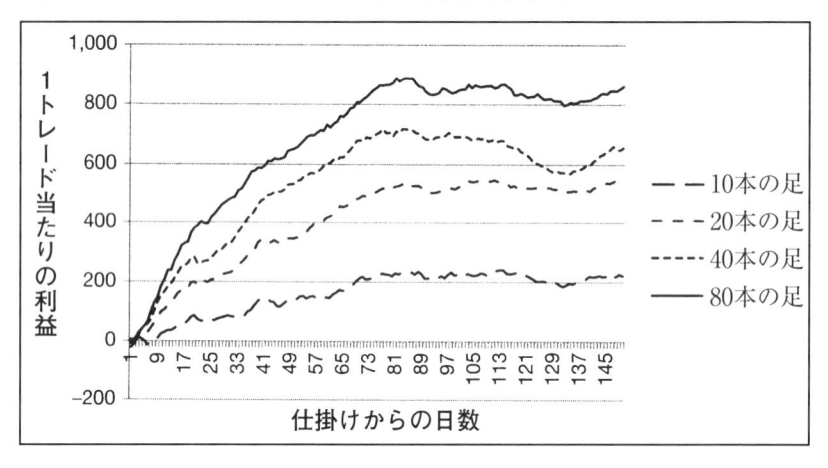

図4.7　Ｚスコアのブレイクアウトの仕掛け力（トレンドフォロー）

Ｚスコアのブレイクアウト

　価格が上の境界や下の境界を突き抜けたときに仕掛けるのがブレイクアウトの仕掛けだ。境界の１つは、平均価格から一定Ｚスコア（標準偏差換算値）だけ離れたラインだ。一般に、標準偏差は終値を使って算出される。**図4.7**は10、20、40、80本の日足を使って、平均から２標準偏差離れた位置をブレイクアウトポイントとして算出したものだ。

　図4.4のRSIのグラフのように、**図4.7**の折れ線も理想的な形状をしている。各折れ線がくっきり分かれていて、多くの足を使った仕掛けのほうが利益は大きい。**図4.7**の折れ線と**図4.4**の折れ線との違いは、**図4.7**のＺスコアのグラフでは仕掛けから一定日数後に利益が減少し始めている点だ。

ドンチャンシステム

ドンチャンシステムは、1960年代に株式トレード用にリチャード・ドンチャンが開発したものだ。このシステムはのちに、リチャード・デニスとウィリアム・エックハートによるタートルシステムの基礎になった。これはブレイクアウトシステムで、過去n本の足の最高値または終値が上のブレイクアウトポイントになり、過去n本の足の最安値または終値が下のブレイクアウトポイントになる。知名度の高さと、どの時間枠でも機能することによって、これは非常に人気のある仕掛けシステムだ。人気があるため、ほぼすべての仕掛けシグナルで、数日間にわたって出来高とスリッページが大きくなる。この分析では、n本の足のドンチャン高値を上回って引けたら買い、n本の足のドンチャン安値を下回って引けたら売る（ただし、nはドンチャン高値とドンチャン安値を決めるために使った足の数）。**図4.8**はドンチャンの仕掛けの仕掛け力を示したものだ。

このグラフは、**図4.7**の標準偏差のグラフに非常によく似ている。私の経験によれば、標準偏差のブレイクアウトとドンチャンの2つが最もよく知られた最良の仕掛けシステムだ。

商品のトレンドフォローの仕掛け力のまとめ

いくつかのトレンドフォローの仕掛けテクニックの仕掛け力を見てきたが、これはシステム開発の良い出発点になるだろう。あらゆる仕掛けテクニックを自分で検証したい人は、ジョン・ヒル、ジョージ・プルート、ランディ・ヒルの『**究極のトレーディングガイド——全米一の投資システム分析家が明かす「儲かるシステム」**』（パンローリング）を読むことをお勧めする。ヒルとプルートは、開発者が投稿してきたトレードシステムの実際のパフォーマンスをランク付けする

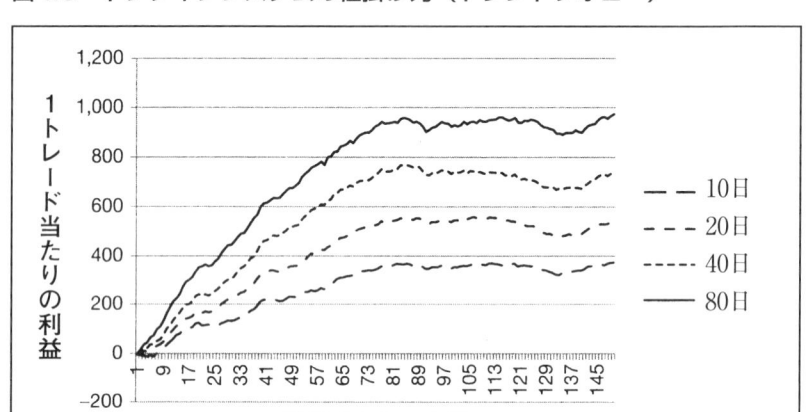

図4.8　ドンチャンシステムの仕掛け力（トレンドフォロー）

「フューチャーズ・トゥルース」を運営していることもあり、あらゆるトレードシステムに精通している。

各仕掛けテクニックは同じ数の足を使っているが、各テクニックによって生成される仕掛けシグナルの数が異なるため、厳密に言えば同一条件での比較とは言えない。**表4.1**から**表4.4**は最大利益ポイントと、10本の足、20本の足、40本の足、80本の足の期間にわたって各仕掛けテクニックが生成した仕掛けの数を示したものだ。左から３つ目の欄は、最大利益ポイントに仕掛けの数を掛けたもので、最大利益ポイントまでの日数保有した場合の、すべての仕掛けに対する総利益を示したものだ。最後の２つの欄はこの逆で、１日の最大利益は、グラフの各ポイントを仕掛けからの日数で割ったもので、利益の累積速度を示したものだ。

10本の足のデータを用いた場合、最も良いのはドンチャンだ。最高平均利益が１番、仕掛けの数は３番、総利益は２番目のテクニックのおよそ２倍だ。また、１日の最大利益は２番のテクニック（標準偏差）

表4.1　商品の仕掛けテクニックの比較——10本の足

仕掛けテクニック	最高平均利益ポイント（ドル）	仕掛けの数	総利益（ドル）	1日の最大利益	最大利益に達するまでの仕掛けからの日数
移動平均線	13.97	65,532	915,636	0.18	20
2つの移動平均線	26.38	41,239	1,088,046	0.30	41
RSI	154.44	43,284	6,684,917	1.77	82
ストキャスティックス	63.49	36,374	2,309,317	1.54	19
ROC	271.73	33,124	9,000,828	2.88	13
Zスコア	241.26	19,840	4,786,757	4.30	20
ドンチャン	373.88	42,538	15,904,280	6.33	19

よりもおよそ50％も高い。

　20本の足のデータを用いた場合、最も良いのはドンチャンと標準偏差だ。最高利益はほぼ同じだ。ドンチャンは総利益が1番で、標準偏差は1日の最大利益が1番だ。

　40本の足のデータを用いた場合、最も良いのはまたドンチャンと標準偏差だが、RSIも僅差でこれらに続いている。

　80本の足のデータを用いた場合、ドンチャンが1番で、標準偏差が2番、RSIが3番だ。

　これらの仕掛けテクニックは数多くのトレーダーたちによって検証され、使われている。人気の仕掛けテクニックのシグナルには注文が大量に殺到するためスリッページは上昇する。どんな時間枠でもパフォーマンスがドンチャンや標準偏差やRSIと太刀打ちできるものを見つければ、トレードの金塊を見つけたも同然だ。それを基にトレーダブルなシステムを開発すれば、長年にわたって使えるものを手にいれることができるはずだ。

表4.2　商品の仕掛けテクニックの比較――20本の足

仕掛けテクニック	最高平均利益ポイント（ドル）	仕掛けの数	総利益（ドル）	1日の最大利益	最大利益に達するまでの仕掛けからの日数
移動平均線	48.85	43,237	2,112,438	1.53	20
2つの移動平均線	127.48	20,062	2,557,473	6.52	12
RSI	300.87	31,155	9,373,667	6.57	15
ストキャスティックス	113.12	24,131	2,729,890	4.08	12
ROC	266.23	28,087	7,477,637	5.48	15
Zスコア	554.89	21,795	12,093,802	10.73	15
ドンチャン	559.47	31,353	17,541,213	8.96	15

表4.3　商品の仕掛けテクニックの比較――40本の足

仕掛けテクニック	最高平均利益ポイント（ドル）	仕掛けの数	総利益（ドル）	1日の最大利益	最大利益に達するまでの仕掛けからの日数
移動平均線	79.09	29,108	2,302,212	2.24	14
2つの移動平均線	182.40	10,015	1,826,697	3.63	11
RSI	566.05	21,080	11,932,386	7.65	13
ストキャスティックス	165.24	16,418	2,712,996	4.32	12
ROC	394.66	21,492	8,482,083	7.29	12
Zスコア	717.96	18,071	12,974,274	15.60	16
ドンチャン	766.99	22,699	17,409,918	12.37	16

次は、株式市場の日足データでの仕掛けについて見ていく。

表4.4　商品の仕掛けテクニックの比較──80本の足

仕掛けテクニック	最高平均利益ポイント（ドル）	仕掛けの数	総利益（ドル）	1日の最大利益	最大利益に達するまでの仕掛けからの日数
移動平均線	110.55	20,111	2,223,364	1.71	41
2つの移動平均線	402.18	5,019	2,018,565	8.13	19
RSI	858.48	13,533	11,617,857	14.98	20
ストキャスティックス	194.63	11,151	2,170,272	3.62	13
ROC	392.19	15,699	6,157,026	7.91	20
Zスコア	888.23	13,178	11,705,133	20.01	16
ドンチャン	973.30	16,184	15,751,880	18.31	16

株式の日足データで一般的なカウンタートレンドの仕掛けテクニックを比較する

　本節では、商品と同じ仕掛けテクニックについて見ていくが、相違点が2つある。1つは、買いサイドのトレードのみについて見ていく点であり、もう1つは、株式は日足ではカウンタートレンドの動きをするので、下落したときに買うという点だ。買いサイドでのみトレードするが、買いが大きな損失になれば、逆に売れば利益になることもあるので、売りの機会も見逃さない。商品のトレンドフォローの仕掛けと同じく、株式の場合も10、20、40、80日分の日足データを使う。ただし、商品では1枚当たりの利益を用いたが、株式では1トレード当たりの利益率を用いる。前の章では、生き残りバイアスのため1716株のバスケットは若干の上昇バイアスがあった。この仕掛け分析では、日々の平均的に小さな上昇の動きを取り除くことで、各トレードにおけるバイアスは取り除く。

図4.9　1つの移動平均線を使った仕掛けの仕掛け力（カウンタートレード）

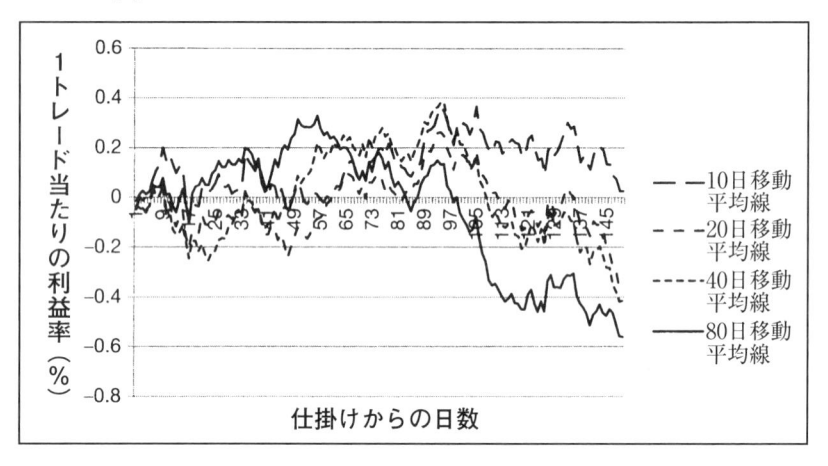

（グラフ：1トレード当たりの利益率（％）、仕掛けからの日数、10日移動平均線、20日移動平均線、40日移動平均線、80日移動平均線）

１つの移動平均線を使った株式のカウンタートレンドの仕掛けテクニック

　１つの移動平均線を使ったカウンタートレンドの仕掛けでは、終値が移動平均線を下に交差したら買う。**図4.9**は仕掛けから150日後までのすべてのトレードで得られた平均利益率を示したものだ。

　図4.9を見ると分かるように、株式は商品とはまったく異なる動きをする。商品の場合、用いる足が多いほど、リターンは高く、利益の成長も大きかった。このグラフを見ると、株式を長期的にトレードするのは難しいことが分かる。最大利益率はおよそ0.4％で、仕掛けから95日目に達成されている。１年にはおよそ250トレード日あるので、95日サイクルはおよそ2.5回やってくる。95日ごとに0.4％の利益ということは、年次換算するとおよそ１％だ。これではトレードする価値はない。これはセットアップとしてはよくない。次は２つの移動平均線を使ったテクニックを見てみよう。

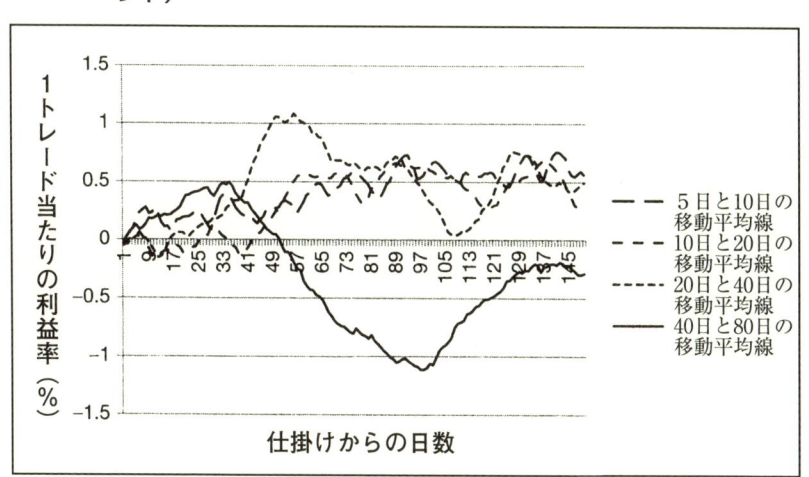

図4.10　２つの移動平均線を使った仕掛けの仕掛け力（カウンタートレンド）

凡例：
- 5日と10日の移動平均線
- 10日と20日の移動平均線
- 20日と40日の移動平均線
- 40日と80日の移動平均線

縦軸：1トレード当たりの利益率（％）
横軸：仕掛けからの日数

２つの移動平均線を使った株式のカウンタートレンドの仕掛けテクニック

２つの移動平均線を使ったカウンタートレンドの仕掛けでは、短期の移動平均線が長期の移動平均線を下に交差したら買う。図4.10は仕掛けから150日後までのすべてのトレードで得られた平均利益率を示したものだ。

２つの移動平均線を使ったテクニックは、１つの移動平均線を使ったテクニックよりもリターンはよりはっきりと分かれている。最も注目すべきポイントは、20日/40日の仕掛けテクニックが仕掛けから50日後に達成した1.06％と、40日/80日の仕掛けテクニックが仕掛けから33日後に達成した0.49％だ。しかし、これを年次換算すると、20日/40日のテクニックの場合は5.3％、40日/80日のテクニックの場合は3.7％にすぎない。

図4.11　RSIの仕掛け力（カウンタートレンド）

[図：縦軸「1トレード当たりの利益率（％）」、横軸「仕掛けからの日数」、凡例：10日、20日、40日、80日]

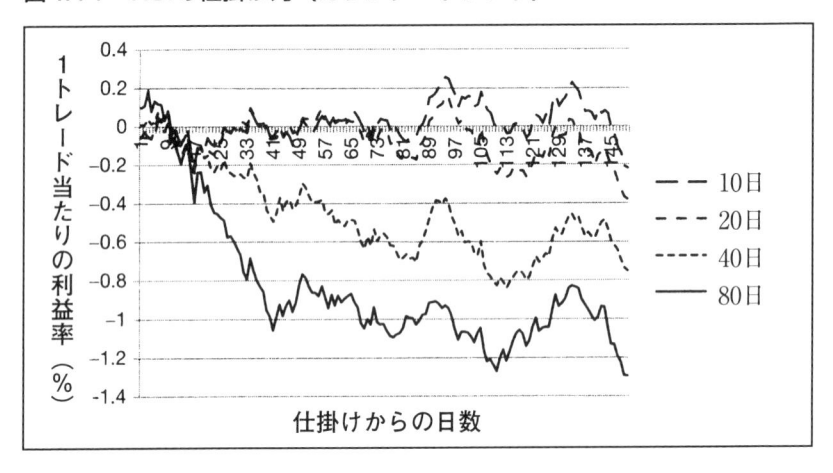

RSIを使った株式のカウンタートレンドの仕掛けテクニック

　RSIを使ったカウンタートレンドの仕掛けテクニックでは、RSIの値が閾値を下回ったら買う。この分析では閾値として47を使った。**図4.11**は仕掛けから150日後までのすべてのトレードの平均利益率を示したものだ。

　図4.11を見ると分かるように、80本の足を使った戦略は仕掛けから3日目は0.19％まで上昇したが、その後仕掛けから41日目で－1.06％へと下落している。4日目に売ったとすると、37日目に1.25％の利益を得たはずだ。これは年次換算で8.4％に当たる。これ自体はトレーダブルとは言えないが、売りサイドで利益の出るものを見つければ、買いのみのトレードのヘッジとして使える。

　図4.11でただ1つ注目すべきことは、80本の足を使った戦略が0.19％の利益を上げている点だ。これは年次換算すれば16.7％になるが、こんな小さな利益ではスリッページと手数料を差し引けば利益はさして残らない。

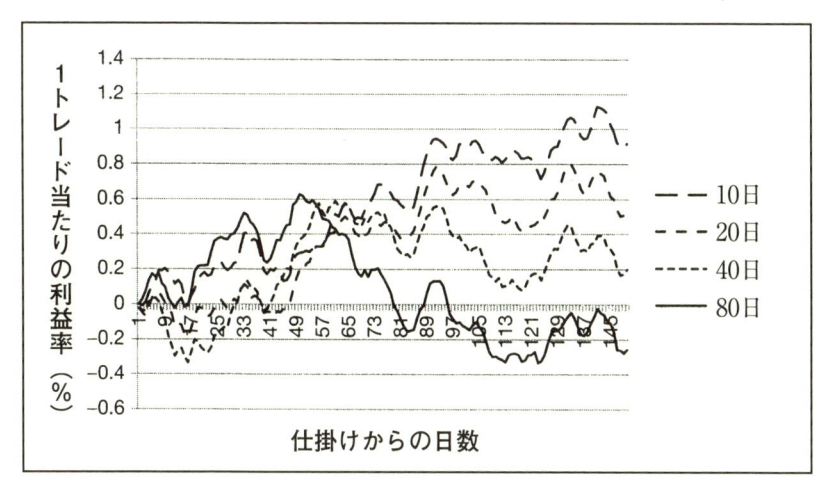

図4.12 ストキャスティックスの仕掛け力（カウンタートレンド）

ストキャスティックスを使った株式のカウンタートレンドの仕掛けテクニック

ストキャスティックスを使ったカウンタートレンドの仕掛けテクニックでは、3日の平滑化したストキャスティックス値が一定の閾値を下に交差したら買う。この分析では閾値として49を使った。**図4.12**は仕掛けから150日後までのすべてのトレードの平均利益率を示したものだ。

図4.12はこれまでに見てきた株式のグラフよりも、前の節の商品のグラフに似ている。特に、時間がたつにつれてそれぞれの戦略のラインがくっきりと分かれ、長期シグナルはゼロラインをそれほど下回っていない。しかし、商品のグラフとの違いは、良い結果が出ているのは、長期シグナルではなく、短期シグナルという点だ。いずれにしても、ピークは仕掛けからかなりの日数がたってから発生しているため、年次換算でそこそこのリターンを生みだすにはほど遠い。

図4.13　ROCの仕掛け力（カウンタートレンド）

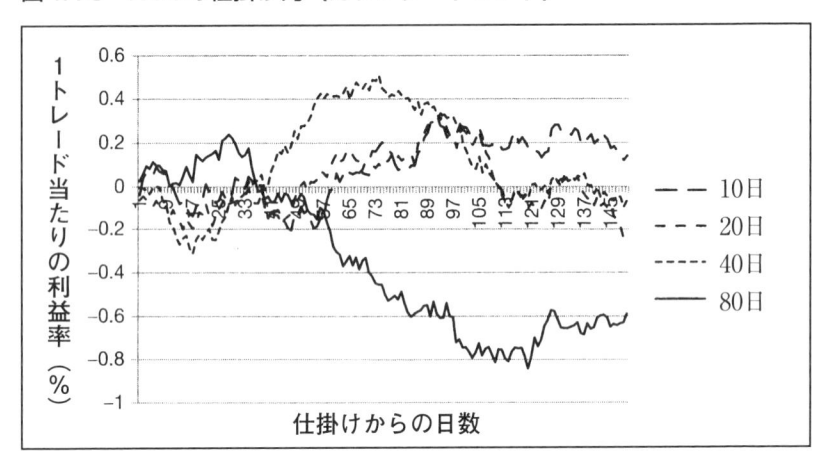

ROCを使った株式のカウンタートレンドの仕掛けテクニック

ROCを使ったカウンタートレンドの仕掛けテクニックでは、ROCの値が一定の閾値を下に交差したら買う。この分析では閾値として100を使った。**図4.13**は仕掛けから150日後までのすべてのトレードの平均利益率を示したものだ。

図4.13には注目すべき点は何もない。

Ｚスコアを使った株式のカウンタートレンドの仕掛けテクニック

Ｚスコアを使ったカウンタートレンドの仕掛けテクニックでは、終値が平均－２標準偏差の値を下に交差したら買う。**図4.14**は仕掛けから150日後までのすべてのトレードの平均利益率を示したものだ。

図4.11のRSIの80本の足を使った戦略と同様、Ｚスコアの場合も

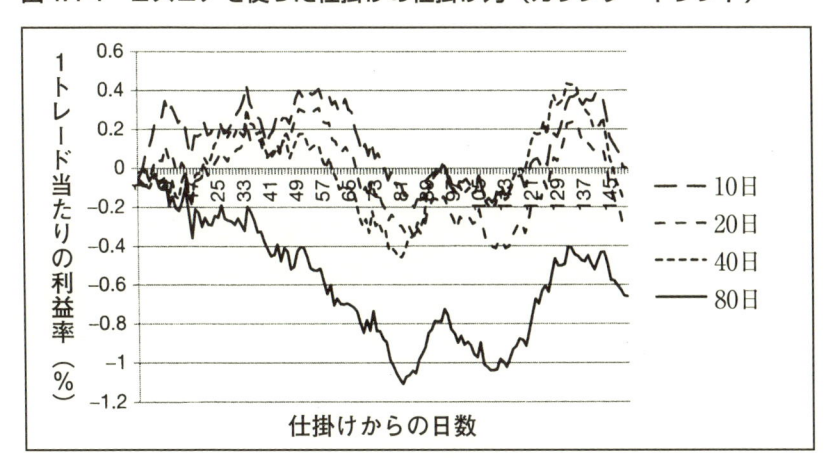

図4.14　Ｚスコアを使った仕掛けの仕掛け力（カウンタートレンド）

売っていれば仕掛けから多くの日数後には１％を超える利益が得られたはずだ。しかし、これはそれ自体ではトレーダブルとは言えない。買いの場合、10本の足を使った戦略は仕掛けから９日後に0.35％の利益を上げている。これは年次換算するとおよそ9.7％だが、これもまたそれほどエキサイティングな数字ではない。

ドンチャンを使った株式のカウンタートレンドの仕掛けテクニック

ドンチャンを使ったカウンタートレンドの仕掛けテクニックでは、終値が過去ｎ本の足のなかで最も低い終値を下に交差したら買う。**図4.15**は仕掛けから150日後までのすべてのトレードの平均利益率を示したものだ。

仕掛けから最初の10日間は、どのシグナルも利益になっているが、そのあと利益は下落している。以下は興味深いポイントと年次換算したリターンをシグナルごとに示したものである。

図4.15 ドンチャンを使った仕掛けの仕掛け力（カウンタートレンド）

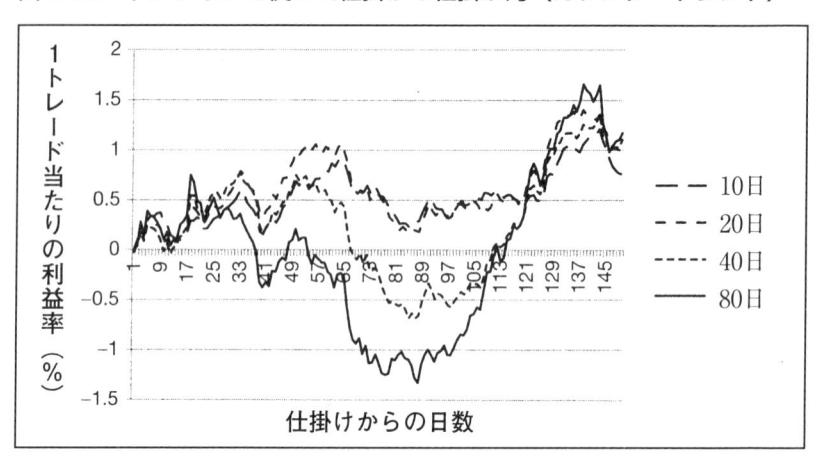

■10日シグナル

仕掛けから5日後 —— 利益は0.29% —— 年次換算した利益は14.5%
仕掛けから6日後 —— 利益は0.34% —— 年次換算した利益は14.2%
仕掛けから9日後 —— 利益は0.37% —— 年次換算した利益は10.3%

■20日シグナル

仕掛けから6日後 —— 利益は0.27% —— 年次換算した利益は11.2%

■40日シグナル

仕掛けから5日後 —— 利益は0.24% —— 年次換算した利益は12.0%

■80日シグナル

仕掛けから3日後 —— 利益は0.28% —— 年次換算した利益は23.3%
仕掛けから5日後 —— 利益は0.39% —— 年次換算した利益は19.5%

これらから分かることは、10日シグナルと80日シグナルが最も良い

候補になるということである。

株式のカウンタートレンドに関する注意点

　ここでやってきた分析は徹底したものではない。良いと思える仕掛けを見つけたら、その仕掛けシグナルでシステム開発をする前に、もう少し調査する必要がある。例えば、RSI、ROC、ストキャスティックス、および標準偏差による仕掛けは標準以下の水準で行われているが、これらは変わる可能性もある。さらに、売りシグナルのほうが高いパフォーマンスを示す可能性があるものに対してももっとよく調べてみる必要がある。最後に、ここに示したグラフには正の生き残りバイアスが含まれていることに注意しよう。後年には、株式バスケットはそのときにトレードされている実際のバスケットにほぼ100％近づくため、このバイアスはかなり減少した。過去数年のパフォーマンスをチェックして、このバイアスを残したままでシグナルがどれくらい優れているのかを調べてみるのも興味深いことだ。

株式のカウンタートレンドの仕掛けテクニックの観察

　商品と株式のグラフには明確な違いがある。

■商品のグラフは、各日足データラインは最初からくっきりと分かれているが、株式の10日線、20日線、40日線はかなり入り乱れている。また株式の80日線は最初から下落しているものが多い。
■商品のグラフは、用いる足の数が10日から80日と多くなるにつれ、1トレード当たりの平均利益は増加している。株式のグラフは全般的に、80日のデータを使ったときの平均利益率が最悪で、利益率が最も良いのは10日のデータを使ったときである。

結論

　本章ではよく知られた仕掛けセットアップの仕掛け力を見てきた。トレーダブルな市場のバスケットを使って、ルックバック期間をいろいろに変えて仕掛けシグナルを生成し、仕掛けからのいろいろな日数までのすべてのシグナルの利益を累算してグラフにした。グラフからは最大利益ポイントが分かる。このように、仕掛け力をグラフ化するとともに、年次リターンも算出した。

　商品の場合、RSI、標準偏差、ドンチャンを使った仕掛けが最も優れており、株式の場合、ドンチャンが圧倒的に良かった。ただし、この分析は徹底したものではなく、説明目的の簡易的なものにすぎない。良いと思える仕掛けアイデアを見つけたら、それが価値のあるものかどうか、そしてどの時間枠で最も機能するかを調べるのに、この分析は役に立つはずだ。このあとの２つの章では、ドンチャンの仕掛けテクニックを使って商品システムと株式システムを開発する。

第5章

トレードシステムの
要素——手仕舞い

Trading System Elements : Exits

　トレードを手仕舞う最適な時期は、利益が最大になったときである。しかし、そういった時期を見つけるのは口で言うほど容易なことではない。今日が最大利益の日かどうかを調べるための評価尺度を開発しようという人にはいまだかつてお目にかかったことはない。ほとんどのシステム開発者はトレードを手仕舞うのに次のいずれかを使う――ドテンシグナルでの手仕舞い、損切り、時間ベースでの手仕舞い、利食い。本章ではそれぞれの手仕舞いの実例を株式戦略と商品戦略とで見ていく。

　本章では、株式については、2011年末のナスダック100を構成する株式を、2000年からの日足データで検証する。商品については、56商品のバスケットを1980年から2011年末までのデータで検証する。用いるデータはバックアジャストデータだ。特に断りのないかぎり、取引コスト（スリッページと手数料）は含まない。

　株式、商品ともに、基本的な仕掛けテクニックとしては第4章で述べたドンチャンの仕掛けテクニックを使う。株式と商品のトレンド傾向を考慮して、株式の場合はドンチャンのカウンタートレンドの仕掛けテクニックを、商品の場合はドンチャンのトレンドフォローの仕掛けテクニックを使う。また、株式の場合は、買いまたは売りの5000ドルのポジションからスタートし、商品の場合は1枚買うか売る。

ドテンシグナルによる手仕舞い──株式

　ドテンシグナルによる手仕舞いは、第4章で検証した移動平均線システムのように、常にポジションを建てた状態のシステムで発生する。現在のポジションを手仕舞って、逆のポジションを建てるのがドテンシグナルによる手仕舞いだ。買いから売りへ、そしてまた買いへとドテンする一方で、仕掛けアイデアからシステム開発を始め、ドテンシステムを使って買いや売りの仕掛けに対して最良のパラメーターの組を見つけることが良い戦略につながることもある。

　第4章で行ったトレンド傾向分析によれば、株式トレードシステムの仕掛けにはドンチャンのカウンタートレンドが向いていることが分かった。株式のドテンシステムの仕掛け・手仕舞いルールは以下のとおりである。

終値がn日のルックバック期間の最安値の終値を下回った場合、次の寄り付きで売りポジションを手仕舞って、買いポジションを建てる。

終値がn日のルックバック期間の最高値の終値を上回った場合、次の寄り付きで買いポジションを手仕舞い、売りポジションを建てる。

　100銘柄の株のバスケットを使って、仕掛けのルックバック期間を10日から80日まで10日刻みで変化させ、最良のトレードポイントがどの辺りになるのかを調べてみた。この分析では、売りと買いの両方を使った。**表5.1**は各ルックバック期間の結果を示したものだ。

　ルックバック期間を30日に増やした時点で、この仕掛けでのトレードは短期のみが有効であることはすでに明らかなので、これよりも長いルックバック期間は検証しなかった。これは私の経験に一致する。つまり、テクニカル分析を使って株式の長期トレードの解を見つける

表5.1　各ルックバック期間ごとの株式トレードの結果

ルックバック期間（日）	勝ちトレード数	負けトレード数	総利益（ドル）	1トレード当たりの利益（ドル）
10	11,603	6,410	245,422	13
20	5,806	3,232	95,625	10
30	3,832	2,126	-67,307	-12

のは困難ということだ。

10日のルックバック期間の結果をさらに細かく見てみると次のようになる。

買いによる勝ちトレード数	6248
買いによる負けトレード数	2779
買いによる総利益	62万9586ドル
買いによる1トレード当たりの利益	69ドル
売りによる勝ちトレード数	5355
売りによる負けトレード数	3631
売りによる総利益	-38万4147ドル
売りによる1トレード当たりの利益	-43ドル

　この戦略は売りによって利益が抑えられているのは明らかだ。売りは平均で43ドルの損失を出している。勝率が60％なのに、なぜ損をするのだろうと思うかもしれない。これは、カウンタートレンドトレードが通常どう機能するのかを示す良い例である。売られ過ぎのときに買って、買われ過ぎになったら買いを売って売りにドテンする。売られ過ぎと買われ過ぎとの間の値幅は、あなたのセットアップが何日分のデータを使うかによって異なる。私たちは10日分のデータを使っているので、買われ過ぎと売られ過ぎとの間の値幅は比較的小さい。つ

まり、正しいときでも利益は少ないことを意味する。しかし、株式は価格がゼロになるまで売られ過ぎの状態が続くこともあれば、価格がかなり上昇しても買われ過ぎの状態が続くこともある。つまり間違っていれば大きな損を出すということである。このケースの場合、売りの平均勝ちトレードは258ドルで、平均負けトレードは498ドルだった。売りのパフォーマンスが悪いのは私の開発上の経験に一致する。つまり、売りサイドでうまくいく株式戦略を見つけるのは非常に難しいということである。

そこでこの戦略を買いのみの戦略にしてみよう。売りの仕掛けポイントを探すのにはこれまでと同じくドンチャンを使うが、今回は、買いを手仕舞って売りを仕掛ける代わりに、買いを手仕舞ったあと、新たな買いのセットアップを待つ。買いのみの戦略は、10日のルックバックを使った場合、1トレード当たり69ドルの儲けになる。10日は最良の短期の仕掛けなのだろうか。**表5.2**はルックバック期間を20日から2日まで2日刻みで減らしていったときの結果を示したものだ。この表からはゲイン・ペイン・レシオという新しい統計量を導入している。これは、平均年次リターン（ゲイン）を平均年次最大ドローダウン（ゲインを得るために経験しなければならないペイン）で割ったものだ。平均年次最大ドローダウンは、トレード期間中のx個の最大ドローダウンの平均を取ったものだ。xはトレード期間に含まれる年数である。このケースの場合、期間は2000年から2011年末までなので、この期間は12年になる。総利益を12で割ったものがレシオの分子で、各年（全部で12年）の最大ドローダウンを平均したものが分母になる。

一般に、ルックバック期間を20日から2日まで減らしていくと、次のような傾向が見られる。

■1トレード当たりの利益は減少する。
■年次リターンは増加する。

表5.2　各ルックバック期間ごとの買いのみの株式トレードの結果

ルックバック期間（日）	1トレード当たりの平均利益（ドル）	平均年次リターン（ドル）	平均年次最大ドローダウン（ドル）	最大ドローダウン（ドル）	ゲイン・ペイン・レシオ
20	119	49,240	70,436	182,652	0.70
18	108	49,390	69,243	190,157	0.71
16	97	49,713	71,821	188,504	0.69
14	83	48,330	69,024	194,907	0.70
12	72	48,481	68,617	199,515	0.71
10	69	57,099	66,316	199,714	0.86
8	62	63,953	69,288	188,764	0.92
6	48	65,219	69,664	184,404	0.94
4	34	66,779	67,491	148,018	0.99
2	24	79,553	64,319	102,895	1.24

■平均年次最大ドローダウンは減少する。
■最大ドローダウンは減少する。
■ゲイン・ペイン・レシオは増加する。

　1トレード当たりの利益が減少するのを除き、これらはいずれも良い傾向だ。ルックバック期間が2日のときが最良の解のように思えるが、この種の分析には落とし穴がひそんでいる。

　問題は、1トレード当たりの平均利益と取引コストだ。1トレード当たりの平均利益が非常に少ないため、取引コストを差し引けば利益は残らない。インタラクティブ・ブローカーズのように手数料の低いブローカーを使えば、平均5000ドルのポジションの往復手数料はおよそ4ドルなので、1トレード当たり24ドルの利益は20ドルに減る。寄り付きで執行される仕掛けと手仕舞いの成行注文によってスリッページが発生するためコストはさらにかさむ。これらの注文に対するスリッページは平均して1株当たりおよそ0.015ドルだ。例えば、仕掛けと手仕舞いの1株当たりの平均株価が20ドルだとすると、成行注文の

スリッページ3セントは株価の0.15％に相当する。5000ドルのポジションに対する利益20ドルは0.40％だ。0.40％からスリッページ0.15％を差し引くと、1トレード当たりの利益は0.25％にしかならない。つまり、取引コストを差し引いたあとの5000ドルのポジションに対する1トレード当たりの利益は12.50ドルということである。これは表にある1トレード当たりの平均利益24ドルのおよそ半分だ。

　私だったらルックバック期間として8日を選ぶ。2つの成行注文に対する手数料が4ドルで、スリッページが3セントだとしても、62ドルがおよそ50.50ドルに減るだけである。これは、5000ドルのポジションに対して1％を上回る。つまり、数字は実際のトレードでの手数料やスリッページを差し引いた数字で見なければならないということである。

損切りによる手仕舞い ── 株式

　損切りによる手仕舞いには、カタストロフィックストップとトレーリングストップがある。トレーリングストップはトレンドが終わったことを示す方法として、通常長期システムでのみ有効だ。私は商品システムではほとんどの場合、カタストロフィックストップを使う。これはそのトレードの「アンクルポイント」（何かが間違っていることが分かり、手仕舞うポイント）だ。日中商品システムやFXシステムでは、アンクルポイントは仕掛けから500ドル離れた位置になり、長期システムでは、仕掛けから何千ドルも離れた位置になる。価格がそのポイントに達したら、その仕掛けは間違いだったことを認め、手仕舞って別のセットアップを待つ。

　ルックバック期間が8本の足のドンチャンの買いのみの仕掛け戦略を基本戦略として、いろいろなカタストロフィックストップレベルを見てみることにしよう。このストップは、そのポジションが選定した

表5.3 カタストロフィックストップをいろいろに変えたときの買いのみの株式トレードの結果――翌日の始値で手仕舞う

カタストロフィックストップ(ドル)	1トレード当たりの平均利益(ドル)	平均年次リターン(ドル)	平均年次最大ドローダウン(ドル)	最大ドローダウン(ドル)	ゲイン・ペイン・レシオ
カタストロフィックストップを置かない基本戦略	62	63,953	69,288	188,764	0.92
$3,000	61	63,243	69,070	187,978	0.92
$2,500	60	62,027	70,061	187,633	0.89
$2,000	59	60,375	67,423	187,189	0.90
$1,500	58	59,707	64,775	182,585	0.92
$1,000	54	55,748	58,924	169,126	0.95
$750	51	52,263	54,627	144,297	0.96

ドル価のストップレベルを超えた損失を出したときに執行される。終値がストップ価格を下回っていた場合、次の日の始値で手仕舞いされる。**表5.3**はカタストロフィックストップをいろいろに変えたときの結果を示したものだ。

ストップ水準が1000ドル以下で良い結果が出ているが、これらのストップの実行コストによって1トレード当たりの利益がかなり低下している。注目すべきなのは、3000ドルのストップによって、結果が基本戦略から変化しているという点だ。つまり、このストップに達したトレードがあったということである。3000ドルの損失を取り戻すには、62ドルの勝ちトレードがおよそ50回も必要になる。これもまたカウンタートレンドトレードの傾向を示している。つまり、損失が非常に大きくなる可能性があるということである。次に、終値でストップに達したとき、翌日の始値ではなくその終値で手仕舞った場合の結果を見てみよう。この結果を示したものが**表5.4**である。

この場合もストップ水準が1000ドル以下で良い結果が出ているが、やはり1トレード当たりの利益は基本戦略から大幅に減少している。

表5.4　カタストロフィックストップをいろいろに変えたときの買いのみの株式トレードの結果──終値で手仕舞う

カタストロフィックストップ（ドル）	1トレード当たりの平均利益（ドル）	平均年次リターン（ドル）	平均年次最大ドローダウン（ドル）	最大ドローダウン（ドル）	ゲイン・ペイン・レシオ
カタストロフィックストップを置かない基本戦略	62	63,953	69,288	188,764	0.92
$3,000	61	63,231	70,184	188,022	0.90
$2,500	60	61,894	69,748	187,610	0.89
$2,000	59	60,286	67,426	187,255	0.89
$1,500	57	59,157	64,913	183,493	0.91
$1,000	53	54,957	59,182	167,747	0.93
$750	50	51,764	54,404	142,423	0.95

翌日の始値で手仕舞ったほうが、ストップに達した日の終値で手仕舞うよりも若干パフォーマンスは良いが、これは驚くに当たらない。価格がストップに達した日には損失が出る。しかし、カウンタートレンドでトレードすれば、翌日の寄り付きで反発する可能性があるからだ。

最後に、日中にカタストロフィックストップで手仕舞った場合の結果を見てみよう。この結果は**表5.5**に示したとおりだ。

この場合、ゲイン・ペイン・レシオはストップの値が2000ドル、1000ドル、750ドルのときに基本戦略と同じか上回っている。これらのストップを比較すると、翌日の始値で手仕舞うのが一番良いのは明らかだ。

カタストロフィックストップの3つのバージョンを見てみたが、これには理由がある。これらの表からは次のことが言える。

■損切りを入れても1トレード当たりの利益が上昇することはない

損切りは大きな損失を防ぎ、全体的に利益の向上へとつながると思っている人が多い。確かに、損切りによって損失は限定できるが、勝ち

第5章 トレードシステムの要素——手仕舞い

表5.5 カタストロフィックストップをいろいろに変えたときの買いのみの株式トレードの結果——日中に手仕舞う

カタストロフィックストップ（ドル）	1トレード当たりの平均利益（ドル）	平均年次リターン（ドル）	平均年次最大ドローダウン（ドル）	最大ドローダウン（ドル）	ゲイン・ペイン・レシオ
カタストロフィックストップを置かない基本戦略	62	63,953	69,288	188,764	0.92
$3,000	60	62,149	70,814	190,977	0.88
$2,500	59	60,989	68,066	186,422	0.90
$2,000	58	59,475	64,866	186,367	0.92
$1,500	55	57,143	63,539	184,880	0.90
$1,000	51	52,283	56,591	153,767	0.92
$750	46	47,209	49,064	137,194	0.96
$500	37	38,556	44,939	99,243	0.86

トレードだったり小さな負けトレードだった多くのトレードは損切りによってプレーの続行が阻止されるため、もしかすると利益になったかもしれないその利益を見ることはない。その結果、1トレード当たりの利益が上昇することはない。それどころか、下落するのが普通だ。とはいえ、損切りを入れるなと言っているわけではない。損切りによってトレードの解を改善できるときは、私は損切りを使う。事実、損切りを入れずに先物をトレードしたことはない。一方、株式戦略ではカタストロフィックストップを使ったことはない。パワーシェアーズQQQ（QQQ）のようなETF（上場投信）をトレードするときのように、各トレードに全口座資産を投じる株式戦略の場合、カタストロフィックストップはおそらくは役立つだろう。しかし、この例のように短期のスキャルピング戦略で株式バスケットをトレードする場合、各トレードのポートフォリオ全体に対するリスクはそれほど大きくはない。とはいえ、開発の初期段階で損切りについて考えてみることは有用だ。

■**損切りを置いても総利益が上昇することはない**　1トレード当たりの利益と同様、カタストロフィックストップを使っても戦略の総利益が上昇することはない。だから損切りは置くな、という意味ではない。このことは前に述べたとおりである。リスクを下げればリターンも下がるが、それだけの価値があるのであれば、ストップは置くべきだ。

■**カタストロフィックストップはリスクを回避するための手段である**
　表5.3から表5.5を見ると分かるように、カタストロフィックストップが小さくなるにつれて、平均年次最大ドローダウンや最大ドローダウンは小さくなる。ストップの目的はまさにこれに尽きる。つまり、ストップの目的はリスクコントロールなのである。

■**日中ストップは必ずしもリスクコントロールの最も優れた方法とは言えない**　私は日中ストップを使うことはほとんどない。それは、私が日中ストップに反対しているからではなく、開発・分析の結果、最も良いリスク・リワードはストップを終値または翌日の始値で執行したときに得られることが分かったからである。これには、多くのトレーダーたちから日中ストップの大きな問題点として指摘される「ストップハンティング」は含まれていない。トレーダーたちは、ヘッジファンドなどの巨額の資金を操る投機筋が利益を上げようと価格を操作してストップを狩ると信じているようだ。これが本当かどうかは私には分からないが、もし商品市場に損切りを入れたままでオーバーナイトすれば、大変なことになることだけは確かだ。

　トレーリングストップについては、さまざまなトレーリングストップを使って試してみたが、トレードの解を向上させるようなものは何一つ見つからなかった。本章の後半では商品戦略を開発するが、トレーリングストップについてはその時に詳しく解説する。とりあえず、カタストロフィックストップを使った株式戦略の話は終わることにしよう。

第5章　トレードシステムの要素——手仕舞い

表5.6　xトレード日後の翌日の始値で手仕舞う

x日	1トレード当たりの平均利益（ドル）	平均年次リターン（ドル）	平均年次最大ドローダウン（ドル）	最大ドローダウン（ドル）	ゲイン・ペイン・レシオ
基本戦略	62	63,953	69,288	188,764	0.92
20	60	65,598	68,719	186,823	0.95
15	54	62,736	68,058	179,481	0.92
10	49	62,155	68,199	169,470	0.91
8（新しい基本戦略）	47	65,676	61,596	137,433	1.07
6	41	60,289	62,186	161,139	0.97
4	34	55,372	55,918	124,762	0.99

時間ベースの手仕舞い —— 株式

　時間ベースのストップは、終値またはその近くで手仕舞いしたいデイトレーダーや、週末にはポジションを保有したくない中期トレーダーや、あるセットアップによって十分稼いだので、お金を今度は別のトレードに投資したいと思っているトレーダーたちによって使われる。最後の例については、第4章の仕掛け力のグラフを思い出してもらいたい。x本の足の仕掛けのセットアップはある時点から損失に変わる。したがってトレードはその時点で手仕舞って、違う戦略に乗り換えるのがベストだ。

　ドンチャンの株式戦略を基本戦略として、仕掛けから一定の日数後に手仕舞う戦略を見てみることにしよう。x日目の終値と、x日後の翌日の始値で手仕舞ってみたところ、x日後の翌日の始値での手仕舞いのほうが若干良かった。**表5.6**はx日後の翌日の始値で手仕舞った結果を示したものだ。

　ゲイン・ペイン・レシオで見ると、8日後の翌日の始値での手仕舞いがベストのように見える。その平均年次リターンは平均年次最大ド

表5.7 利食いを用いた株式戦略の結果

利食い金額（ドル）	1トレード当たりの平均利益（ドル）	平均年次リターン（ドル）	平均年次最大ドローダウン（ドル）	最大ドローダウン（ドル）	ゲイン・ペイン・レシオ
基本戦略	47	65,676	61,596	137,433	1.07
$1,000	47	64,241	57,507	133,303	1.12
$800	48	65,451	56,080	125,095	1.17
$600	48	65,752	54,808	114,273	1.20
$400	49	68,190	51,339	106,628	1.33
$300（新たな基本戦略）	50	70,877	50,693	92,510	1.40
$200	46	68,207	46,817	81,262	1.46
$100	39	64,714	38,916	74,525	1.66

ローダウンより大きく、最大ドローダウンは基本戦略に比べて5万ドル以上も少ない。しかし、1トレード当たりの利益は基本戦略よりも15ドルも少ない。1トレード当たりの利益は減少するが、ドローダウンが大きく改善されるため、この戦略が新たな基本戦略になる。

利食いによる手仕舞い ── 株式

利食いは考えるべき価値のある手仕舞い戦略だ。これは利を伸ばすというルールには違反するが、それまでの資産の最高値で手仕舞いすることができる。そういった意味では、これは一種のドローダウンである含み益の減少を防ぐことができる。利食いを使えば1トレード当たりの平均利益は少なくなるが、ドローダウンが減少するため、これは使う価値はある。**表5.7**は基本戦略に利食いを組み込んだ時の結果を示したものだ。利食いは日中に価格がその水準を上回ったときに執行されるため、手仕舞いには売りの指値注文を用いる。売りの指値は、仕掛け価格（ポイント）に対して、それぞれ意図した利食い金額が得

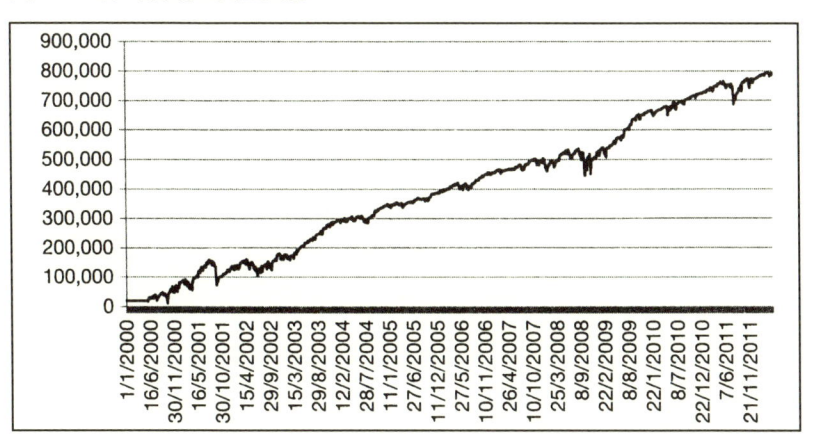

図5.1　株式戦略の資産曲線

られる値幅を加えた位置に置かれる。

　表を見ると、利食いはトレードオフなしに戦略を向上させることが分かる。1トレード当たりの利益は利益目標が300ドルになるまで上昇し続ける。総利益はどのように上昇するのだろうか。それはトレード機会が増えることによって上昇する。利食いで手仕舞うとき、8日（前の節の時間ストップ）が経過する前に手仕舞うことになる。これによって新たなトレード機会が与えられることになる。

　利食いはこの例のようなスキャルピング戦略では効果的だ。それには理由がいくつかある。まず、あなたは売られ過ぎで買って、買われ過ぎで手仕舞おうとするが、売られ過ぎのあとに首尾よく買われ過ぎが来て手仕舞いできる保証はない。指値を使えば、価格が少しでも上昇すれば手仕舞いすることができる。さらに、スキャルピングするときスリッページが大きな問題になるが、逆指値注文や成行注文を指値注文に置き換えることで、スリッページを減らすことができる。

　詳しくはこのあと商品システムを開発するときに述べるが、このほかにも利食いの方法はある。商品戦略に入る前に、株式システムのこ

表5.8 株式戦略の年ごとのリターンと最大ドローダウン

年	その年の利益（ドル）	その年の最大ドローダウン（ドル）
2000	45,107	37,404
2001	63,310	86,213
2002	31,798	57,830
2003	129,933	18,715
2004	61,593	24,871
2005	37,968	17,558
2006	64,461	24,155
2007	49,914	22,007
2008	16,144	92,510
2009	147,870	32,435
2010	59,441	31,037
2011	49,806	79,048

れまでの資産曲線を見ておこう（**図5.1**）。

資産曲線は徐々に増えているが、大きく下落した地点が１カ所だけある。それは株式市場が大暴落した2008年である。しかし、その年も何とか利益をひねり出している。

表5.8は年ごとのリターンとドローダウンを示したものだ。

注目すべき点は負けた年がなかったことである。この戦略を50万ドルでトレードしていれば、平均年次リターンは約14％、平均年次最大ドローダウンはおよそ10％、12年にわたる最大ドローダウンはおよそ19％という結果になっていただろう。これは私たちのトレード目標ではないが、こういった数字が達成できたはずだ。

ドテンシグナルによる手仕舞い── 商品

商品システムの基本的な仕掛けには、ドンチャンのトレンドフォローの仕掛けテクニックを使った。トレンドフォローの仕掛けルールは

表5.9　ルックバック期間をいろいろに変えたときの商品のドテントレードの結果

ルックバック期間（日）	1トレード当たりの平均利益（ドル）	平均年次リターン（ドル）	平均年次最大ドローダウン（ドル）	最大ドローダウン（ドル）	ゲイン・ペイン・レシオ
10	149	135,933	137,314	440,869	0.99
20（基本戦略）	387	169,384	150,574	455,456	1.12
30	525	150,091	150,410	511,032	1.00
40	676	141,309	138,431	431,614	1.02
50	826	136,619	148,487	438,396	0.92

以下のとおりである。

買い　マルか売りのときに、価格が過去x日の終値の最高値を上回ったら、売りを手仕舞って、買いにドテンする。仕掛けは逆指値注文で行う。

売り　マルか買いのとき、価格が過去x日の終値の最安値を下回ったら、買いを手仕舞って、売りにドテンする。仕掛けは逆指値注文で行う。

　表5.9はルックバック期間をいろいろに変えたときのこのドテン戦略の結果を示したものだ。この分析でも用いたのは56商品のバスケットの1980年から2011年末までのデータだ。ただし、取引コストは含まないものとする。

　ルックバック期間が50日を超えても次に示すトレンドは続き、総利益とゲイン・ペイン・レシオは減少し続けた。

■1トレード当たりの利益は上昇
■平均年次リターンは下落
■平均年次最大ドローダウンは上昇
■最大ドローダウンは上昇

■ゲイン・ペイン・レシオは下落

　ルックバック期間が20日のときを商品戦略の基本戦略とする。ルックバック期間が20日のときの各結果は以下のとおりである。

買いの勝ちトレード数　　　　　　　2716
買いの負けトレード数　　　　　　　3982
買いの総利益　　　　　　　　　　　371万9788ドル
買いの1トレード当たりの平均利益　555ドル

売りの勝ちトレード数　　　　　　　2451
売りの負けトレード数　　　　　　　4218
売りの総利益　　　　　　　　　　　146万3458ドル
売りの1トレード当たりの平均利益　219ドル

　中長期のトレンドフォロー戦略はおおよそは次のような傾向を示す。

■勝率は50％未満。このケースの場合はおよそ39％。
■1トレード当たりの利益はセットアップに用いた足の数が多いほど上昇。
■買いサイドのトレードのほうが売りサイドのトレードよりも結果ははるかに良い。
■1トレード当たりの利益が大きいので、取引コストを含めてもパフォーマンスはそれほど低下することはないだろう。

　これらの結果に示されていないトレンドフォローの最大の欠点は、含み益の減少である。トレンドフォロワーは損失は抑え、利は伸ばす。問題は、利益の伸びがいつ止まるかである。1999年に私はパラジウム

をトレンドフォローでトレードした。そのトレードは含み益が1枚当たり3万ドル以上にまで増えたが、結局は利益として得られたのは2万ドルで、1万ドルは市場に戻した。開発段階ではピーク時の資産をできるだけ維持することが重要だ。つまり、より多くの利益を現実化することである。もっと重要なのは、利益を市場に戻すことによるドローダウンを減らすことである。

カタストロフィックストップ、時間ベースのストップ、利食いが大きなドローダウンを抑え、戦略をトレーダブルなものにできるかどうか見ていくことにしよう。

損切りによる手仕舞い――商品

本節では、商品の基本的なドテン戦略に損切りを加えてみる。ドルベースのカタストロフィックストップだけでなく、ボラティリティベースのストップも見ていく。

カタストロフィックストップ

株式戦略では、ドルベースのカタストロストップ（仕掛けから一定のドル価だけ離れた位置に損切りを置く）だけを調べた。スキャルピングシステムでは、利益はわずか200～300ドルなので、カタストロストップの値をあまり大きくすることはできない。しかし、長期トレンドフォローシステムを開発するときは、多くの候補値を徹底的に調べてみるのがよいだろう。トレードによっては何千ドルもの利益になることがあるからだ。そういったトレードを、ストップをでたらめに置いて時期尚早に手仕舞っては、パフォーマンスに大きな差が出る。本節では3つのカタストロフィックストップを見ていく。

最初のストップはドルベースのストップだ。買いの場合は仕掛け価

表5.10 カタストロフィックストップを置いた商品システムの結果

カタストロフィックストップ（ドル）	1トレード当たりの平均利益（ドル）	平均年次リターン（ドル）	平均年次最大ドローダウン（ドル）	最大ドローダウン（ドル）	ゲイン・ペイン・レシオ
ストップを置かない基本戦略	387	169,384	150,574	455,456	1.12
1,000	319	158,186	146,784	452,520	1.08
1,500	341	159,267	148,279	415,709	1.07
2,000	359	162,909	147,398	445,036	1.11
2,500	366	163,807	149,811	441,384	1.09
3,000	370	164,493	145,589	466,114	1.13
5,000	379	166,694	147,235	465,759	1.13

格からxドル下に固定ストップを置き、売りの場合は仕掛け価格からxドル上に固定ストップを置く。引けでそのストップ水準を超えたら、翌日の寄り付きで手仕舞う。表5.10は結果を示したものだ。

表5.10は良い中長期のトレンドフォロー戦略を開発するうえでの難しさを浮き彫りにしている。リスク（ドローダウンと各トレードリスク）のコントロールが難しいのだ。損切りを仕掛けから5000ドルの位置に入れても、ドローダウンは減少していない。こんなに大きな損切りでは1万ドルから2万ドルの口座をトレードすることはできない。最初のトレードがストップに引っかかれば、口座は25％から50％下落することになるからだ。さらに、5000ドルの損切りが有効なのは、ボラティリティの高い商品だけである。以下は5000ドルの損切りに達したトレードの割合を商品グループごとに示したものだ。

穀物	0
畜産	0
ソフト	＜1
貴金属	1.8
エネルギー	＜1

通貨	＜1
米国金融	0
外国金融	＜1
外国株	5.0
米国株	＜1

　5000ドルの損切りの影響を受けているのは貴金属と海外の株価指数だけである。そのほかのグループでは5000ドルの損切りでは大した保護にはならない。

　このようにドルベースの損切りには欠点があるため、損切りを商品の最近のボラティリティに合わせて調整する必要がある。これには２つの理由がある。第一に、すべての商品はほとんど動かない時期から大きく動く時期までいろいろな時期があるため、損切りはこういった変化に合わせて調整したほうがよい。第二に、ほとんど動かない状態の商品が大きく動く商品よりもボラティリティが高いことがある。例えば、DAX先物指数とオート麦がこの良い例だ。したがって、カタストロフィックストップも商品の現在のボラティリティに合わせて調整したほうがよい。

　ボラティリティを測るのによく使われる評価尺度は２つある。値幅の平均や真の値幅と、一定期間にわたる終値の標準偏差の２つだ。ときには仕掛けのセットアップが最近のボラティリティの評価尺度になることもある。ドンチャンの仕掛けがそうである。n日のルックバック期間の高値と安値の距離が、過去n日の商品の相対的な動きを示している。それでは３つの評価尺度によるカタストロフィックストップを見てみることにしよう。

　表5.11はドテンの基本戦略と、ドテンの基本戦略にドンチャンの仕掛けに基づくカタストロフィックストップを加えた戦略の結果を示したものだ。この場合、カタストロフィックストップとしてはミッド

表5.11 基本戦略とドンチャンの仕掛けに基づくミッドポイント・カタストロフィックストップを置いた戦略──商品

カタストロフィックストップのタイプ	1トレード当たりの平均利益（ドル）	平均年次リターン（ドル）	平均年次最大ドローダウン（ドル）	最大ドローダウン（ドル）	ゲイン・ペイン・レシオ
ストップを置かない基本戦略	387	169,384	150,574	455,456	1.12
ミッドポイント	315	158,666	157,305	521,900	1.01

表5.12 Ｚスコアカタストロフィックストップ──商品

カタストロフィックストップを置く位置（20日標準偏差の倍数）	1トレード当たりの平均利益（ドル）	平均年次リターン（ドル）	平均年次最大ドローダウン（ドル）	最大ドローダウン（ドル）	ゲイン・ペイン・レシオ
ストップを置かない基本戦略	387	169,384	150,574	455,456	1.12
1	271	156,305	148,665	467,125	1.05
2	335	159,638	148,821	484,715	1.07
3	378	167,553	147,173	474,203	1.14
4	387	169,535	149,713	455,456	1.13

ポイントを使っている。ミッドポイントとは、ドンチャンの買いの仕掛けポイントと売りの仕掛けポイントの仕掛け日における平均である。

　ミッドポイントストップは少し狭すぎるようだ。利益の出るトレードを時期尚早に手仕舞いさせたため、1トレード当たりの利益は基本戦略よりも70ドルも減少しているが、ドローダウンは減少していない。

　表5.12はＺスコアカタストロフィックストップを使ったときの結果を示したものだ。ドンチャンの仕掛けポイントは過去20本の足に基づいて算出するため、標準偏差の計算にも過去20日の終値を用いる。

　表5.12を見ると分かるように、仕掛けから3標準偏差離れた位置にストップを入れた場合、ゲイン・ペイン・レシオは基本戦略の1.12から1.14に上昇している。次に、これを値幅の平均のストップによって改善できるかどうか調べてみよう。

表5.13 値幅の平均のカタストロフィックストップ

カタストロフィックストップを置く位置（20日値幅の平均の倍数）	1トレード当たりの平均利益（ドル）	平均年次リターン（ドル）	年次平均最大ドローダウン（ドル）	最大ドローダウン（ドル）	ゲイン・ペイン・レシオ
ストップを置かない基本戦略	387	169,384	150,574	455,456	1.12
1	255	147,835	150,939	470,649	0.98
2	322	156,642	151,509	453,018	1.03
3	358	164,545	150,680	445,154	1.09
4	370	166,975	151,974	460,784	1.10
5	379	169,470	151,231	464,934	1.12
6	380	169,563	150,999	469,309	1.12

　表5.13は値幅の平均のカタストロフィックストップを使ったときの結果を示したものだ。値幅の平均はシグナルが出る前の20日にわたるものだ。ドンチャンの仕掛けポイントも同じく過去20本の足から算出する。

　値幅の平均のストップで最良のものは、基本戦略のゲイン・ペイン・レシオと同じく1.12だった。

　最良のカタストロフィックストップは3標準偏差のストップだった。これをドルに換算すると非常に大きくなるように思えるので、ストップの平均ドル価を計算してみたが、1910ドルとやはり大きかった。これは特に小口口座では大きすぎる。しかし、とりあえずはこれを新たな基本戦略として、開発を先に進めることにしよう。必要なら前に戻って見直すこともできる。

トレーリングストップ

　中長期トレンドフォロー戦略に対する良いトレーリングストップの秘訣は、トレード利益が放物線を描き始めたら、ストップの加速度を

図5.2　理想的なトレーリングストップ

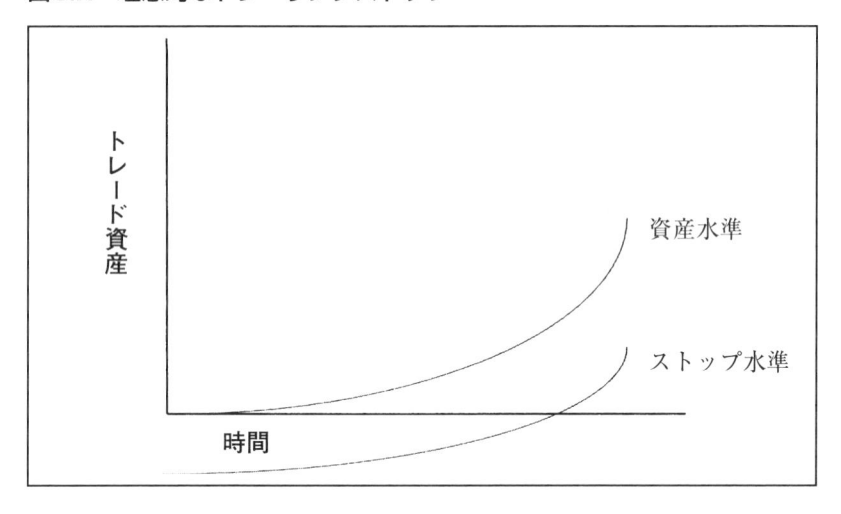

上げることである。**図5.2**はこれを示したものだ。

　固定的な移動平均線は、トレード利益が加速度的に上昇し始めたときの反応が遅いため、市場に戻す含み益が大きくなる。本節では、理想的なトレーリングストップを追求するための３つのロジックを見ていく。最初のロジックは1978年から学術文献のなかでよく見られたものだ。

　Ｊ・ウエルス・ワイルダー・ジュニアは彼の画期的な書『**ワイルダーのテクニカル分析入門**』（パンローリング）のなかで、RSI（相対力指数）やADX（アベレージ・ディレクショナル・ムーブメント・インデックス）をはじめとする数々の斬新な概念を紹介している。そういったなかで見落とされがちなのが、「パラボリック・タイム・プライス・システム」と呼ばれるものだ。彼はこのシステムをドテンシステムとして使っていたが、これはトレーリングストップとして使うのがベストだと思う。買ったら、最初にストップを置き、それ以降毎日、ポジションが順行しても逆行しても、ストップを上昇する比率で

表5.14 パラボリックストップの例

引けからの日数	仕掛け価格	トレードの最高値	利益	ストップファクター	加速ファクター
0	100	100	0	85.00	0.02
1	102	102	2	85.34	0.04
2	101	102	1	86.01	0.04
3	105	105	5	86.77	0.06

上げていく。上昇率は加速ファクターの関数だ。ワイルダーの本では加速ファクターとして0.02が使われており、トレードが利益を出した日ごとに0.02ずつ増えていく。しかし、この数字は実際には行っているトレードのタイプに依存する。短期システムを使っている場合、加速ファクターは比較的大きくなるため、保有期間が長くなると、加速ファクターは減少させる必要がある。

加速ファクターは、現在のストップに少しずつ上昇分を加えることでストップを狭めるのに使われる。増分は、現在の加速ファクターに、現在のストップとそのトレードの最高値との差を掛け合わせて算出する。例で見たほうが分かりやすいので例を示そう。例えば、買って、最初のストップを（商品のカタストロフィックストップでやったように）仕掛け価格から３標準偏差下に置いたとする。仕掛け価格が100で、最初のストップが85だとすると、そのトレードは**表5.14**に示したようになるはずだ。

利益が増えるごとに、ストップは上昇する比率で狭められていく。

表5.15は加速ファクターの値をいろいろに変えながらパラボリックストップを基本戦略に適用した結果を示したものだ。

ワイルダーの本にある加速ファクター0.02はこの戦略には速すぎるようだ。１トレード当たりの利益は基本戦略より150ドル以上減少し、ドローダウンも改善されていない。それでは別のトレーリングストッ

表5.15　パラボリック・トレーリングストップ——商品

加速ファクター	1トレード当たりの平均利益（ドル）	平均年次リターン（ドル）	平均年次最大ドローダウン（ドル）	最大ドローダウン（ドル）	ゲイン・ペイン・レシオ
ストップを置かない基本戦略	378	167,553	147,173	474,203	1.14
0.02	227	132,452	154,229	474,115	0.86
0.01	271	144,487	147,698	449,898	0.98
0.05	308	151,603	148,257	480,639	1.02
0.002	354	164,100	149,982	468,108	1.09
0.00175	361	166,740	148,238	469,931	1.12
0.00150	371	170,325	158,456	468,223	1.07

プを見てみよう。

　私の市販したトレードシステムの1つで使ったトレーリングストップは、利益が一定量増えたら、トレーリングストップを短期の移動平均線に移動させてストップを加速させるというものだった。仕掛け価格から十分に離れた移動平均線からスタートするので、トレードが時期尚早に手仕舞われることはなく、利益が増えたら、トレーリングストップを短期の移動平均線に動かす。利益も統計量としては使えるが、私が使ったのは標準偏差だ。仕掛けには20本の足のデータを使っているので、仕掛けた日の終値の標準偏差を目標値として使う。終値が仕掛け価格＋移動平均線を上回ったら、トレーリングストップを短期の移動平均線に動かす。

　表5.16はさまざまな移動平均線を組み合わせた結果を示したものだ。ここでは徹底した検証は行っておらず、トレーリングストップが効果的であることを示すにとどめた。

　結果を見ると、ストップを加速させるこのアプローチによって結果は向上していることが分かる。一番下のケースでは、ゲイン・ペイン・レシオは基本戦略よりも若干上昇して1.15になる程度だが、最大ドロ

表5.16 移動平均線に基づくトレーリングストップ

移動平均線の長さ	1トレード当たりの平均利益（ドル）	平均年次リターン（ドル）	平均年次最大ドローダウン（ドル）	最大ドローダウン（ドル）	ゲイン・ペイン・レシオ
ストップを置かない基本戦略	378	167,553	147,173	474,203	1.14
40/35/30/25/20	317	158,158	152,682	396,945	1.04
45/40/35/30/25	330	164,180	152,642	392,218	1.08
50/45/40/35/30	331	165,338	180,787	387,336	1.10
60/50/40/30/20	312	162,045	142,253	379,952	1.14
80/70/60/50/40	321	171,296	148,723	371,356	1.15

ーダウンはどのケースでも大幅に減少している。一番下のケースは新たな基本戦略にはならない。ドローダウンは大幅に減少しているものの、1トレード当たりの利益がかなり減少しているからだ。このあとも開発を進めていくが、もしドローダウン問題が改善しなければ、ここに戻ってこのストップを組み込むこともできる。

時間ベースの手仕舞い――商品

株式システムでは、トレードの長さを8日にしたときに基本戦略のパフォーマンスが大幅に向上した。商品システムでもこの手仕舞いロジックが有効かどうかを見てみることにしよう。**表5.17**は一定期間保有したあと手仕舞ったときの結果を示したものだ。

80日後に手仕舞うと、ゲイン・ペイン・レシオは基本戦略よりも若干上昇しているが、ドローダウン問題は解消されたとは言えない。これは中長期トレンドフォロー戦略によく見られる問題だ。保有期間についてはどれもあまり変わらない。リスクを大幅に減らす何かを見つける必要がある。そうでなければトレーダブルな戦略にはならない。

表5.17　時間ベースの手仕舞い（商品）

x日後の終値で手仕舞う	1トレード当たりの平均利益（ドル）	平均年次リターン（ドル）	平均年次最大ドローダウン（ドル）	最大ドローダウン（ドル）	ゲイン・ペイン・レシオ
ストップを置かない基本戦略	378	167,553	147,173	474,203	1.14
30	272	156,543	157,424	480,732	0.99
40	308	162,459	145,085	451,963	1.12
50	340	169,530	153,469	482,254	1.10
60	350	168,619	148,425	466,228	1.14
70	363	172,015	161,613	472,137	1.06
80	371	173,386	150,178	470,228	1.15

表5.18　ドルベースの利食いストップ（商品）

ドルベースの利食いストップ（ドル）	1トレード当たりの平均利益（ドル）	平均年次リターン（ドル）	平均年次最大ドローダウン（ドル）	最大ドローダウン（ドル）	ゲイン・ペイン・レシオ
ストップを置かない基本戦略	378	167,553	147,173	474,203	1.14
4,000	369	169,363	161,136	498,180	1.05
6,000	375	170,820	156,766	504,604	1.09
8,000	374	170,395	157,890	506,325	1.08
10,000	377	171,334	150,880	481,065	1.14
15,000	379	172,238	152,661	469,953	1.13

利食いによる手仕舞い ── 商品

　利食いはおそらくはリスクを減らすことに貢献するだろう。利食いによる手仕舞いは、それまでの利益の最高点で手仕舞うため、含み益を市場に戻すことはない。これはおそらくはドローダウンを制限するのには十分なはずだ。特にこの戦略を基本戦略にするのを躊躇させる47万ドルの最大ドローダウンを制限するには十分だろう。
　まず、ドルベースの利食いを見てみよう。終値でxドルの儲けが出

表5.19　利幅のZスコアに基づく利食い

利食い目標で手仕舞うまでのZスコア	1トレード当たりの平均利益（ドル）	平均年次リターン（ドル）	平均年次最大ドローダウン（ドル）	最大ドローダウン（ドル）	ゲイン・ペイン・レシオ
ストップを置かない基本戦略	378	167,553	147,173	474,203	1.14
6	326	167,127	148,114	472,945	1.13
7	346	170,137	155,089	468,454	1.10
8	357	170,890	146,913	473,515	1.16
9	368	173,072	149,169	470,345	1.16
10	371	172,556	149,242	470,040	1.16

たら、翌日の始値で手仕舞う。**表5.18**はドルベースの利食いを4000ドルから1万5000ドルまで変化させたときの結果を示したものだ。

　ドルベースの利食いはうまくいかなかったようだ。事実、最大ドローダウンは悪化するばかりだ。

　次に、ボラティリティベースの利食いを見てみよう。商品システムでは、リスクを商品の最近のボラティリティに合わせて調整することができたため、ボラティリティベースのカタストロフィックストップはうまくいった。ボラティリティベースの利食いも同じようにうまくいくはずだ。過去に私が使ってうまくいったボラティリティベースの利食いは、利益目標をZスコア（標準偏差換算値）で測るというものだ。Zスコアで測った利益目標での手仕舞いの数字に達したら、翌日の始値で手仕舞う。ドンチャンの仕掛けには20日分のデータを使っているので、過去20日の終値を使って標準偏差を算出する。買いシグナルが出たら、最初の利益目標は仕掛け価格にその日の1標準偏差を足した値になる。最初の利益目標を超えたら、利益目標を超えた日の標準偏差をその日の終値に足して次の利益目標にする。x個の利益目標に達したら、そのトレードは手仕舞う。各利益目標の大きさは、トレードを仕掛けた日の標準偏差ではなく、調整する日の標準偏差で調整

図5.3　商品システムの資産曲線

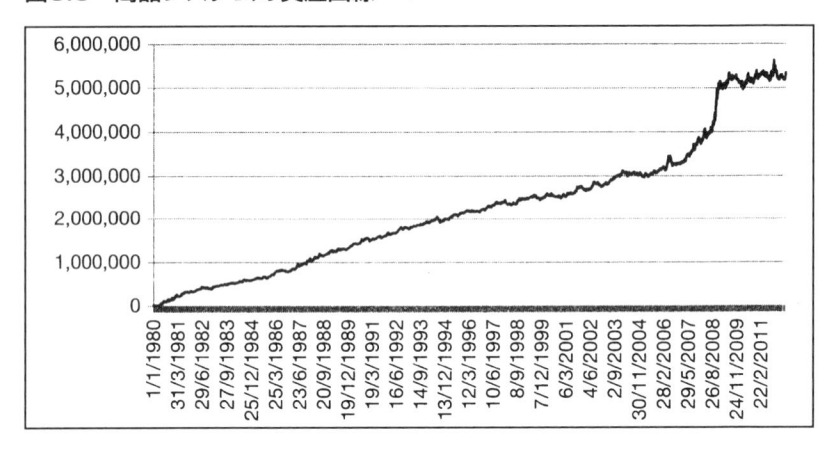

する。通常、利益が放物線状に増え始めると、ボラティリティは上昇する。利益目標を調整するときには、ボラティリティの上昇が勘案される。

表5.19はＺスコアをいろいろに変えたときの結果を示したものだ。

表5.19からは、Ｚスコアが８から10のときにゲイン・ペイン・レシオが若干上昇することが分かる。しかし、最大ドローダウンが減ることはない。

このほかにもいくつかの異なる利食いを試してみたが、どれもドローダウンの減少には至らなかった。おそらくは次章で検証するフィルターがうまくいくのではないかと思う。

図5.3はこの時点までの基本戦略の資産曲線を示したものだ。

資産曲線は2009年までは順調に上昇しているが、それ以降は足踏み状態だ。**表5.20**は年次リターンと年次最大ドローダウンを示したものだ。

この戦略は負けた年が３つしかないが、それはすべて過去８年で起きている。ドローダウンもかなり低く抑えられており、2006年までは

第5章 トレードシステムの要素——手仕舞い

表5.20 商品システムの年次リターンと最大ドローダウン

年	年次利益（ドル）	年次最大ドローダウン（ドル）
1980	150,845	51,798
1981	154,428	48,019
1982	84,492	64,931
1983	110,407	28,269
1984	84,499	34,984
1985	116,143	44,293
1986	102,198	56,869
1987	274,372	50,386
1988	139,532	69,911
1989	102,122	53,132
1990	186,828	54,889
1991	148,221	56,342
1992	95,537	68,153
1993	166,581	36,303
1994	59,648	144,862
1995	179,870	49,397
1996	44,510	47,849
1997	200,712	59,072
1998	86,020	133,908
1999	57,195	148,686
2000	33,229	123,866
2001	177,332	76,769
2002	59,923	122,965
2003	291,803	66,924
2004	−32,488	126,280
2005	118,320	83,433
2006	137,292	235,711
2007	454,018	157,243
2008	1,388,602	225,404
2009	−6,302	239,299
2010	190,711	245,347
2011	−139,022	446,438

表5.21　商品ごとの収益性

商品	勝ちトレード数	負けトレード数	総利益（ドル）	1トレード当たりの利益（ドル）
トウモロコシ	108	178	36,100	126
大豆	111	164	119,312	433
大豆かす	101	171	68,740	252
大豆油	109	181	46,134	159
小麦	111	184	53,000	179
カンザスシティー小麦	108	169	71,262	179
もみ米	81	113	88,299	455
生牛	96	203	−5,451	−19
豚赤身	107	192	16,480	55
飼育牛	106	189	6,975	23
コーヒー	115	173	169,181	587
綿花	115	173	103,815	384
オレンジジュース	111	146	62,137	228
木材	111	177	65,978	229
ココア	92	192	−24,500	−9
砂糖	111	146	71,187	276
銅	104	186	101,799	351
パラジウム	96	186	152,265	539
銀	115	188	214,764	708
金	101	150	151,010	601
白金	109	217	24,874	76
ロンドン銅	113	158	335,472	1,237
ロンドンアルミ合金	53	137	11,030	58
ロンドンアルミ	83	141	11,875	53
ロンドンニッケル	109	150	627,498	2,422
原油	845	164	104,489	421
灯油	109	146	234,490	919
改質ガソリン	88	157	150,611	614
天然ガスミニ	36	63	19,212	194
ブレント原油	77	116	165,439	857
日本円	109	169	160,212	5,763
スイスフラン	121	166	142,449	496
カナダドル	99	199	−18,331	−62

商品	勝ちトレード数	負けトレード数	総利益（ドル）	1トレード当たりの利益（ドル）
英ポンド	109	175	116,443	410
ドル指数	102	124	109,924	486
豪ドル	84	139	44,909	201
メキシコペソ	59	104	33,312	204
ユーロ通貨	115	150	220,537	832
30年物債券	103	172	76,734	279
10年物債券	105	154	88,000	339
5年物債券	83	118	53,601	266
2年物債券	72	99	52,812	308
ユーロドル	106	128	84,475	361
豪ドル債	85	160	30,531	177
カナダ国債	73	118	33,918	177
ユーロ建てブンズ	73	101	67,261	386
長期ギルト債	105	171	67,049	242
スペイン国債	54	96	16,265	108
SIMEX日本国債	61	106	22,902	137
ハンセン指数	93	133	79,499	351
ダックス指数	76	113	197,275	1,043
S&Pミニ	99	200	14,112	47
ラッセル2000ミニ	35	59	4,789	50
中型株ミニ	69	120	−8,651	−46
ナスダックミニ	50	93	61,010	426
日経平均	76	96	98,075	570
すべてのトレードの平均	2,976	4,137	2,756,675	387
買いトレード	1,594	2,086	1,895,123	514
売りトレード	1,382	2,051	861,542	250

年次平均で7万5000ドルである。しかし、2006年以降は、平均年次最大ドローダウンはおよそ27万5000ドルに増えている。

表5.21は商品ごとの収益を示したものだ。

結論

　本章では２つのトレード戦略（１つは株式用、もう１つは商品用）の開発をスタートした。いずれもドンチャンの仕掛けを使ったが、株式はカウンタートレンド戦略、商品はトレンドフォロー戦略だ。ここまでは、仕掛けから手仕舞いまで条件をいろいろに変えながら開発してきた。次章では、戦略をトレーダブルなものにするためにフィルターを加えてみることにしよう。

第6章

トレードシステムの要素——フィルター
Trading System Elements : Filters

　一般にフィルターは仕掛けとともに用いられ、一部のトレードの執行を回避する機能を持つ。1990年代後半、S&Pのボラティリティが高かったとき、金曜日には買いを避け、月曜日には売りを避けるのにフィルターを使った。週末に買ってリスクをとりたくないので、金曜日に手仕舞うというのがその理由だ。これによって1週間のほかの曜日に比べると金曜日に市場が下落することが多かった。そして月曜日には市場にお金が戻り、市場は上昇した。これは曜日フィルターだ。

　このほかによく使われるフィルターは季節性フィルター、ボラティリティフィルター、長期トレンドフィルターなどだ。季節性フィルターは季節性を利用するもので、ヒストリカルバイアスに逆らってトレードするのを避けるのが目的だ。例えば、トレーダーの多くは、ドライブシーズンに向けてガソリンを売ったり、冬に向けて灯油を売ったりといったことは避けたがる。株式では、レポート日や決算日に仕掛けを回避するのに季節性フィルターを使う。ボラティリティフィルターは放物線を描いて下落する銘柄を買うのを回避したり、トレーディングレンジのボラティリティが高く、日々の動きの普通のノイズによって損切りが執行されてしまうような銘柄の売買を回避するのに便利だ。こういった証券は潜在的利益は大きいが、リスクも大きい。また、長期トレンドフィルターは短期システムに組み込むと便利だ。こうす

表6.1 曜日フィルター（株式）

仕掛けない曜日	1トレード当たりの平均利益（ドル）	平均年次リターン（ドル）	平均年次最大ドローダウン（ドル）	最大ドローダウン（ドル）	ゲイン・ペイン・レシオ
フィルターを使わない基本戦略	50	70,877	50,693	92,510	1.40
月曜日	48	62,842	49,007	102,360	1.28
火曜日	49	65,249	49,741	91,760	1.31
水曜日	52	68,538	47,013	91,176	1.46
木曜日	51	67,922	44,802	93,204	1.52
金曜日	53	70,020	46,779	87,027	1.50

れば、長期トレンドの方向のトレードのみを仕掛けることができる。

　私は自分のシステムのほぼすべてでフィルターを使う。収益性を上げるのが目的のものもあれば、リスクを避けるのが目的のものもある。まずは、株式システムのフィルターを吟味し、次に商品システムのフィルターを吟味する。

曜日フィルター —— 株式

　1週間のうちの特定の曜日に仕掛けないようにすれば、基本戦略のパフォーマンスを向上できるかどうか調べてみることにしょう。**表6.1**は前章で開発した基本戦略のパフォーマンスを示したものだ。ここではその基本戦略に、提示した曜日に仕掛けないようにするフィルターを加えた。

　仕掛けに最も適しているのは週の前半だ。月曜日と火曜日に仕掛けなければ、結果は悪くなる。週の後半に仕掛けなければ、結果は良くなる。しかし、それほど大きく影響する曜日はないため、このフィルターを基本戦略に追加するのは考えものだ。

　もう1つ注目すべき曜日フィルターがある。これは、四半期末と月の初めの期間にトレードを避けるフィルターだ。こういった時期は、

表6.2　長期トレンドフィルターを加えたときのパフォーマンス（株式）

長期トレンドの足の数	1トレード当たりの平均利益（ドル）	平均年次リターン（ドル）	平均年次最大ドローダウン（ドル）	最大ドローダウン（ドル）	ゲイン・ペイン・レシオ
フィルターを使わない基本戦略	50	70,877	50,693	92,510	1.40
30	53	35,227	19,985	39,201	1.76
40	48	33,761	21,535	37,633	1.57
50	50	35,620	21,095	37,744	1.69
60	52	37,565	20,516	37,828	1.83
70（新たな基本戦略）	54	39,904	21,026	41,467	1.90
80	52	39,146	21,219	38,044	1.84
90	51	38,633	21,620	46,537	1.79

マネーマネジャーたちがポートフォリオの評価額を上げることを目的にいびつな売買を行うからだ（ウィンドウドレッシング）。

　月末に仕掛けたトレードと月初に仕掛けたトレードを基本戦略のパフォーマンスと比較したところ、利益は同じで、1トレード当たり50ドルだった。この戦略に関しては、これらの日はほかの日と同様にそれほど影響力はないと思われる。

長期トレンドフィルター──株式

　私たちの買いのみの株式戦略は、終値が直近8日間の終値の最安値を下回ったときに買う。これらのトレードは長期トレンドが上昇トレンドか下降トレンドのときに発生する可能性がある。ここでは、長期トレンドが上昇トレンドのときにのみ仕掛ける戦略を見ていくことにしよう。長期トレンドが形成されたかどうかを調べるには、今日の終値と何日か前の終値を比較してみるとよい。今日の価格が高ければ、トレンドは上昇トレンドだ。**表6.2**は長期トレンドが30日から90日のときの基本戦略のパフォーマンスを示したものだ。

ゲイン・ペイン・レシオを見ると分かるように、長期トレンドに沿ってトレードすればパフォーマンスは上昇する。70日のルックバックフィルターを使った新たな基本戦略は、トレーダブルなシステムの最低条件をかろうじて満たしているので、この戦略を新たな基本戦略とする。

■ 平均年次リターンは最大ドローダウンとほぼ同じ。
■ この戦略を20万ドルでトレードすれば、最大ドローダウンは資産のおよそ21％。
■ この戦略を20万ドルでトレードすれば、平均年次リターンは資産のおよそ20％で、平均年次最大ドローダウンは資産のおよそ10.5％。

ボラティリティベースのフィルター —— 株式

　私はパフォーマンスを２つのボラティリティフィルターを使ってチェックする。仕掛けセットアップが発生するのは、横ばい相場か、ボラティリティの高い上昇相場か、または下降相場である。横ばい相場の場合、潜在的利益は通常のセットアップより減少する。リスクをとってトレードを仕掛けても、潜在的利益は、市場がトレードの方向に急速に動きでもしないかぎり、低いままである。こうした利益の少ないトレードをふるい落とすために、一定の閾値ボラティリティに達したトレードのみを受け入れるフィルターを使う。これは低ボラティリティフィルターだ。また、ボラティリティが通常以上に上昇したら、市場ノイズが大きく上下動するためストップに引っかかる確率は高まる。こんなときに用いるのが高ボラティリティフィルターだ。このフィルターはボラティリティが高すぎるときにトレードを回避する。ボラティリティを測定する方法は、値幅の平均、真の値幅の平均、標準偏差などいろいろある。ここでは、値幅の平均と標準偏差によって測

表6.3 値幅の平均に基づく低ボラティリティフィルター（株式）

値幅の平均が価格のx%を上回るトレードのみを受け入れる	1トレード当たりの平均利益（ドル）	平均年次リターン（ドル）	平均年次最大ドローダウン（ドル）	最大ドローダウン（ドル）	ゲイン・ペイン・レシオ
フィルターを使わない基本戦略	54	39,904	21,026	41,467	1.90
1	54	39,873	21,015	41,467	1.90
2	58	36,822	20,052	34,354	1.84
3	67	26,670	15,757	23,047	1.69

定したボラティリティを検証する。**表6.3**は、最近の値幅の平均が十分に大きくなかったために低ボラティリティフィルターによってトレードが回避されたときの結果を示したものだ。値幅の平均は仕掛け前の５日間の数値で算出した。

　低ボラティリティフィルターによって、良い潜在的利益が得られないようなトレードをふり落とすことで、１トレード当たりの利益は上昇したが、ゲイン・ペイン・レシオは下落した。したがって、このフィルターは加えないほうがよいだろう。次に、値幅の平均に基づく高ボラティリティフィルターを加えた場合を見てみよう。結果は**表6.4**に示したとおりである。

　１トレード当たりの利益や平均ドローダウンが減少しているのを見ると分かるように、高ボラティリティフィルターはボラティリティの高い株式をふるい落とすことに成功しているが、利益がドローダウンよりも速く下落しているため、ゲイン・ペイン・レシオも減少している。したがってこのフィルターも加えない。おそらくは標準偏差に基づくボラティリティフィルターのほうがうまくいくだろう。

　表6.5は標準偏差に基づく低ボラティリティフィルターを使ったときの結果を示したものだ。標準偏差は仕掛け前の20個の終値に基づいて算出した。

　終値の分布標準偏差が価格の３％を上回るシグナルのみを受け入れ

表6.4　値幅に基づく高ボラティリティフィルター（株式）

値幅の平均が価格のx%を下回るトレードのみを受け入れる	1トレード当たりの平均利益（ドル）	平均年次リターン（ドル）	平均年次最大ドローダウン（ドル）	最大ドローダウン（ドル）	ゲイン・ペイン・レシオ
フィルターを使わない基本戦略	54	39,904	21,026	41,467	1.90
10	53	38,848	20,863	41,467	1.86
8	51	36,273	20,578	41,467	1.76
6	48	32,667	19,859	40,797	1.64
5	47	30,201	18,114	40,327	1.67

表6.5　標準偏差に基づく低ボラティリティフィルター（株式）

標準偏差が価格のx%を上回るトレードのみを受け入れる	1トレード当たりの平均利益（ドル）	平均年次リターン（ドル）	平均年次最大ドローダウン（ドル）	最大ドローダウン（ドル）	ゲイン・ペイン・レシオ
フィルターを使わない基本戦略	54	39,904	21,026	41,467	1.90
1	57	39,011	20,888	41,187	1.87
2	67	31,198	17,366	29,045	1.80
3（新たな基本戦略）	84	23,650	11,491	17,207	2.06
4	97	16,028	7,994	11,511	2.01

ることによって、1トレード当たりの利益は上昇し、平均年次最大ドローダウンと最大ドローダウンは減少している。したがって、このフィルターを加えて新たな基本戦略とする。

このフィルターを加えると、平均年次リターンが最大ドローダウンを上回る。10万ドルでトレードした場合、平均リターンは資産のおよそ24％で、過去12年の最大ドローダウンは資産のおよそ17％で、最大ドローダウンは資産のおよそ11.5％になる。

次に、標準偏差に基づく高ボラティリティフィルターを見てみることにしよう。**表6.6**は、標準偏差が価格のx％を上回るトレードをふり落としたときの結果を示したものだ。

第6章 トレードシステムの要素——フィルター

表6.6 標準偏差に基づく高ボラティリティフィルター（株式）

標準偏差が価格のx%を下回るトレードのみを受け入れる	1トレード当たりの平均利益（ドル）	平均年次リターン（ドル）	平均年次最大ドローダウン（ドル）	最大ドローダウン（ドル）	ゲイン・ペイン・レシオ
フィルターを使わない基本戦略	84	23,650	11,491	17,207	2.06
10	84	23,148	11,469	17,207	2.02
8	82	22,402	11,430	17,207	1.96
6	78	20,210	10,701	17,207	1.89

図6.1 開発した株式戦略の資産曲線

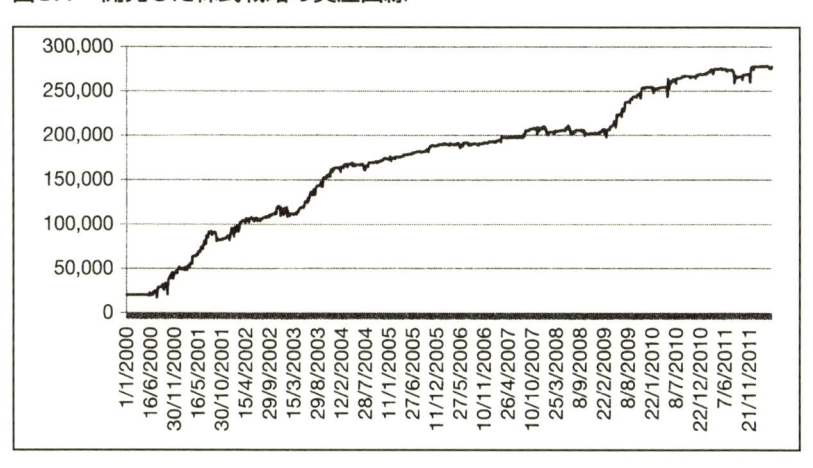

　このフィルターでは結果は改善されない。したがって、このフィルターは加えないほうがよいだろう。**図6.1**は開発した戦略の資産曲線を示したものだ。

　第5章の株式システムでは2008年に大きなドローダウンに見舞われたが、この戦略ではそれが消えている。これは70日の長期フィルターを加えたためだ。2008年の株式市場の大暴落では、このフィルターによって買いトレードのほとんどが回避されている。**表6.7**は年ごとのリターンと最大ドローダウンを示したものだ。

129

表6.7　株式システムの年次リターンと最大ドローダウン

年	年次利益（ドル）	その年の最大ドローダウン（ドル）
2000	30,424	12,875
2001	38,149	11,682
2002	20,709	10,674
2003	53,978	10,476
2004	10,812	8,171
2005	15,788	4,712
2006	4,073	5,365
2007	16,871	6,762
2008	−9,422	12,347
2009	54,054	8,781
2010	14,749	11,288
2011	9,315	17,207

　損をした年は1年（2008年）だけで、これは10万ドル口座ではおよそ10％の損失に相当する。その年のS&Pが38％以上も下落したことを考えると、それほど悪い数字ではない。**表6.8**はナスダック100のバスケットの各銘柄のパフォーマンスを示したものだ。

　100銘柄のうち損を出したのは8銘柄のみで、34銘柄は1トレード当たり100ドルを超える平均利益を出している。次は商品戦略を見ていくことにしよう。

曜日フィルター ── 商品

　私が中長期の商品トレンドフォロー戦略のほとんどで使う強力な曜日フィルターがある。それはプルバックフィルターだ。買いのセットアップが発生したら、価格が下がるのを1日だけ待ち、それでもそのセットアップが依然として有効ならば、買いを仕掛ける。売りの場合は、価格が上昇するのを1日だけ待つ。ほとんどのトレンドフォロー

第6章 トレードシステムの要素——フィルター

表6.8 開発した株式戦略の銘柄ごとのパフォーマンス

銘柄（ティッカー）	勝ちトレード数	負けトレード数	総利益（ドル）	1トレード当たりの利益（ドル）
AAPL	33	12	2,434	54
ADBE	23	10	4,162	126
ADP	4	3	141	20
ADSK	23	12	1,185	33
AKAM	36	17	2,894	54
ALTR	18	15	−2,518	−77
ALXN	24	20	1,116	25
AMAT	25	11	2,475	68
AMGN	5	4	302	33
APOL	32	4	7,105	197
ATVI	30	11	5,051	123
AVGO	9	2	310	28
BBBY	19	5	3,634	151
BIDU	24	6	5,421	180
BIIB	25	8	4,098	124
BMC	15	9	1,307	54
BRCM	33	12	5,967	132
CA	14	11	196	7
CELG	33	9	5,483	130
CERN	24	7	6,062	195
CHKP	21	9	2,605	86
CHRW	11	9	592	29
CMCSA	9	6	766	51
COST	8	2	1,833	183
CSCO	12	11	56	2
CTRP	22	13	4,751	135
CTSH	30	14	5,549	126
CTXS	23	15	−1,621	−43
DELL	13	9	306	13
DLTR	17	7	21,202	87
DTV	4	6	243	24
EBAY	21	11	2,127	66
ESRX	21	9	4,751	158

銘柄（ティッカー）	勝ちトレード数	負けトレード数	総利益（ドル）	1トレード当たりの利益（ドル）
EXPD	27	7	4,684	137
FAST	19	12	1,760	56
FFIV	40	11	5,771	113
FISV	6	6	240	20
FLEX	20	11	1,464	47
FOSL	22	14	3,484	96
GILD	32	4	7,896	219
GMCR	31	20	473	9
GOLD	38	14	3,857	74
GOOG	9	6	−544	−37
GRMN	25	14	1,362	34
HSIC	11	8	1,711	90
INFY	25	9	4,831	142
INTC	13	4	2,298	135
INTU	19	11	3,153	105
ISRG	27	16	1,966	45
KLAC	30	9	6,481	166
LIFE	14	10	1,170	48
LINTA	5	6	357	32
LLTC	21	9	2,433	81
LRCX	33	14	4,557	96
MAT	8	4	1,174	97
MCHP	18	12	704	23
MNST	26	15	3,419	83
MRVL	26	16	5,299	126
MSFT	9	6	575	38
MU	36	16	5,002	96
MXIM	21	9	3,378	112
MYL	17	3	2,374	118
NFLX	35	20	2,726	49
NTAP	28	19	3,236	68
NUAN	37	18	6,257	113
NVDA	34	25	−46	−1
NWSA	10	6	1,186	74

第6章　トレードシステムの要素──フィルター

銘柄（ティッカー）	勝ちトレード数	負けトレード数	総利益（ドル）	1トレード当たりの利益（ドル）
ORCL	12	11	−116	−6
ORLY	16	9	594	23
PAYX	7	6	−92	−8
PCAR	18	8	1,578	60
PRGO	16	8	1,578	108
QCOM	21	7	4,387	156
RIMM	31	17	1,879	39
ROST	21	5	3,070	118
SBUX	19	7	3,386	130
SHLD	16	13	−1,350	−47
SIAL	3	8	−849	−78
SIRI	39	15	7,611	140
SNDK	47	16	4,390	69
SPLS	14	7	1,858	88
SRCL	21	6	3,520	130
STX	23	4	5,715	211
SYMC	21	8	3,742	129
TEVA	10	2	2,796	233
TXN	13	10	1,133	49
VMED	10	8	412	22
VOD	8	5	848	65
VRSN	27	15	2,486	59
VRTX	33	15	2,650	55
WCRX	4	3	243	34
WFM	18	9	2,583	95
WYNN	26	10	3,941	109
XLNX	18	13	2,115	68
XRAY	7	4	422	38
YHOO	23	11	2,755	81

の買いシグナルは上昇して引けたときに発生する。このフィルターの考え方は、下げて引けるのを待つことでより良い価格を得ようというものだ。さらにこのフィルターは、動きの天井まで上昇し、その直後

表6.9 曜日フィルターを加えたときの買いと売りの結果

	勝ちトレード数	負けトレード数	総利益（ドル）	1トレード当たりの利益（ドル）
買い	103,423	96,495	3,907,148	19
売り	103,743	104,504	1,660,935	7

表6.10 曜日フィルターにトレンドフィルターを加えたときの買いと売りの結果

	勝ちトレード数	負けトレード数	総利益（ドル）	1トレード当たりの利益（ドル）
買い	47,582	42,862	3,270,100	36
売り	42,660	41,707	1,834,168	21

表6.11 プルバックフィルターを加えた商品戦略

プルバックフィルター	1トレード当たりの平均利益（ドル）	平均年次リターン（ドル）	平均年次最大ドローダウン（ドル）	最大ドローダウン（ドル）	ゲイン・ペイン・レシオ
フィルターを使わない基本戦略	378	167,553	147,173	474,203	1.14
フィルターを使った戦略	430	136,498	126,445	472,767	1.08

にカタストロフィックストップまで下落するダマシのシグナルを排除するのにも役立つ。

　ここでは、今日の終値が昨日の終値を下回ったとき、翌日の寄り付きで買い、その翌日の寄り付きで手仕舞うという戦略を56商品のバスケットで検証してみた（売りはこの逆）。結果は**表6.9**に示したとおりである。

　悪くないようだ。このフィルターを加えることで仕掛けの取引コストはほぼカバーされている。次に、トレンドの方向にあるときだけ買いまたは売りのプルバックフィルターを実行したらどうなるか見てみることにしよう。仕掛けには20日のドンチャンを使っているので、20

表6.12　長期トレンドフィルター（商品）

トレンドフィルターのルックバック期間（日）	1トレード当たりの平均利益（ドル）	平均年次リターン（ドル）	平均年次最大ドローダウン（ドル）	最大ドローダウン（ドル）	ゲイン・ペイン・レシオ
フィルターを使わない基本戦略	378	167,553	147,173	474,203	1.14
30	416	151,116	146,063	513,398	1.03
40	463	158,228	140,948	424,856	1.12
50	467	152,796	136,426	464,345	1.12
60	519	162,705	140,193	395,950	1.16
70（新たな基本戦略）	545	166,002	135,441	354,671	1.23
80	559	165,919	138,583	342,742	1.20
90	554	161,079	140,617	420,117	1.15

日のトレンドルックバックフィルターを使う。つまり、今日の終値が20日前の終値を上回っていたら、長期トレンドは上昇トレンドなので、下げて引けるたびに1日トレードを仕掛ける。売りの場合はこの逆になる。結果は**表6.10**に示したとおりである。

　このフィルターを加えることですべてのトレードの取引コストはカバーされる。ほかの結果に影響がなければ、これは加える価値がある。第5章の基本的なドンチャンの商品システムにこのフィルターを加えたときの結果を見てみよう。結果は**表6.11**に示したとおりである。

　プルバックフィルターを加えることで1トレード当たりの利益は上昇したが、平均年次利益はおよそ20％減少し、平均年次最大ドローダウンもそれほど速く減少していない。このフィルターを使ってもパフォーマンスが上がらないことがときたまあるが、これはそのケースの1つだ。次は、長期トレンドフィルターを見てみることにしよう。

表6.13　標準偏差に基づく低ボラティリティフィルター（商品）

1標準偏差がXドルを上回るトレードのみを仕掛ける	1トレード当たりの平均利益（ドル）	平均年次リターン（ドル）	平均年次最大ドローダウン（ドル）	最大ドローダウン（ドル）	ゲイン・ペイン・レシオ
フィルターを使わない基本戦略	545	166,002	135,441	354,671	1.23
100	546	165,728	135,424	354,546	1.22
150	550	164,790	135,451	353,982	1.22
200	560	163,356	135,570	354,073	1.20
250	574	161,537	135,790	353,637	1.19
300	593	159,267	135,855	352,566	1.17

長期トレンドフィルター —— 商品

　このフィルターは株式システムのときに使ったフィルターと同じで、長期トレンドと同じ方向のトレードのみを仕掛ける。今日の終値とx日前の終値を比較して、今日の終値がx日前の終値を上回るときは上昇トレンドとみなされる。下降トレンドはこの逆である。**表6.12**はルックバック期間を30日から90日まで変えたときの結果を示したものだ。

　ルックバック期間を70日にしたとき、平均年次最大ドローダウンも最大ドローダウンも減少し、1トレード当たりの利益は40％以上も上昇している。このフィルターを既存の戦略に加えて新たな基本戦略とする。

ボラティリティベースのフィルター —— 商品

　株式戦略と同じく、標準偏差および値幅の平均に基づく高ボラティリティフィルターと低ボラティリティフィルターについて見ていく。**表6.13**は標準偏差がXドルを上回るトレードのみを受け入れたときの結果を示したものだ。標準偏差は、シグナルが出る前の20日間の終

表6.14　標準偏差に基づく高ボラティリティフィルター（商品）

1標準偏差がXドルを下回るトレードのみを仕掛ける	1トレード当たりの平均利益（ドル）	平均年次リターン（ドル）	平均年次最大ドローダウン（ドル）	最大ドローダウン（ドル）	ゲイン・ペイン・レシオ
フィルターを使わない基本戦略	545	166,002	135,441	354,671	1.23
2,000	481	140,017	94,013	197,578	1.49
1,500	461	129,392	81,262	174,542	1.59
1,000	384	98,256	60,269	137,611	1.63
900	362	89,546	55,327	121,582	1.62
800	354	83,435	49,994	100,037	1.67
700	331	73,115	45,318	106,570	1.61

表6.15　値幅の平均に基づく高ボラティリティフィルター（商品）

値幅の平均がxドルを下回るトレードのみを仕掛ける	1トレード当たりの平均利益（ドル）	平均年次リターン（ドル）	平均年次最大ドローダウン（ドル）	最大ドローダウン（ドル）	ゲイン・ペイン・レシオ
フィルターを使わない基本戦略	545	166,002	135,441	354,671	1.23
800	407	96,926	48,847	89,669	1.98
700（新たな基本戦略）	410	91,354	43,209	86,296	2.11
600	384	82,041	40,703	78,142	2.02

値の標準偏差を、標準偏差のポイント値にその商品の1トレード当たりのドル価を掛けてドル価に換算したものだ。

　低ボラティリティフィルターは利益の少ないトレードを回避するため、1トレード当たりの利益は上昇しているが、ドローダウンはほとんど変わらない。したがって、このフィルターは基本戦略には加えない。次に、標準偏差に基づく高ボラティリティフィルターを見てみよう。結果は**表6.14**に示したとおりである。

　ゲイン・ペイン・レシオを見ると分かるように、標準偏差に基づく高ボラティリティフィルターによってトレードは改善されている。ドローダウンが劇的に減少していることに注目しよう。次に、値幅の平

表6.16 商品戦略——高ボラティリティフィルターに基づいて手仕舞う

値幅の平均が x ドルを上回るトレードを手仕舞う	1トレード当たりの平均利益（ドル）	平均年次リターン（ドル）	平均年次最大ドローダウン（ドル）	最大ドローダウン（ドル）	ゲイン・ペイン・レシオ
フィルターを使わない基本戦略	410	91,354	43,209	86,296	2.11
1,000	399	88,979	39,752	83,837	2.24
900	395	87,916	38,158	82,650	2.30
800（新たな基本戦略）	387	86,793	35,634	81,150	2.44
700	337	79,780	33,705	79,330	2.36

均に基づく低ボラティリティフィルターと高ボラティリティフィルターを見てみよう。

　値幅の平均に基づく低ボラティリティフィルターを検証したところ、結果は標準偏差に基づく低ボラティリティフィルターとほとんど同じだった。したがって、このフィルターは基本戦略には加えない。**表6.15**は値幅の平均に基づく高ボラティリティフィルターの結果を示したものだ。値幅の平均は仕掛け前の20日間の値を使って算出し、それにその商品の1ポイント当たりのドル価を掛けてドル価に換算した。

　この場合、値幅の平均に基づく高ボラティリティフィルターのほうが標準偏差に基づくフィルターよりも良いようだ。しかし、いつもこうとは限らない。このフィルターを加えることでパフォーマンスは向上し、トレーダブルなシステムの基準を満たしている。

■平均年次リターンは最大ドローダウンを上回り、平均年次最大ドローダウンの2倍以上。
■45万ドルでトレードすれば、年次リターンはおよそ20％で、平均ドローダウンは10％を下回り、30年にわたる最大ドローダウンは20％を下回るだろう。

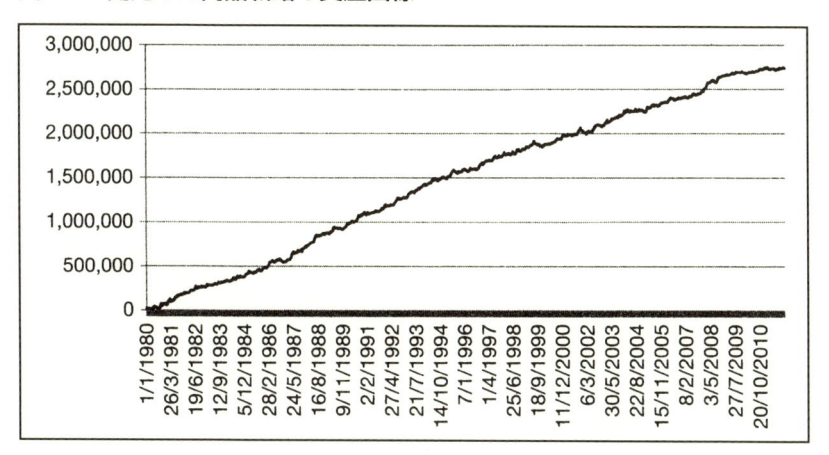

図6.2　開発した商品戦略の資産曲線

　商品戦略の開発を終える前に、**表6.15**の結果を見て、もう１つ見ておかなければならないことがある。**表6.15**を見ると、20日の値幅の平均が700ドルを上回るトレードは回避すべきであることが分かる。そこで、あるトレードを仕掛けたら事態が緊迫し始めたとしよう。おそらくこのフィルターは、ボラティリティが一定の限界値を超えたら手仕舞いシグナルも出してくるはずだ。

　表6.16は過去20トレード日の値幅の平均が一定の限界値（ドル価）を超えたときにトレードを手仕舞った場合の結果を示したものだ。引けに条件が満たされれば、翌日の寄り付きで手仕舞うものとする。

　このフィルターを加えると結果が改善され、ゲイン・ペイン・レシオが2.44になる。**図6.2**は開発した商品戦略の資産曲線を示したものだ。

　過去３年の上昇の傾きが若干減少しているのは気がかりだが、この資産曲線はかなり良い。**表6.17**は年ごとのパフォーマンスを示したものだ。

　最後に、**表6.18**は商品別パフォーマンスを示したものだ。

　商品別パフォーマンスを見ると、次の点に気づく。

表6.17 商品戦略の年次リターンとその年の最大ドローダウン

年	年次利益（ドル）	その年の最大ドローダウン（ドル）
1980	45,243	31,602
1981	131,473	35,973
1982	70,948	26,559
1983	60,062	20,128
1984	75,650	23,651
1985	80,800	30,075
1986	72,105	42,244
1987	176,109	33,076
1988	140,708	19,920
1989	72,787	32,454
1990	149,391	22,837
1991	103,496	23,260
1992	71,787	27,965
1993	174,368	16,375
1994	74,961	35,434
1995	107,427	41,515
1996	70,475	34,187
1997	111,771	25,842
1998	77,517	33,384
1999	40,987	72,809
2000	107,739	13,563
2001	49,441	44,766
2002	77,130	36,383
2003	131,397	36,355
2004	47,863	35,843
2005	90,391	22,619
2006	60,636	36,073
2007	77,027	23,311
2008	172,057	38,758
2009	25,429	21,180
2010	56,932	19,557
2011	−34,366	46,111
平均（ドル）	86,639	31,369

第6章　トレードシステムの要素――フィルター

表6.18　開発した商品戦略の商品別パフォーマンス

商品	勝ちトレード数	負けトレード数	総利益（ドル）	1トレード当たりの利益（ドル）
トウモロコシ	79	111	25,675	135
大豆	71	94	57,025	345
大豆かす	74	108	52,490	288
大豆油	90	100	52,182	274
小麦	69	123	9,562	49
カンザスシティー小麦	66	114	29,825	165
もみ米	53	73	70,479	559
生牛	71	142	−4,271	−21
豚赤身	77	143	−1,520	−7
飼育牛	76	113	25,687	135
コーヒー	37	40	50,493	655
綿花	80	92	100,590	584
オレンジジュース	79	114	56,302	291
木材	62	81	75,514	528
ココア	60	136	−16,080	−83
砂糖	79	88	55,238	330
銅	65	93	21,387	135
パラジウム	59	96	101,279	653
銀	55	87	110,074	775
金	56	88	54,440	378
白金	62	120	45,791	25
ロンドン銅	44	54	41,545	423
ロンドンアルミ合金	40	78	39,240	332
ロンドンアルミ	48	63	39,062	351
ロンドンニッケル	33	56	81,165	911
原油	525	60	61,059	545
灯油	69	81	94,290	628
改質ガソリン	50	63	81,408	720
天然ガスミニ	20	30	15,675	313
ブレント原油	44	41	71,139	836
日本円	38	32	88,475	1,263
スイスフラン	43	33	81,512	1,072
カナダドル	61	107	26,179	155
英ポンド	40	48	117,225	1,332
ドル指数	57	68	104,734	837

141

商品	勝ちトレード数	負けトレード数	総利益（ドル）	1トレード当たりの利益（ドル）
豪ドル	45	74	22,470	188
メキシコペソ	45	57	36,549	358
ユーロ通貨	14	12	51,774	1,991
30年物債券	47	67	43,500	381
10年物債券	72	92	67,609	412
5年物債券	61	78	52,085	374
2年物債券	54	62	51,562	444
ユーロドル	80	90	66,399	390
豪ドル債	66	93	53,733	337
カナダ国債	60	76	37,503	275
ユーロ建てブンズ	41	32	93,161	1,276
長期ギルト債	36	39	50,070	667
スペイン国債	45	51	46,245	481
SIMEX日本国債	50	70	26,562	221
ハンセン指数	19	20	37,149	952
ダックス指数	15	23	9,075	238
S&Pミニ	56	92	8,750	59
ラッセル2000ミニ	1	4	1,809	361
中型株ミニ	28	44	7,589	105
ナスダックミニ	30	38	20,725	304
日経平均	52	53	98,675	939
すべてのトレードの平均	2,976	4,137	2,756,675	387
買いトレード	1,594	2,086	1,895,123	514
売りトレード	1,382	2,051	861,542	250

■穀物、ソフト、貴金属、エネルギー、通貨、金融グループのパフォーマンスは良いが、畜産や株価指数のパフォーマンスは良くない。これはトレンドフォロー戦略では一般的だ。畜産をトレンドフォローでうまくトレードする方法は知らない。また、米国株価指数は商品というよりも株式の動きに近い。これらを最もうまくトレードするにはカウンタートレンドアプローチを使うのがよい。

■コーヒー、ニッケル、円、ポンド、ユーロ、ブンズ、ギルト債や、

ほとんどの株価指数はトレード頻度が比較的低い。これはボラティリティフィルターと、これらの商品の取引所による価格付けによるものだ。取引所による商品に対する１ポイント当たりのドル価の設定によっては、小さな変化率によってドル価が大きく動くことがある（付録Ｂの相対リスクを参照）。高ボラティリティフィルターを使えばこうした商品のトレードの多くを回避できるはずだ。
■買いによる利益は売りによる利益のほぼ３倍で、１トレード当たりの利益はほぼ２倍だ。これはよくあることだ。

これで商品戦略の開発は終了だ。このあとの章では、商品戦略が口座サイズや利食い特性に合うようにするためのマネーマネジメントについて見ていく。

結論

本章では株式戦略と商品戦略の開発について見てきた。どちらの戦略についてもトレーダブルな戦略が見つかった。各ルールやパラメータの値でコンピューターを使って全バスケットに対するトレードを生成し、資産曲線も形成した。資産曲線からは、平均年次利益を平均年次最大ドローダウンで割ってゲイン・ペイン・レシオを算出した。ゲイン・ペイン・レシオは、ルールやパラメータを加えて新たな基本戦略にすべきかどうかを判断するのに使った。１トレード当たりの利益や総利益が上昇しても、ゲイン・ペイン・レシオが悪ければ、ルールやパラメータは加えないほうがよいと判断した。第７章でも、総利益や１トレード当たりの利益ではなく、ゲイン・ペイン・レシオのような総合的なリスク・リワード・レシオのほうが重要であることをさらに示していく。

第7章

システム開発ではなぜマネーマネジメントが重要なのか

Why You Should Include Money Management Feedback in Your System Development

　私が初めてトレードシステムの開発を始めたとき、パフォーマンスを測る統計量として、総利益や1トレード当たりの平均利益を使った。開発の最中にドローダウンを見ることはなく、システムの開発が終わったら、マネーマネジメントを適用して、そのシステムがどれくらい良いか悪いかを判断した。しかし、この前の3つの章を見ると分かるように、私は今では開発プロセスの各ステップで単純なマネーマネジメントを適用し、平均年次利益を平均年次最大ドローダウンで割ったゲイン・ペイン・レシオを評価尺度として使っている。この統計量を使うことで、そのシステムがトレーダブルかどうかをリスク・リワードの観点から知ることができるからだ。さらに、マネーマネジメントプロセスの間は前に戻って、どのシステム要素がリスクを減らしたり増やしたりしているのかを見ることはない。それは開発プロセスですでに分かっているからだ。

　開発の各ステップにマネーマネジメントを取り入れる最大のメリットは、より優れたリスク・リワード・システムが利用できることだ。つまり、どういったシステムもゲイン・ペイン・レシオで比較できるということである。総利益や1トレード当たりの利益ではこれは不可能だ。総利益や1トレード当たりの利益では、長期システム、短期システム、あるいはスキャルピングシステムを比較することはできず、

表7.1　1トレード当たりの利益をパフォーマンス指標として開発した株式システム——ルックバック期間を変化させる

ルックバック期間（日）	1トレード当たりの平均利益（ドル）	平均年次リターン（ドル）	平均年次最大ドローダウン（ドル）	最大ドローダウン（ドル）
20（基本戦略）	90	42,879	68,393	190,044
18	87	46,587	70,715	184,490
16	77	47,079	72,058	192,191
14	69	48,053	71,727	190,794
12	61	49,764	69,125	191,484
10	55	55,171	66,642	175,396
8	45	56,811	66,607	177,774
6	35	57,536	69,582	150,370
4	21	50,516	67,370	138,584
2	14	55,419	59,321	107,455

商品システム、株式システム、FXシステムの比較もできない。

　本章では、株式システムと商品システムの開発プロセスを簡単に見ていくが、開発で用いるパフォーマンス指標はゲイン・ペイン・レシオではなく、1トレード当たりの利益だ。そして、最後に2つの戦略の資産曲線を比較する。これらのことから、戦略の開発では、ゲイン・ペイン・レシオのようなリスク・リワードの統計量を使ったほうが良いことが分かるはずだ。

1トレード当たりの利益を使った株式システムの開発

　表7.1は買いのみのドンチャンの仕掛けを使って、ルックバック期間を20日から2日まで変化させたときのナスダック100のバスケットの結果を示したものだ。

　1トレード当たりの利益が最大だったのはルックバック期間が20日

表7.2　1トレード当たりの利益をパフォーマンス指標として開発した株式システム──時間ベースの手仕舞い

x日後の終値で手仕舞う	1トレード当たりの平均利益（ドル）	平均年次リターン（ドル）
ストップを使わない基本戦略	98	46,622
40	92	46,460
30	84	45,197
20	80	49,225
10	54	42,616

表7.3　1トレード当たりの利益をパフォーマンス指標として開発した株式システム──利食い

利食い	1トレード当たりの平均利益（ドル）	平均年次リターン（ドル）
ストップを使わない基本戦略	98	46,622
$2,000	100	47,626
$1,500（新たな基本戦略）	101	48,006
$1,000	96	45,983

のときの90ドルだ。したがって、これが基本戦略になる。次に、ドルベースのカタストロフィックストップを検証してみると、ストップの値が2500ドルのとき、1トレード当たりの利益は最大で、98ドルだった。したがって、このストップを加えた。**表7.2**は時間ベースのストップの結果を示したものだ。価格がストップに達しなければ、x日後に手仕舞う。

時間ベースの手仕舞いを使っても1トレード当たりの利益は向上しなかったので、このストップは加えない。一方、ドルベースの利食いを使うと1トレード当たりの利益は向上した。**表7.3**は利食いを使ったときの結果を示したものだ。

利食いの値が1500ドルのとき、1トレード当たりの利益と平均年次リターンは基本戦略よりも若干上昇している。したがって、これを新

図7.1　1トレード当たりの利益をパフォーマンス指標として開発した戦略の資産曲線

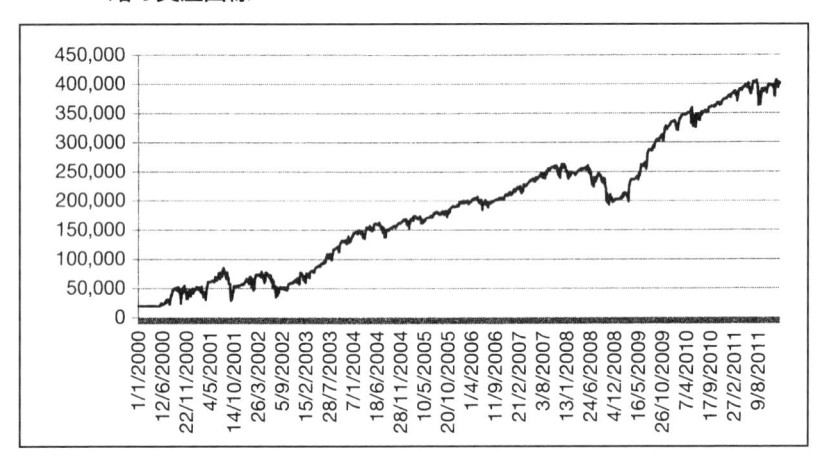

図7.2　ゲイン・ペイン・レシオをパフォーマンス指標として開発した戦略の資産曲線

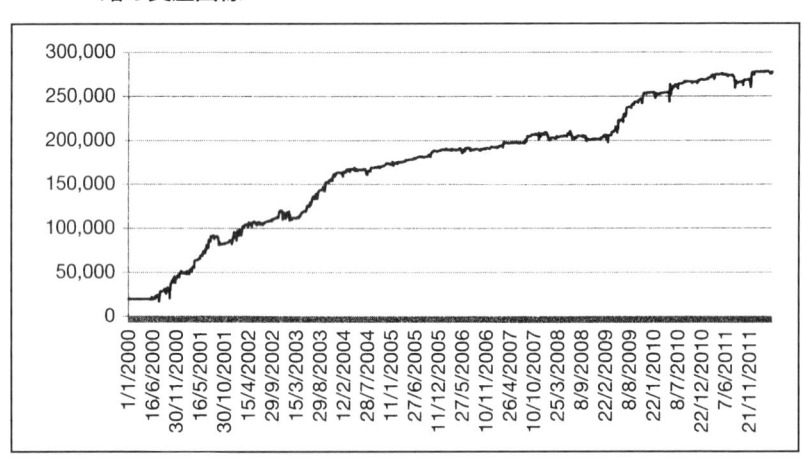

たな基本戦略とする。次に、フィルターについて見ていくことにしよう。

　最初に開発したすべてのフィルタータイプを1トレード当たりの利益を使ってもう一度調べてみたところ、ルックバックフィルターを

表7.4 ２つの株式戦略の年次リターンとドローダウンの比較

年	ゲイン・ペイン・レシオ戦略の利益（ドル）	ゲイン・ペイン・レシオ戦略の最大ドローダウン（ドル）	１トレード当たりの利益戦略の利益（ドル）	１トレード当たりの利益戦略の最大ドローダウン（ドル）
2000	34,710	17,431	26,324	28,613
2001	35,731	24,303	14,960	57,379
2002	34,969	13,006	−5,545	45,790
2003	90,816	13,770	83,318	18,543
2004	41,299	10,566	29,990	25,574
2005	32,259	12,039	22,273	16,780
2006	37,004	17,445	21,576	24,217
2007	45,026	16,569	48,534	21,685
2008	−15,502	25,461	−58,155	70,126
2009	120,637	17,596	132,319	17,361
2010	52,424	28,660	40,105	34,206
2011	25,717	40,631	26,546	43,081
平均	44,591	19,789	31,854	33,613

除いて、既存の基本戦略を上回るものはなかった。新たな基本戦略は、現在価格が70日前の価格を上回るときにのみシグナルを受け入れる。これによって１トレード当たりの利益は104ドルに上昇した。**図7.1**は新たな基本戦略の資産曲線を示したものだ。

この資産曲線を**図7.2**のゲイン・ペイン・レシオをパフォーマンス指標として開発した戦略の資産曲線と比べてみよう。

最後に、**表7.4**はこれら２つの戦略の年ごとのパフォーマンスを比較したものだ。

年次利益を見ても、ドローダウンを見ても、ゲイン・ペイン・レシオを基に開発した戦略のほうが１トレード当たりの利益を基に開発した戦略よりも優れているのは明らかだ。次に、商品システムを１トレード当たりの利益をパフォーマンス指標として開発してみよう。

表7.5 １トレード当たりの利益をパフォーマンス指標として開発した商品システム——ルックバック期間を変化させる

ルックバック期間（日）	１トレード当たりの平均利益（ドル）	平均年次リターン（ドル）
10	149	135,933
20	387	169,384
30	525	150,091
40	676	141,309
50	826	136,619
60	972	132,232
70	1,153	131,384
80	1,354	132,660
90	1,531	133,462
100	1,692	131,651
110	2,028	141,089
120（基本戦略）	2,037	128,895
130	2,004	116,623

商品システムの開発 ── １トレード当たりの利益をパフォーマンス指標とする

　表7.5はドンチャンの仕掛けのルックバック期間をいろいろに変えたときのドテン戦略の結果を示したものだ。ここでも56商品のバスケットを使って検証した。検証期間は1980年から2011年末までである。取引コストは含まないものとする。

　ルックバック期間が120日のとき、１トレード当たりの利益が最大になるので、これを基本戦略とする。次に、カタストロフィックストップについて見ていくことにしよう。

　前の商品システムの開発で行ったように、２つのボラティリティベース（値幅の平均とＺスコアに基づく）のカタストロフィックストップを検証してみた。値幅の平均の計算には、仕掛け前の20日の終値を使い、標準偏差の計算には、過去120日の終値を使った。この場合、

**表7.6　1トレード当たりの利益をパフォーマンス指標とした商品戦略
　　　　――Zスコアに基づくカタストロフィックストップを使用**

カタストロフィックストップの 位置（120日のZスコア）	1トレード当たりの平均利益 （ドル）	平均年次リターン（ドル）
基本戦略	2,037	128,895
1	1,335	125,631
2	1,879	134,683
3（新たな基本戦略）	2,020	131,906

**表7.7　1トレード当たりの利益をパフォーマンス指標とした商品戦略
　　　　――プルバックフィルター**

プルバックフィルター	1トレード当たりの平均利益 （ドル）	平均年次リターン（ドル）
フィルターを加えない基本戦略	2,020	131,906
フィルターを加えた新たな基本戦略	2,268	129,533

　パフォーマンスはZスコアに基づくカタストロフィックストップのほうが良かった。**表7.6**は120日のZスコアを使ったときの結果を示したものだ。このストップでは1トレード当たりの利益はほとんど向上しなかったが、長期トレードシステムには何らかのストップを置く手法が必要であり、120日の標準偏差の3倍のときがベストだったので、これを新たな基本戦略とする。

　このほかにも、トレーリングストップや利食いも（第5章と同じ方法で）調べてみたが、どれも基本戦略の向上にはつながらなかった。次は、フィルターを見てみよう。

　最初のフィルターはプルバックフィルターで、これは第6章で調べたものと同じものだ。プルバックフィルターは、下げて引ける日を1日待ってから買い、上げて引ける日を1日待ってから売る（ただし、セットアップがまだ有効である場合に限る）。第6章では、プルバックフィルターを加えると1トレード当たりの利益は向上したが、ゲイン・ペイン・レシオは向上しなかった。**表7.7**は今の基本戦略にこの

**表7.8　1トレード当たりの利益をパフォーマンス指標とした商品戦略
　　　　――長期トレンドフィルター**

ルックバック期間（日）	1トレード当たりの平均利益（ドル）	平均年次リターン（ドル）
基本戦略	2,268	129,533
150	2,449	126,803
175	2,545	124,611
200（新たな基本戦略）	2,777	130,367
225	2,768	126,459
250	2,591	111,997

フィルターを加えたときの結果を示したものだ。

　プルバックフィルターを加えると1トレード当たりの利益は248ドル上昇した。したがって、このフィルターを加えて新たな基本戦略とする。次は、長期トレンドフィルターを見てみることにしよう。

　長期トレンドフィルターは、長期トレンドと同じ方向ではないトレードを回避する。シグナルが出た日の終値とそのx日前の終値を比較して、長期トレンドの方向を決定する。この戦略は仕掛けに120日分のデータを使うので、比較データは120日よりも長くなければならない。**表7.8**はルックバック期間をいろいろに変えたときの結果を示したものだ。

　ルックバック期間が200日のとき、1トレード当たりの利益は2777ドルで最高だった。したがって、このフィルターを加えて新たな基本戦略とする。

　最後に検証するフィルターは低ボラティリティフィルターと高ボラティリティフィルターだ。ボラティリティをベースとする値幅と標準偏差の計算には、それぞれ20日と120日を使った。結果を見ると、標準偏差のフィルターよりも値幅の平均のフィルターのほうが、ボラティリティが高いときも低いときもパフォーマンスは良く、また直近の20日の値幅の平均のほうが120日の値幅の平均よりも良かった。**表**

**表7.9　1トレード当たりの利益をパフォーマンス指標とした商品戦略
　　　　――値幅をベースにした高ボラティリティフィルター―**

平均の値幅の閾値	1トレード当たりの平均利益 （ドル）	平均年次リターン（ドル）
基本戦略	2,777	130,367
3,500	2,741	128,157
4,000	2,805	121,423
4,500（新たな基本戦略）	2,829	132,553
5,000	2,820	132,217
5,500	2,797	131,215
6,000	2,777	130,367

**表7.10　1トレード当たりの利益をパフォーマンス指標とした商品戦略
　　　　――値幅をベースにした低ボラティリティフィルター―**

平均の値幅の閾値	1トレード当たりの平均利益 （ドル）	平均年次リターン（ドル）
基本戦略	2,829	132,553
100	2,847	131,044
200（新たな基本戦略）	2,938	128,805
300	3,207	120,188

7.9は高ボラティリティフィルターの結果をまとめたものだ。

1トレード当たりの利益は値幅の平均の閾値が4500ドルのときに最高で、2829ドルだった。したがって、このフィルターを加えて新たな基本戦略とする。最後に、**表7.10**は低ボラティリティフィルターのパフォーマンスを示したものだ。

1トレード当たりの利益は閾値が1000ドルまでは上昇し続けたが、平均年次リターンは減少し続けた。閾値としては200ドルが最適と思われる。

図7.3はこの戦略の資産曲線を示したものだ。

この資産曲線を、**図7.4**のゲイン・ペイン・レシオをパフォーマンス指標とした戦略の資産曲線と比較してみよう。

図7.3 １トレード当たりの利益をパフォーマンス指標とした商品戦略の
資産曲線

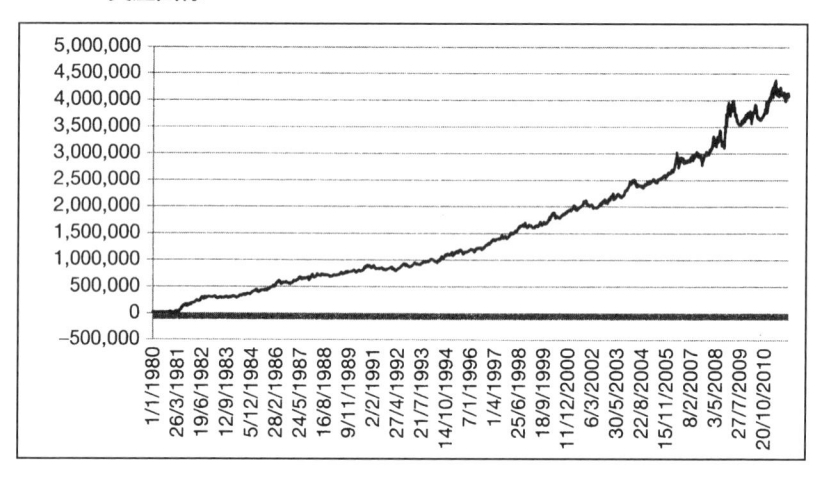

図7.4 ゲイン・ペイン・レシオをパフォーマンス指標とした商品戦略の
資産曲線

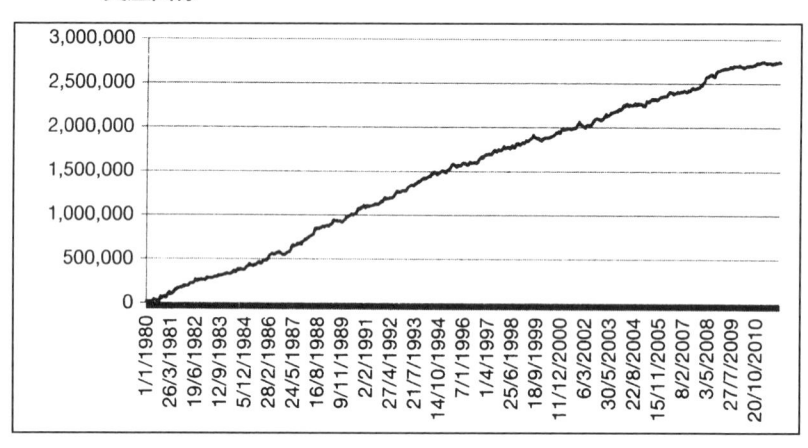

　資産曲線は１トレード当たりの利益をパフォーマンス指標とした戦略のほうが、ゲイン・ペイン・レシオをパフォーマンス指標とした戦略よりもおよそ50％高いが、この利益を得るためにはドローダウンのスパイクに耐えなければならない。**表7.11**は年ごとのパフォーマン

第7章 システム開発ではなぜマネーマネジメントが重要なのか

表7.11 2つの商品戦略の年次リターンとドローダウンの比較

年	ゲイン・ペイン・レシオ戦略の利益（ドル）	ゲイン・ペイン・レシオ戦略の最大ドローダウン（ドル）	1トレード当たりの利益戦略の利益（ドル）	1トレード当たりの利益戦略の最大ドローダウン（ドル）
1980	45,243	31,602	−20,634	48,197
1981	131,473	35,973	195,283	44,209
1982	70,948	26,559	99,666	41,161
1983	60,062	20,128	14,660	43,403
1984	75,650	23,651	96,216	35,092
1985	80,800	30,075	113,859	51,230
1986	72,105	42,244	61,105	72,106
1987	176,109	33,076	155,198	66,272
1988	140,708	19,920	−4,0271	65,527
1989	72,787	32,454	87,038	42,337
1990	149,391	22,837	92,010	57,057
1991	103,496	23,260	−11,860	92,243
1992	71,787	27,965	18,887	76,545
1993	174,368	16,375	156,109	40,861
1994	74,961	35,434	96,750	84,190
1995	107,427	41,515	80,867	88,142
1996	70,475	34,187	149,757	64,542
1997	111,771	25,842	157,502	61,754
1998	77,517	33,384	192,008	105,575
1999	40,987	72,809	160,316	67,830
2000	107,739	13,563	110,083	117,708
2001	49,441	44,766	93,492	121,311
2002	77,130	36,383	143,004	85,687
2003	131,397	36,355	261,307	125,771
2004	47,863	35,843	74,288	159,238
2005	90,391	22,619	137,495	77,703
2006	60,636	36,073	242,635	291,045
2007	77,027	23,311	159,792	255,655
2008	172,057	38,758	765,671	336,827
2009	25,429	21,180	−69,453	454,177
2010	56,932	19,557	306,867	292,316
2011	−34,366	46,111	42,126	401,255
平均	86,639	31,369	128,805	123,968

スを示したものだ。1トレード当たりの利益をパフォーマンス指標にした戦略はドローダウンも大きいことに注目しよう。

表7.11を見ると、1トレード当たりの利益戦略の平均最大ドローダウンは、ゲイン・ペイン・レシオ戦略の平均最大ドローダウンのおよそ4倍であることが分かる。さらに、1トレード当たりの利益戦略の最大ドローダウンである45万4177ドルは、ゲイン・ペイン・レシオ戦略の最大ドローダウンである7万2809ドルの6倍以上である。

商品戦略を開発しようとする人に最後に注意しておきたいことがある。2000年から2011年までの12年のうち、リスクを考慮せずに開発した1トレード当たりの利益戦略は、最大ドローダウンが10万ドルを超える年が10年あった。しかし、2000年までの20年では、最大ドローダウンが10万ドルを超えた年は1年（1998年）しかなかった。これは商品価格の性質が変わったことを示している。2000年以降、ボラティリティがそれまでよりも高まったのである。2006年から2011年にかけて、最大ドローダウンが20万ドルを超えていることからすれば、ボラティリティは依然として上昇傾向にある。つまり、戦略を開発するときにはリスクを含む指標を使う必要があるということである。

結論

本章では、1トレード当たりの利益をパフォーマンス指標として株式戦略と商品戦略を開発し直した。いずれの場合も、資産曲線、ゲイン・ペイン・レシオともに基本戦略を下回った。特に、商品システムは開発段階でリスクを考慮しなかったことが裏目に出た。

これらの戦略にはさらなる改善が必要だ。第12章から第15章では、これらの戦略にマネーマネジメントを適用する。しかしその前に、戦略開発のための新しい方法を見ておくことにしよう。

第8章

バースコアリング
──新たなトレードアプローチ

Bar-Scoring : A New Trading Approach

　従来のシステム開発には明らかな弱点がある。それは、ルールが白か黒かはっきりさせなければならないことである。つまり、仕掛けの条件が完全に満たされたときにのみ仕掛けることができ、手仕舞いの条件が満たされたときにのみ手仕舞うことができるということである。弱い仕掛けとか、非常に強い仕掛けとか、条件の１つは満たされていないがこれは良い仕掛けだといった、グレーゾーンがないのである。本章では、バースコアリングと私が呼んでいる新しいシステム開発アプローチを紹介する。これは足ごとの潜在的利益を評価するというものだ。それぞれの足はユーザーが定義した基準に基づく数字でスコアリングされる。スコアは、仕掛けからユーザーが定義した日数後に得られる利益の期待値を表す。足（バー）のスコアが高ければ、価格は上昇する可能性が高く、足（バー）のスコアが低ければ、価格は下落する可能性が高い。バースコアリングは独立した仕掛けテクニック、手仕舞いテクニック、あるいはほかの仕掛け基準の補助としても用いることができる。

　本章では、バースコアリングとは何かを説明するとともに、スコアリング基準の例、スコアリングプロセスの概要について解説する。そのあと、株式市場の日足データを使ってシステムを開発する。このシステムではバースコアリングは、従来の仕掛けテクニックによって選

ばれたトレードのなかから最終的に選択するトレードを決める基準として用いる。また、カーブフィッティングの度合いを調べるのにはBRACテストを使う。

従来のシステム設計の欠点はルールが厳格なこと

　第7章で開発したドンチャンシステムでは、20日のルックバック期間、70日トレンドフィルター、高ボラティリティフィルターを使って仕掛けシグナルを生成した。任意の日にこの基準を満たせば、トレードは仕掛けられ、基準を満たさなければ、そのトレードは回避される。もし今日、100銘柄の株式がこれらの仕掛け条件を満たしたとしたらどうだろう。もっと良い仕掛けルールはないのだろうか。従来のシステム設計の厳格なルールでは、そんなものを見つけるのは不可能だ。ある株式の20日の高値を上回る終値が、それまでの最高値を上回る終値だったが、ボラティリティが1ドルだけ高すぎた場合はどうなるのだろうか。それは良い仕掛けにはならないのだろうか。バースコアリングは、特定の仕掛け基準を満たすことを必要とすることなく、仕掛けの潜在能力を数値化する方法である。

バースコアリングとは何か

　バースコアリングとは、証券の潜在的な動きを足ごとに分類する客観的な方法で、2つの要素からなる。1つは判断基準で、もう1つは仕掛けからX日後の利益である。判断基準も、利益を測定する日数も、ユーザーが定義することができる。例えば、14本の足（14期間）のRSI（相対力指数）を判断基準に使い、仕掛けから3日後を利益を測定する地点とした場合、それぞれの足の14期間RSIを算出し、RSIの値に3日後の利益を割り当てる。そうすることで、3日後の利益を

表8.1　14日RSIと3日リターンによるナスダック株のバースコアリング

RSIスコア	サンプル数	3日後の平均リターン（ドル）
64.68を上回る	30,000	－0.15
60.12～64.68	30,000	－0.13
56.94～60.12	30,000	－0.08
54.30～56.94	30,000	－0.06
51.89～54.30	30,000	－0.03
49.54～51.89	30,000	－0.01
45.69～49.54	30,000	0.01
42.42～45.69	30,000	0.04
37.08～42.42	30,000	0.11
37.08を下回る	30,000	0.17

RSIの値ごとに仕分けすることができる。RSI値の各区間は同じ数のRSIサンプルが含まれるように作成する。2000年から2011年末までのナスダック100の結果は**表8.1**に示したようになる。

　表8.1からはナスダック株はカウンタートレンドの性質を持っていることが分かる。つまり、RSIが低いときは、その後株価は上昇し、RSIが高いときは、その後株価は下落する傾向があるということである。ここでは14日RSIと3日のリターンを使ったが、7日RSIと1日リターンを使ってもよければ、50日RSIと10日リターンを使ってもよい。すべてはユーザーが定義できるのだ。

　バースコアリングが最も威力を発揮するのは、独立した複数の評価基準を使ったときだ。その場合、各評価基準の結果を足し合わせたものがバースコアになる。例えば、3日、14日、40日のRSIといった具合に、評価基準に短期から長期のRSIを使うことで複数の時間枠をカバーすることができる。あるいは、出来高や加速度のように異なる特性を評価基準として使うこともできる。2つ以上の評価基準を用いる場合、利益を測定する地点をすべての評価基準で同じにしなければならない。つまり、仕掛けから同じ本数後の足の利益を用いるというこ

とである。個々のスコアを足し合わせたものがその足のスコアになり、そのスコアを用いた評価基準の数で割れば、それが利益の期待値になる。スコアが高ければ買い機会になり、スコアが低ければ売り機会になる。バースコアは手仕舞テクニックとしても使うことができる。例えば、買いを建てていて、バースコアが非常に低い場合、そのトレードは手仕舞えという合図になる。

　短期トレードをするつもりなら、短期のパフォーマンスを測定する。例えば、1日、2日、3日のリターンを測定するといった具合だ。しかし、基準も短期のものしか使えないわけではない。40日RSIと1日、2日、3日のリターンといった具合でもオーケーだ。また長期トレードをするつもりなら、20期間、40期間、あるいはそれ以上長い期間のリターンを測定する。あなたを限定するものはあなたの想像力だけである。しかし、結果として得られる区間のスコアによって、あなたの判断が正しかったかどうかは分かる。トップスコアの区間から最下位の区間までの値幅は広いほうがよい。最大利益から最大損失までの値幅が狭ければ、リターンの測定に使った日数は適切ではないということになり、買いにしても売りにしても、トレードする良い足を選ぶのには役立たない。

　スコアリングは、ほかの戦略要素とともに使うこともできる。私は株式の短期トレードをするときには、押しで買って、仕掛けた翌日に利食いを設ける。価格が利益目標に達しなければ、2日目の寄り付きで手仕舞う。しかし、押しで買う代わりに、最良のバースコアリングの株を毎日の寄り付きで買って、2日目の寄り付きで手仕舞うこともできる。手仕舞い戦略は自分の好きな方法を使えばよい。

　バースコアリングはどの資産クラスにも適用可能だが、銘柄数が多いほどうまくいくようだ。商品の世界では、流動性のある銘柄は100に満たない。それぞれの足のベストシグナルを決めるのにバースコアリングを使ったとすると、選べる余地はよくて2～3銘柄しかない。

FXも同じだ。しかし、米国株には何千という流動性の高い銘柄がある。どういったシステムもそれぞれの足ごとに多くのトレードを生成する。こういったものにバースコアリングを使えば、とびきり最高の銘柄を選ぶことができる。あるいは、独立したバースコアリングシステムを開発することもできる。なぜなら、候補のなかにはそれぞれの足で高いスコアを持つものもあるからだ。

バースコアリングの例

ほかのテクニック同様、カーブフィッティングを最小化するためには多くのサンプルが必要だ。本節では、株式と商品を使った例を見ていくことにしよう。株式については、2000年からの3372銘柄のバスケットの日足データを使った。これらのデータにはおよそ350万のデータが含まれ、流動性は20万ドルを超えた。一方、商品については、1980年からの56銘柄のバスケットのつなぎ足の日足データを使った。これらのデータには2011年末まででおよそ36万3000のデータが含まれている。株式の例でも商品の例でも、本章で前にやったRSIの例と同じく、スコアリングの結果をサンプル数が同じになるように各区間に分けたが、区間の数は特に断りのないかぎり、10個ではなく、20個にした。実際には、区間の数は多いほど良い。各区間には十分な数のサンプル（何千個）が含まれるのでカーブフィッティングは最小化できる。

足のタイプによるスコアリング

足を分類する方法はたくさんある。ローソク足もその一種であり、始値、高値、安値、終値の関係もその一種だ。足を終値と始値との関係に基づいて分類する方法は4つある——①終値が始値を上回り、終値が値幅の上半分に含まれる、②終値が始値を上回り、終値が値幅

図8.1 足のタイプによるスコアリング

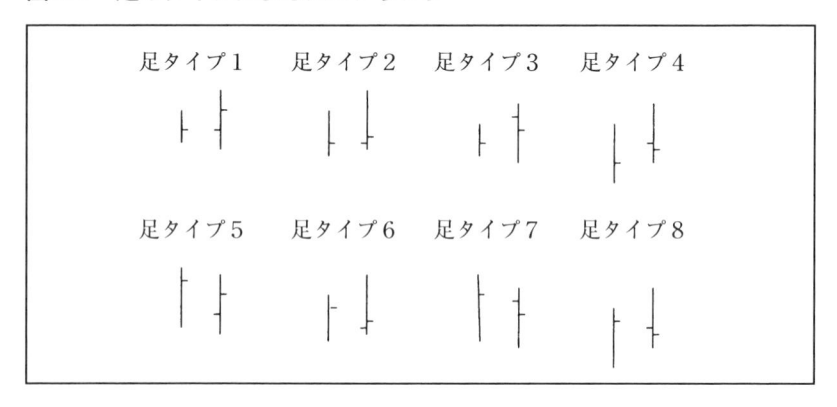

```
   足タイプ1    足タイプ2    足タイプ3    足タイプ4

   足タイプ5    足タイプ6    足タイプ7    足タイプ8
```

の下半分に含まれる、③終値が始値を下回り、終値が値幅の上半分に含まれる、④終値が始値を下回り、終値が値幅の下半分に含まれる。その足の終値と昨日の終値との関係を加えれば、全部で8つに分類できる。8つの足のタイプは**図8.1**に示したとおりである。

表8.2は、スコアリング統計量を翌日のリターンとしたときの、株式と商品の足のタイプごとの結果を示したものだ。株式の場合、利益は次の足の始値から終値までの変化率として計算し、商品の場合、次の足の始値から終値までのドル価の変動として計算した。

株式のリターンは比較的小さいが、足のタイプ4は使えるかもしれない。商品を見てみると、足のタイプ5からタイプ8まではリターンはプラスだが、いずれも終値が昨日の終値を下回っている。これは、中長期の時間枠では商品の日足はトレンドを形成しているが、1日ベースで見るとカウンタートレンドを形成しているということである。4つのタイプのうち3つは、上げて引けているが、翌日には価格は下落している。

表8.2 株式と商品の日足のタイプごとのバースコアリングの例

株式		商品	
足のタイプ	リターン（%）	足のタイプ	リターン（ドル）
1	−0.008	1	−10.92
2	0.0054	2	−3.32
3	−0.0050	3	−1.00
4	0.1045	4	7.49
5	0.0008	5	9.35
6	−0.0007	6	12.66
7	−0.0041	7	18.63
8	0.0038	8	16.04

終値が平均を何標準偏差だけ上回るか下回るかを基準にしたスコアリング

まず、それぞれの足の過去20日の終値の標準偏差を算出する。次に、過去20日の終値の平均を最後の終値から差し引く。この値を標準偏差の値で割ると、最後の終値が20日の平均を何標準偏差上回るかあるいは下回るかが分かる。終値が平均を何標準偏差だけ上回るか下回るかがバースコアリングの基準になる。**表8.3**は、利益を仕掛けから5日後のリターンとしたときの株式と商品の結果を示したものだ。

この表を見るときに注意すべき点が2つある。それぞれの区間には同じ数のトレードが含まれていることと、株式データは流動性が2000万ドルを上回る日の日足データであり、商品データはすべての商品がトレードされた日のデータであるということである。**表8.3**を見ると、株式でも商品でも興味深い点がいくつか見られる。

株式では、

■株式はカウンタートレンドの性質を持つ。5日のリターンが最も大

表8.3 Zスコアを基準とし、仕掛けから5日後のリターンを使ったバースコアリング

株式		商品	
終値の20日平均からの乖離のZスコア	リターン（％）	終値の20日平均からの乖離のZスコア	リターン（ドル）
2.10を上回る	−0.141	2.03を上回る	44.98
1.79～2.10	−0.106	1.74～2.03	15.38
1.57～1.79	−0.072	1.52～1.74	48.60
1.39～1.57	−0.005	1.33～1.52	43.63
1.22～1.39	0.086	1.14～1.33	57.90
1.05～1.22	0.117	0.95～1.14	35.97
0.87～1.05	0.166	0.75～0.95	53.40
0.68～0.87	0.220	0.53～0.75	29.32
0.47～0.68	0.191	0.30～0.53	48.45
0.24～0.47	0.200	0.05～0.30	41.22
0.03～0.24	0.157	−0.20～0.05	37.29
−0.24～0.03	0.155	−0.44～−0.20	10.70
−0.48～−0.24	0.126	−0.66～−0.44	−22.67
−0.71～−0.48	0.135	−0.86～−0.66	−11.85
−0.93～−0.71	0.164	−1.06～−0.86	−28.85
−1.16～−0.93	0.222	−1.25～−1.06	−26.17
−1.38～−1.16	0.380	−1.45～−1.25	−4.86
−1.64～−1.38	0.513	−1.68～−1.45	−10.35
−1.99～−1.64	0.485	−1.99～−1.68	−15.58
−4.23を下回る	0.162	−3.73を下回る	−13.19

きいのは、Zスコアが大きな負数のときで、5日のリターンが最も小さいのは、Zスコアが大きな正数のときであることからもこれは明らか。

■5日のリターンを見ると分かるように、株式には上昇バイアスが見られる。20の区間のうち、16の区間の平均リターンは正で、平均リターンが負数なのはわずか4つの区間だけ。また、最も大きな正のリターンの大きさが0.513％で、これは最も大きな負のリターンの

大きさ0.141の3倍以上。

商品では、

- 商品はトレンドフォローの性質を持つ。Ｚスコアが正のとき、リターンも正で、Ｚスコアが負のとき、リターンも負になる。株式との違いは、大きなリターンは極値の区間では発生しないことである。正の最大リターンは上から5番目の区間で発生し、負の最大のリターンは下から6番目の区間で発生している。これは従来のシステム開発とは異なる。従来のシステム開発では、商品の買いトレードはパフォーマンス指標の上の極値近くでのみ検証し、売りトレードはパフォーマンス指標の下の極値近くでのみ検証する。バースコアリングは、それがどこで発生しようと、最良のパフォーマンスと最悪のパフォーマンスを選び出す。
- 20個の区間のうち12個が正のリターンを持つため、上昇バイアスがあるのは明らか。

次に、出来高を基準とするバースコアリングについて見ていくことにしよう。

出来高が平均を何標準偏差だけ上回るか下回るかを基準にしたスコアリング

計算方法は前節と同じだが、終値の代わりに出来高を使う点が異なる。商品の場合、出来高はすべての取引の出来高だ。**表8.4**は過去20日の出来高のＺスコアを基準とし、仕掛けから5日後の利益を使ったときの結果を示したものだ。

出来高はトレードの本ではあまり語られることのない評価尺度だが、

表8.4 出来高のZスコアを基準とし仕掛けから5日後のリターンを使ったバースコアリング

株式		商品	
出来高の20日平均からの乖離のZスコア	リターン（％）	出来高の20日平均からの乖離のZスコア	リターン（ドル）
2.27を上回る	0.138	2.09を上回る	42.43
1.55〜2.27	0.159	1.55〜2.09	58.00
1.11〜1.55	0.140	1.18〜1.55	17.27
0.80〜1.11	0.130	0.90〜1.18	35.13
0.57〜0.80	0.102	0.66〜0.90	13.07
0.37〜0.57	0.159	0.46〜0.66	37.37
0.21〜0.37	0.115	0.28〜0.46	19.58
0.07〜0.21	0.157	0.12〜0.28	20.15
−0.06〜0.07	0.123	−0.02〜0.12	8.16
−0.16〜−0.06	0.155	−0.16〜−0.02	−5.24
−0.27〜−0.16	0.128	−0.28〜−0.16	−13.71
−0.36〜−0.27	0.135	−0.40〜−0.28	4.78
−0.45〜−0.36	0.166	−0.51〜−0.40	−11.01
−0.55〜−0.45	0.129	−0.62〜−0.51	−4.28
−0.66〜−0.55	0.116	−0.73〜−0.62	16.24
−0.75〜−0.66	0.148	−0.85〜−0.73	8.39
−0.87〜−0.75	0.160	−0.98〜−0.85	4.41
−1.03〜−0.87	0.193	−1.14〜−0.98	22.81
−1.25〜−1.03	0.186	−1.37〜−1.14	8.55
−3.66を下回る	0.417	−3.29を下回る	52.45

表8.4を見ると出来高は機会を示していることが分かる。株式の場合、出来高が平均を1標準偏差以上下回る銘柄は仕掛けから5日後の平均利益はほかの銘柄の2倍から4倍になっている。商品の場合は、高い出来高（区間1と2）と非常に低い出来高（区間20）が価格上昇の良い予測因子になっている。終値の標準偏差の場合、商品の最良の区間は利益が57.90ドルだったが、出来高の最良の区間2は利益が58ドルだった。

表8.5　Ｚスコアに基づく仕掛けと２日後の利益率

標準偏差の計算期間	平均を下記のＺスコアだけ下回る銘柄を翌日の寄り付きで買う	１トレード当たりの平均利益（％）	１日の平均トレード数
20	0.5	0.151	324
20	0.75	0.173	273
20	1.0	0.215	220
20	1.25	0.265	166
20	1.50	0.308	117
10	0.5	0.223	331
10	0.75	0.250	275
10	1.0	0.288	217
10	1.25	0.317	157
10	1.50	0.327	101

次節では、バースコアリングを使って短期株式システムを開発する。

株式システムの例──定義した基準によるバースコアリング

　バースコアリングの効果的な使い方は、良い仕掛けの補助として使う方法だ。良い仕掛けはそれぞれの足ごとに多くのトレードを生成する。生成されたトレードをバースコアリングによってランク付けし、最良のシグナルのトレードのみを受け入れるのだ。買いのみの株式システムの仕掛けとしてＺスコアを使うことにしよう。株式の日足データはカウンタートレンドの傾向を持つことは分かっている。そこで、最後の終値が最近の平均価格をあるＺスコアだけ下回る銘柄を買うことにする。手始めに、10日標準偏差と20日標準偏差を調べてみることにしよう。Ｚスコアの基準を満たす銘柄を翌日の寄り付きで買って、２日後の寄り付きで手仕舞った場合の結果を示したものが**表8.5**である。

２日後の利益を見ると、10日標準偏差を使ったほうが良い結果が出ている。１日の平均トレード数は10日と20日ではほぼ同じだが、利益は10日のほうが良い。10日平均を1.0標準偏差下回るものを基本戦略として、バースコアリングによって１トレード当たりの利益が改善できるかどうか調べてみることにしよう。

　10日平均と平均を１標準偏差下回ることを仕掛け基準にすると、全部で59万5806回のトレードがあり、１トレード当たりの平均利益率は0.288％だった。こんな低い利益しか出さない戦略をこれ以上追究する必要があるのかと思うかもしれないが、トレードの保有期間は２日なので、２日サイクルでは１年におよそ125回トレードできる。１サイクル当たり0.288％の利益なので、これに125を掛けると、スリッページと取引コスト差し引き前で、年間単利で36％の利益になる。この計算ではレバレッジは使わなかったが、レバレッジを100％とすると、年間利益率は２倍の72％になる。複利（各サイクルごとに口座資産の全額を投資する）にすれば、信用取引でない場合と信用取引の場合の利益率はそれぞれ43％と105％になる。これはスリッページと手数料を差し引いても非常に健全なリターンであり、リスクも比較的低いのでおそらくはトレードに値するシステムということになる。

　20個の区間を使えば、59万5806回のトレードは１区間当たりおよそ３万サンプルに分割される。これはカーブフィッティングを最小化するのには十分な数だろう。しかし、システム開発の最後にBRACテストでカーブフィッティングをチェックする。

　私たちの定義した仕掛け基準では10日平均を使う。それぞれのトレードがどれくらい弱いかを調べるために、あと２つ価格基準を加える。10日標準偏差と20日標準偏差だ。これに20日の出来高の標準偏差を加える。さらに、ボラティリティ評価基準も加える。ボラティリティ評価基準は10日の値幅の標準偏差を、価格で正規化したものだ。最後に、８つの足のタイプも加える。したがって、それぞれの足は全部で５つ

の基準で特定づけられることになる。**表8.6**は59万5806回のトレードの区間を示したものだ。

　太字の数字は平均トレード（１トレード当たり0.288％）を上回るパフォーマンスを示したものだ。そのほかの数字は0.288％を下回る。それぞれの足は５つの基準に基づいてスコアが与えられるので、最も高いランキングのシンボルは、それぞれの日において平均を上回るトレードが多く、平均を下回るトレードが少ない。それぞれの足が得ることのできる最高スコアは、各欄の最高リターンを合計したもので、0.387＋0.418＋0.535＋1.768＋0.475＝3.583である。59万5806本の足のうち、このスコアを獲得したものはなかった。

　これらの基準からは、日足で短期トレードを行うときの株式市場のことがいろいろ分かる。

■ボラティリティの高い弱い株式は、値幅が大きくなるほどリターンは上昇する傾向がある。上位５％（区間１）は、仕掛けてから２日後の利益は平均で1.768％だ。また、ボラティリティが低いほど、２日後のリターンは悪く、下位80％（区間５から区間20）は平均リターンの0.288％を大幅に下回っている。

■弱い株式（価格の２標準偏差で測定）ほど、パフォーマンスは良いが、下位５％（最後の区間）は平均リターンの0.288％を下回っている。これはおそらくは、弱い株式のいくつかは損失を出し、ほかの弱い株式ほどには回復しないことを意味する。

■出来高は平均を３標準偏差上回る水準に達するときを除いては、高いほどよい。出来高が平均を３標準偏差上回る株式はおそらくは売られる。そして、低い出来高もよい。安定筋はこれらの株式はそれ以上下落しないことを知っているため、売らない。

■20日標準偏差の株式は10日標準偏差の株式とは違って、区間１および区間２で示されるように、平均リターンを上回る。

表8.6 バースコアリングマトリックス――5つの基準と仕掛けから2日後の利益

10日平均を下回るZスコア		20日平均を下回るZスコア		20日出来高平均を上回るZスコア		値幅の10日標準偏差÷終値		日足のタイプ	
Zスコア	リターン (%)	Zスコア	リターン (%)	Zスコア	リターン (%)	Zスコア	リターン (%)	足のタイプ	リターン (%)
1.04	0.151	-0.09	0.403	2.72	0.256	0.092	1.768	1	0.008
1.09	0.219	0.20	0.333	2.02	0.439	0.069	0.581	2	0.244
1.14	0.214	0.47	0.279	1.58	0.360	0.058	0.357	3	0.196
1.18	0.181	0.73	0.191	1.25	0.405	0.051	0.305	4	0.312
1.23	0.238	0.94	0.187	0.99	0.302	0.046	0.214	5	0.142
1.27	0.324	1.12	0.149	0.77	0.286	0.042	0.264	6	0.475
1.31	0.243	1.25	0.146	0.58	0.250	0.038	0.176	7	0.233
1.36	0.278	1.35	0.271	0.41	0.265	0.036	0.209	8	0.300
1.41	0.294	1.44	0.304	0.26	0.241	0.033	0.212	N/A	N/A
1.46	0.315	1.52	0.265	0.12	0.206	0.031	0.172	N/A	N/A
1.51	0.320	1.60	0.314	-0.01	0.152	0.029	0.153	N/A	N/A
1.57	0.380	1.67	0.298	-0.11	0.218	0.027	0.152	N/A	N/A
1.63	0.341	1.74	0.252	-0.23	0.184	0.025	0.158	N/A	N/A
1.69	0.387	1.82	0.249	-0.34	0.221	0.023	0.172	N/A	N/A
1.76	0.368	1.91	0.309	-0.45	0.223	0.021	0.135	N/A	N/A
1.84	0.361	2.01	0.354	-0.57	0.236	0.019	0.160	N/A	N/A
1.93	0.359	2.13	0.367	-0.70	0.264	0.018	0.152	N/A	N/A
2.04	0.302	2.28	0.401	-0.86	0.313	0.016	0.160	N/A	N/A
2.22	0.307	2.52	0.418	-1.09	0.390	0.013	0.134	N/A	N/A
2.84	0.160	4.20	0.258	-2.93	0.535	0.001	0.112	N/A	N/A

表8.7　バースコアリングシステム──各日のトップの x 個のトレードのパフォーマンス

各日のトレードの最大数	そのトレード数が発生する日の確率	1トレード当たりの平均リターン（％）
1	100	0.739
5	99.9	0.509
10	99.8	0.441
20	98.8	0.398
50	90.1	0.352
100	66.8	0.318

　それぞれの足のスコアを５つの基準によるスコアを足し合わせて算出したあと、59万5806本の足を日付別に分類して、そのあとそれぞれの日付のスコア別に分類する。**表8.7**はそれぞれの日のトップスコアのxトレードのパフォーマンスを示したものだ。日によってはx個のトレードはない場合もある。なぜなら、10日平均を１標準偏差下回る水準でトレードされる株式がそれほど多くない場合もあるからだ。x個のトレードが発生する日の確率も表に示している。

　いずれのケースでも、１トレード当たりの平均リターンは平均の0.288％を上回っている。したがって、バースコアリングによって基本戦略を大幅にアウトパフォームすることが分かる。

　表8.8は簡単なマネーマネジメントを使ったときのリターンとリスクを示したものだ。用いるマネーマネジメントは、全資産をxで割ったポジションサイズで毎日xポジションの半分を仕掛けることで、１回につきxポジションをトレードするというものだ。したがって、当初資産が５万ドルで、１回につき10ポジションのトレードをするとすれば、最初の日に5000ドルのポジションを５枚買い、２日目にも5000ドルのポジションを５枚買う。これは満玉投資だが、レバレッジはかかっていない。そして、そのあと毎日５つのポジションを手仕舞い、

表8.8　バースコアリングシステム──1日にxトレードしたときの年次パフォーマンス

1日のトレード数	平均年次リターン（％）	最大ドローダウン（％）	20個の最大ドローダウンの平均（％）
1	90.6	68.2	39.3
5	52.4	52.5	26.9
10	46.1	51.6	22.7
20	48.2	47.8	21.1
50	47.2	44.5	18.2

新たに5つのポジションをそれぞれ資産を10で割ったポジションサイズで仕掛ける。

表8.8を見ると分かるように、リターンとドローダウンは1日のトレード数が1から10までは減少し、10から50まではリターンはほぼ同じ水準で推移するが、ドローダウンは減少し続ける。1日のトレードが50のときがリターン、ドローダウンともに最良だ。リターンは平均最大ドローダウンの2.5倍を上回り、最大ドローダウンも上回っている。ドローダウンを低くしたい人は、全資産ではなく資産の一部をトレードするとよいだろう。

バースコアリングはカーブフィッティングにつながるのか

前の例では、すべてのデータを使ってスコアリング統計量を出し、それぞれの足のスコアもすべてのデータを使って算出した。最初の足のスコアを出すとき、実際のトレードではまだ入手できていないすべての足のデータを使った。まだ入手できていない情報を使ったから、これは明らかにカーブフィッティングだ。問題は、どれくらいカーブフィッティングされているかである。これを調べるためにBRACテス

表8.9 アウトオブサンプルのBRACテストの結果とカーブフィットした結果との比較

1日のトレードの最大数	カーブフィットした戦略の2011年の1トレード当たりの平均リターン（％）	アウトオブサンプル戦略の2011年の1トレード当たりの平均リターン（％）
1	0.143	0.183
5	0.510	0.433
10	0.486	0.304
20	0.371	0.382
50	0.306	0.297
100	0.230	0.231
平均	0.341	0.305

トを行った。BRACテストでは前の節で行ったのと同じ方法で戦略を再構築したが、2011年のデータは控除した。そして、最初の戦略をカーブフィットした結果を、2000年から2010年のデータを使って再構築した戦略（アウトオブサンプル戦略）の結果と比較した。**表8.9**はその結果を示したものだ。

1日のトレードの最大数が5と10のときを除いて、両方の結果はほぼ同じである。最も良い比較は平均の比較だ。カーブフィットした戦略はアウトオブサンプル戦略をおよそ12％上回っている。カーブフィッティングの要素はあるものの、カーブフィットしたところでたかだか10％から15％だけパフォーマンスが上昇するだけである。

結論

本章では、バースコアリングという新たな戦略開発ツールを紹介した。バースコアリングは、似たようなたくさんのセットアップを使ってそれぞれの足に予想利益と予想期間の平均リターンを割り当てる。バースコアリングは仕掛けや手仕舞いだけでなく、特定の仕掛けロジ

ックの補助としても使うことができる。
　バースコアリングには一定のカーブフィッティングが内在しているが、BRACテストを使えばカーブフィッティングの度合いを予測することができる。

第9章

「厳選したサンプル」のワナに陥るな

Avoiding Being Swayed by the "Well-Chosen Example"

　ジャック・シュワッガーは先物業界の大物だ。彼の書著『ア・コンプリート・ガイド・トゥ・ザ・フューチャーズ・マーケット（A Complete Guide to the Futures Markets)』は、これまでに書かれた先物分析の本のなかで最も包括的かつ信頼のおける書だと思っている。それに彼の『マーケットの魔術師』シリーズ（パンローリング）は、トレードでお金を稼ぐ方法がたくさんあることを面白い方法で教えてくれる。しかし、彼の名前を聞くと思い出すのは、『フューチャーズ』誌の「厳選されたサンプル」というタイトルの記事で彼が述べたことである。

　トレードの本を読んだことがある人ならお分かりかと思うが、各著者は有無を言わさぬ調子で、「ギャップをフェード（逆張り）せよ」とか「必ずトレンドの方向に仕掛けよ」とか言ったあとで、主張を説明するための３つの完璧な例を含むチャートを示している。それが彼らの論証の限界である。そんなものを信じてはならない。本に書いてあるからといって、それが真実とは限らないのだ。トレードでお金を稼ごうとしているのであれば、あらゆることに疑問を持つ必要がある。本章では繰り返し語られるテーマに疑問を呈し、主張を証明あるいは反証するのに１つのチャートを用いるのではなく、たくさんのトレードを見て回答を示していく。

ダイバージェンスは強いシグナル

　これは私の好みの理論だ。このことについて書かれた本をこれまでに何冊も見たことがある。したがって、これは真実に違いない。価格が新たな高値あるいは安値を更新するが、それに伴うモメンタムインディケーターが新高値や新安値を更新しないことをダイバージェンスという。よく使われるモメンタムインディケーターには、ストキャスティックス、RSI（相対力指数）、MACD（移動平均線収束拡散）、モメンタムそのものがある。ダイバージェンスの買いシグナルと売りシグナルは**図9.1**のグラフに示したようなものになる。

　これらのシグナルが強力なのは明らかだ。もしこれらのシグナルが正しければ、これらのシグナルは前の動きの底や天井を言い当てていることになる。これは、トレンドフォロー戦略のように動きの一部をとらえるのではなく、逆方向の動きを丸々とらえるよい機会を与えてくれる。株式におけるダイバージェンストレードがどう機能するかを見てみよう。検証するルールは以下のとおりである。

- **■価格ダイバージェンスの売りのセットアップ**　昨日の終値はドンチャンの14日の高値で、これは直近のドンチャンの14日の高値を上回っている。ドンチャンの14日の安値がこれらの高値の間で発生している。今日の終値は昨日の終値を下回っている。
- **■モメンタムダイバージェンスの売りのセットアップ**　昨日のモメンタムは、その前のドンチャンの14日の高値を付けた日のモメンタムを下回っている。
- **■ダイバージェンスの売りの仕掛け**　寄り付きで成り行きで売る。
- **■ダイバージェンスの売りの手仕舞い**　仕掛けから5日、10日、15日、20日、30日後に手仕舞う。
- **■価格ダイバージェンスの買いのセットアップ**　昨日の終値はドンチ

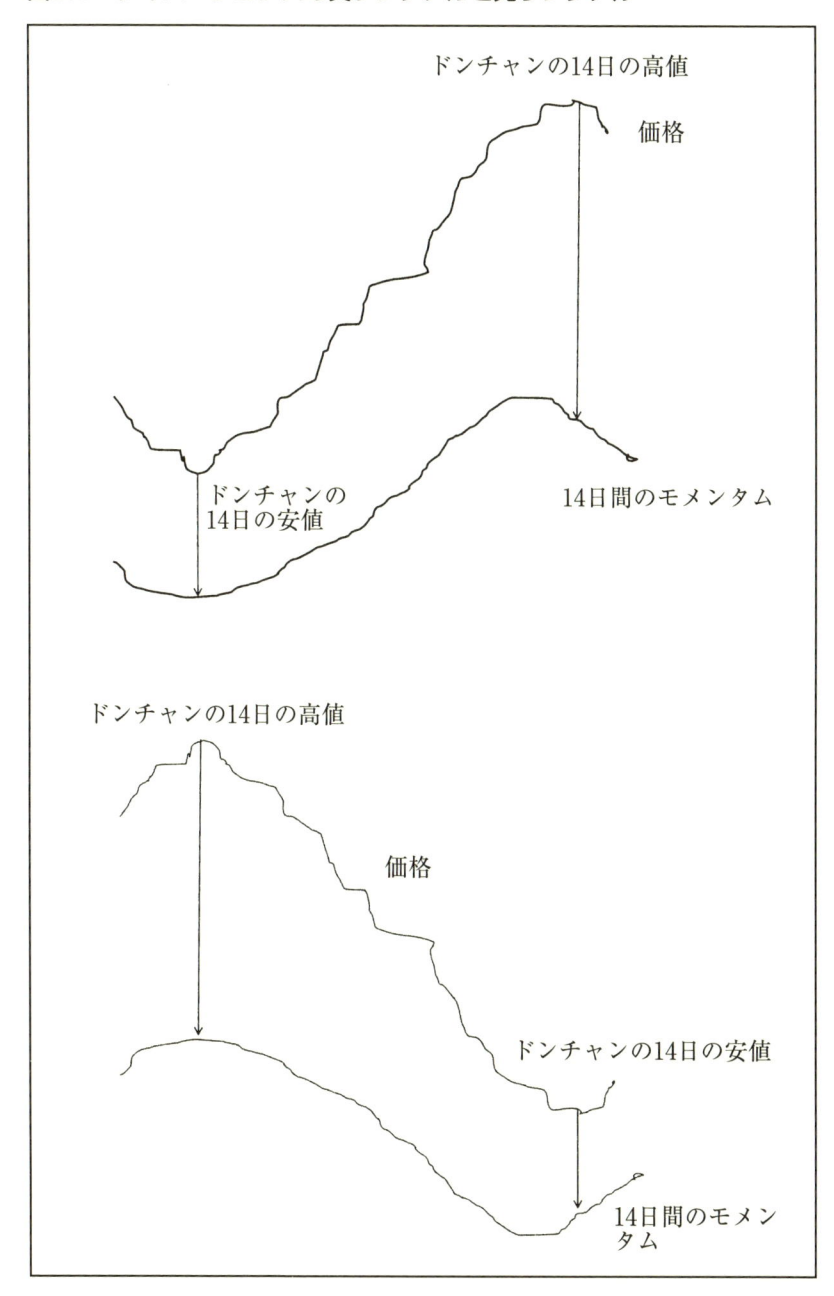

図9.1　ダイバージェンスの買いシグナルと売りシグナル

表9.1 保有期間をいろいろに変えて株式のダイバージェンスをトレードした結果

保有期間	勝ちトレード数	負けトレード数	総利益（ドル）	1トレード当たりの利益（ドル）
5	2,343	2,371	−534	−0.11
10	2,282	2,432	−1,228	−0.26
15	2,314	2,400	−408	−0.09
20	2,316	2,398	−370	−0.08
30	2,320	2,394	−1,687	−0.35

ャンの14日の安値で、これは直近のドンチャンの14日の安値を下回っている。ドンチャンの14日の高値がこれらの安値の間で発生している。今日の終値は昨日の終値を上回っている。

■**モメンタムダイバージェンスの買いのセットアップ** 昨日のモメンタムはその前のドンチャンの14日の安値を付けた日のモメンタムを上回っている。

■**ダイバージェンスの買いの仕掛け** 寄り付きで成り行きで買う。

■**ダイバージェンスの買いの手仕舞い** 仕掛けから5日、10日、15日、20日、30日後に手仕舞う。

私たちが使っているのはドンチャンの14日の高値と安値なので、モメンタムも14日のモメンタムを使う。計算式は以下のとおりだ。

今日のモメンタム＝今日の終値−14日前の終値

表9.1は2000年から2011年までのナスダック100のバスケットの結果を示したものだ。

結果はあまり良くない。ダイバージェンスをどのようにトレードしてもエッジのないことは明らかだ。次に、商品のダイバージェンストレードを見てみよう。ただし、ルールは株式と同じである。

表9.2 保有期間をいろいろに変えて商品のダイバージェンスをトレードした結果

保有期間	勝ちトレード数	負けトレード数	総利益（ドル）	1トレード当たりの利益（ドル）
5	2,368	2,807	−319,551	−62
10	2,313	2,862	−623,435	−120
15	2,321	2,854	−980,151	−189
20	2,311	2,864	−1,037,318	−200
30	2,334	2,841	−1,200,722	−232

　表9.2は1980年から2011年までの56商品のバスケットの結果を示したものだ。

　これまた結果は最悪だ。商品のダイバージェンスのトレードは明らかに間違いである。これらは逆をやるべきである。つまり、買いシグナルが出たら、次の足の寄り付きで売って、売りシグナルが出たら、次の足の寄り付きで買うということである。モメンタムはどうだろう。セットアップの条件は、モメンタムと価格が逆方向に動くことである。では、モメンタムが価格と同じ方向に動いたとき、買いシグナルと売りシグナルをフェードしたらどうなるだろう。新しいルールは以下のとおりである。

■**新しい価格の買いのセットアップ**　昨日の終値がドンチャンの14日の高値で、それは直近のドンチャンの14日の高値を上回っている。今日の終値は昨日の終値を下回っている。ドンチャンの14日の安値は昨日の高値の前、その前のドンチャンの14日の高値のあとに発生。

■**新しいモメンタムの買いのセットアップ**　昨日のモメンタムはその前の14日の高値を付けた日のモメンタムを上回っている。

■**新しい買いの仕掛け**　寄り付きで成り行きで買う。

■**新しい買いの手仕舞い**　仕掛けから5日、10日、15日、20日、30日後に手仕舞う。

表9.3 保有期間をいろいろに変えて商品のダイバージェンスを逆張りした結果

保有期間	勝ちトレード数	負けトレード数	総利益（ドル）	1トレード当たりの利益（ドル）
5	3,780	3,118	938,512	136
10	3,830	3,068	1,781,738	258
15	3,814	3,084	2,133,203	309
20	3,812	3,086	2,243,463	325
30	3,815	3,083	3,112,355	451

■**新しい価格の売りのセットアップ**　昨日の終値はドンチャンの14日の安値で、それは直近のドンチャンの14日の高値を下回っている。今日の終値は昨日の終値を上回っている。ドンチャンの14日の高値は昨日の安値の前、その前のドンチャンの14日の安値のあとに発生。

■**新しいモメンタムの売りのセットアップ**　昨日のモメンタムはその前の14日の安値を付けた日のモメンタムを下回っている。

■**新しい売りの仕掛け**　寄り付きで成り行きで売る。

■**新しい売りの手仕舞い**　仕掛けから5日、10日、15日、20日、30日後に手仕舞う。

表9.3は56商品のバスケットの結果を示したものだ。

結果はすこぶる良好で、トレーダブルな戦略の基礎になり得るものだ。結論としては、ダイバージェンストレードは株式でも商品でも大きなエッジはないと言える。事実、商品の場合、ダイバージェンスシグナルで逆をやるほうがよい。

ギャップの買いまたはフェード

ギャップはトレードの本のほとんどでテーマとして取り上げられる。ある足の始値が前の足の値幅の外にあるとき、それをオープニングギ

ャップと言う。その足の値幅が前の足の値幅とまったく重ならないとき、それをバーギャップという。ギャップについての支配的な理論には次のようなものがある。

- 長い時間枠のチャートのギャップは、短い時間枠のチャートのギャップよりも重要。例えば、週足チャートのギャップは、日足チャートのギャップよりも重要。
- 価格はギャップを埋めるように動く。
- 保ち合い相場からのギャップは、ギャップの方向にブレイクアウトする前兆となる。
- 持続する動きの方向に発生したギャップは、その強い動きが続くか、価格が急に反転してエグゾースチョンとなることを示している。

本節では、株式と商品のオープニングギャップとバーギャップについて見ていく。

株式のオープニングギャップ

ナスダック100のバスケットを使って、2000年から2011年までのすべてのオープニングギャップのギャップトレードについて調べてみた。ギャップトレードとは、ギャップの寄り付きで買って、翌日の寄り付きで手仕舞うことを言う。各トレードは5000ドルのポジションとする。**表9.4**は結果をまとめたものだ。

表からは次のようなことが言える。

- オープニングギャップは売りの機会にはならない。買いトレードが損になるギャップのセットアップが1つだけあった（最後の行）。つまり、この場合、売ればお金を儲けられるということになるが、

表9.4　ナスダック100のオープニングギャップ（2000～2011年）

オープニングギャップの詳細	勝ちトレード数	負けトレード数	1トレード当たりの利益
昨日の安値を下回って寄り付く	16,661	15,020	$13
昨日の高値を上回って寄り付く	18,666	17,466	$ 1
上昇トレンドのなかで昨日の安値を下回って寄り付く*	8,174	7,376	$ 9
下降トレンドのなかで昨日の安値を下回って寄り付く*	8,487	7,644	$17
上昇トレンドのなかで昨日の高値を上回って寄り付く*	7,569	7,078	$ 2
下降トレンドのなかで昨日の高値を上回って寄り付く*	11,087	10,368	$ 0
昨日の安値を1標準偏差以上下回って寄り付く**	729	658	$16
昨日の高値を1標準偏差以上上回って寄り付く**	818	767	$ 9
昨日の安値を1標準偏差以上下回って寄り付いた**あと、上昇*	358	347	$ 7
昨日の安値を1標準偏差以上下回って寄り付いた**あと、下落*	371	311	$26
昨日の高値を1標準偏差以上上回って寄り付いた**あと、上昇*	492	451	$16
昨日の高値を1標準偏差以上上回って寄り付いた**あと、下落*	326	316	-$ 2

*トレンドは終値と20日前の終値に基づく
**標準偏差は過去20日の終値に基づいて算出

それでもたかだか1トレード当たり2ドルにしかならない。これでは取引コストはまかなえない。

■昨日の安値を下回るオープニングギャップは買いではすべて利益になっている。これは株式のカウンタートレンドの性質に一致する。つまり、弱さは買いのチャンスということである。さらに、下降トレンドのなかで昨日の安値を下回って寄り付いたときは、上昇トレンドのときよりもパフォーマンスは良かった。

■最も役立つセットアップは最初のセットアップだと思う。つまり、20日間のトレンドにかかわらず、昨日の安値を下回って寄り付いたときである。このセットアップは12年で3万1000回以上発生してい

第9章 「厳選したサンプル」のワナに陥るな

表9.5　56銘柄の商品のバスケットのオープニングギャップ（2000〜2011年）

オープニングギャップの詳細	勝ちトレード数	負けトレード数	1トレード当たりの利益
昨日の安値を下回って寄り付く	27,694	31,727	–$13
昨日の高値を上回って寄り付く	30,088	33,380	–$19
上昇トレンドのなかで昨日の安値を下回って寄り付く*	12,441	15,058	–$32
下降トレンドのなかで昨日の安値を下回って寄り付く*	15,138	16,552	$ 3
上昇トレンドのなかで昨日の高値を上回って寄り付く*	16,896	18,341	$ 6
下降トレンドのなかで昨日の高値を上回って寄り付く*	13,080	14,930	–$51
昨日の安値を1標準偏差以上下回って寄り付く**	1,289	1,491	–$27
昨日の高値を1標準偏差以上上回って寄り付く**	1,332	1,578	–$29
昨日の安値を1標準偏差以上下回って寄り付いた**あと、上昇*	550	680	–$60
昨日の安値を1標準偏差以上下回って寄り付いた**あと、下落*	731	801	–$ 1
昨日の高値を1標準偏差以上上回って寄り付いた**あと、上昇*	798	925	–$ 9
昨日の高値を1標準偏差以上上回って寄り付いた**あと、下落*	527	647	–$65

*トレンドは終値と20日前の終値に基づく
**標準偏差は過去20日の終値に基づいて算出

る。平均すると1日におよそ10回だ。これはトレーダブルな買いのみの株式戦略の出発点としては良い。

商品のオープニングギャップ

56銘柄の商品のバスケットの**表9.4**と同じオープニングギャップの結果をまとめてみた。株式との違いは、ギャップアップになったときは買い、ギャップダウンになったときは売るという点である。ギャップトレードはギャップの日の寄り付きで仕掛け、翌日の寄り付きで手

仕舞う。各トレードでは１枚買うものとする。**表9.5**は結果を示したものだ。

結果を見ると、12のケースのうち10のケースで損失が出ている。つまり、商品では第６章で述べたプルバックフィルターが役立つということである。上昇日のあとには下落日が続き、下落日のあとには上昇日が続き、上昇トレンドにおける下落日は翌日に大きく上昇し、下降トレンドにおける上昇日は翌日に大きく下落する。商品が上昇バイアスを持っていることを踏まえると、ギャップアップオープニングは特に短期の売りの機会にはもってこいだ。つまり、バイアスに逆らってトレードするということである。

オープニングギャップについて最後に一言。ラリー・ウィリアムズはこれらのギャップを使ったウップスという短期のトレードシステムを開発した。オーバーナイトのニュースやオピニオンはある商品にとっては非常に強気または弱気なことがあるため、トレーダーたちは寄り付きで飛びつき、それによって価格は上昇し、オープニングギャップが発生する。しかし、実際にはオピニオンは過ちだと分かり、トレーダーたちは「ウップス」と言ってポジションを手仕舞いし、価格は反転する。ラリー・ウィリアムズのシステムはこのロジックによるものだ。

次は株式と商品のバーギャップについて見ていくことにしよう。

株式のバーギャップ

ギャップがトレード機会であるならば、バーギャップはオープニングギャップよりも有意義なはずだ。なぜなら価格はその足の間中ギャップを維持しているからだ。２つのケースを見てみよう。最初のケースは、保ち合いからのバーギャップだ。保ち合いの定義にはいろいろあるが、比較的簡単なのは、最近の値幅を終値の標準偏差との関係で

表9.6 保ち合いからのバーギャップ——ナスダック (2000～2011年)

バーギャップの説明	勝ちトレード数	負けトレード数	1トレード当たりの利益
値幅が1標準偏差を下回るときの保ち合いから上方へのギャップ	163	152	$ 0.50
値幅が2標準偏差を下回るときの保ち合いから上方へのギャップ	1257	1,290	−$11.50
値幅が1標準偏差を下回るときの保ち合いから下方へのギャップ	95	113	$16.50
値幅が2標準偏差を下回るときの保ち合いから下方へのギャップ	1,076	791	$63.00

見ることである。ある期間の最高値と最安値との間の値幅が、同じ期間における終値の分布の1標準偏差または2標準偏差を下回っていれば、それはレンジ相場ということになる。ナスダック100のバスケットを使って、10日の値幅が終値の分布の1標準偏差と2標準偏差を下回るときのすべてのバーギャップを調べてみた。バーギャップが発生したら、ギャップの翌日の寄り付きで仕掛け、5日後の寄り付きで手仕舞う。各トレードでは5000ドル分のポジションを建てるものとする。**表9.6**はその結果を示したものだ。

株式の場合、保ち合いからのバーギャップはギャップ方向にはブレイクアウトしない。これらはカウンタートレンドのセットアップだ。10日の値幅が終値の2標準偏差を下回るとき、保ち合いから上方へのブレイクアウトは、買うのではなく売れば小さな利益になる。また、値幅が2標準偏差を下回るときギャップダウンした株を買えば、5日で1トレード当たり1.26％（63ドル÷5000ドル）の純利益になる。つまり、連続してトレードを行えば、年次単利で60％を超えることになる。

次に、保ち合いにないときのバーギャップを見てみよう。10日の値幅が終値の分布の1標準偏差または2標準偏差を上回る場合である。結果は**表9.7**に示したとおりである。

保ち合いにないときのギャップの動きは、保ち合いからのギャップ

表9.7　保ち合いでないときのバーギャップ──ナスダック（2000～2011年）

バーギャップの説明	勝ちトレード数	負けトレード数	1トレード当たりの利益
値幅が1標準偏差を上回るときのギャップアップ	3,931	3,882	－$ 7.50
値幅が2標準偏差を上回るときのギャップアップ	2,837	2,744	－$ 5.50
値幅が1標準偏差を上回るときのギャップダウン	3,455	2,605	$59.00
値幅が2標準偏差を上回るときのギャップダウン	2,492	1,909	$53.50

表9.8　ナスダックのバーギャップ（2000～2011年）

バーギャップの説明	勝ちトレード数	負けトレード数	1トレード当たりの利益
ギャップアップ	4,094	4,034	－$ 7.50
ギャップダウン	3,568	2,700	$56.50

に非常によく似ている。つまり、これらのギャップはカウンタートレンドのセットアップということである。**表9.8**は保ち合いを考慮しないときのバーギャップの結果をまとめたものだ（10日の高値をブレイクしたときと、10日の安値をブレイクしたとき）。

　ギャップアップした場合は売りのセットアップになり、ギャップダウンした場合はトレーダブルな買いのみの戦略の出発点になるかもしれない。

商品のバーギャップ

　本節では商品について株式と同様のバーギャップ分析を行う。**表9.9**は1980年から2011年までの56銘柄の商品のバスケットの10日の保ち合いからのバーギャップトレードの結果を示したものだ。ギャップの翌日の寄り付きで仕掛け、5日後の寄り付きで手仕舞った。ギャッ

表9.9　保ち合いからのバーギャップ──商品

バーギャップの説明	勝ちトレード数	負けトレード数	1トレード当たりの利益
値幅が1標準偏差を下回るときの保ち合いから上方へのギャップ	303	289	–$75
値幅が2標準偏差を下回るときの保ち合いから上方へのギャップ	2,798	2,827	–$88
値幅が1標準偏差を下回るときの保ち合いから下方へのギャップ	274	259	$ 5
値幅が2標準偏差を下回るときの保ち合いから下方へのギャップ	2,362	2,493	–$34

表9.10　保ち合いでないときのバーギャップ──商品

バーギャップの説明	勝ちトレード数	負けトレード数	1トレード当たりの利益
値幅が1標準偏差を上回るときのギャップアップ	8,238	7,818	$ 50
値幅が2標準偏差を上回るときのギャップアップ	5,743	5,280	$114
値幅が1標準偏差を上回るときのギャップダウン	7,107	7,286	$ 14
値幅が2標準偏差を上回るときのギャップダウン	5,019	5,052	$ 37

プアップしたときは買い、ギャップダウンしたときは売りだ。

　株式同様、商品の保ち合いからのバーギャップもギャップの方向にはブレイクアウトしない。つまり、これらはカウンタートレンドのセットアップということである。

　表9.10は、保ち合いにない場合にバーギャップが発生したときの結果を示したものだ。保ち合いにないとき、10日の高値を上回ってバーギャップが発生したらその日の寄り付きで買い、10日の安値を下回ってバーギャップが発生したらその日の寄り付きで売る。そして、仕掛けから5日後の寄り付きで手仕舞う。

　保ち合いにないときのバーギャップはトレンド方向へのブレイクア

表9.11　保ち合いにないときバーギャップがトレンド方向にブレイクアウトしたときの結果

バーギャップの説明	勝ちトレード数	負けトレード数	1トレード当たりの利益
値幅が2標準偏差を上回り、ギャップの前日の終値がその20日前の終値を上回るときのギャップアップ	4,918	4,411	$163
値幅が2標準偏差を上回り、ギャップの前日の終値がその20日前の終値を下回るときのギャップダウン	4,180	4,107	$64

ウトになる。10日の値幅が終値の分布の2標準偏差を上回るとき、買いも売りも比較的うまくいっているため、さらに別のトレンド条件を加えてみた。**表9.11**はバーギャップが20日のトレンドの方向にブレイクアウトしたときの結果を示したものだ。

　保ち合いからのバーギャップがトレンド方向にブレイクアウトしたとき、トレンドの継続を示す良い合図になる。この仕掛けロジックはトレーダブルな戦略につながるかもしれない。

フィボナッチリトレースメントのトレード

　フィボナッチ数列は1202年にピサのレオナルドが考案したものだ。最初の2項は0、1と定義され、以降どの項もその前の2つの項の和となる。

0、1、1、2、3、5、8．13、21、34、55、89、144、233、377

　この数列で重要なのは、繰り返し現れるパターンがどれも似たようなパターンになるということである。つまりそれらのパターンの比が隣り合うフィボナッチ数の比になるということである。黄金比は文献によく登場する比率だ。フィボナッチ数列の隣り合う2項の比は黄金

比に収束する。上の数列の隣り合う２つの数字の比率は以下のようになる。

前の項÷後の項＝ 0、 1、0.5、0.667、0.60、0.625、0.615、0.619、0.618、0.618、0.618

後の項÷前の項＝N.A.、 1、 2、1.5、1.667、1.6、1.625、1.615、1.619、1.618、1.618、1.618

　数列が長くなるにつれ、隣り合う数字、１つ離れた数字、２つ離れた数字の比率は次に示す数字に収束する。

隣り合う数字
　　55÷89＝0.618、89÷144＝0.618
　　89÷55＝1.618、144÷89＝1.618

１つ離れた数字
　　55÷144＝0.382、89÷233＝0.382
　　144÷55＝2.618、233÷89＝2.618

２つ離れた数字
　　55÷233＝0.236、89÷377＝0.236
　　233÷55＝4.236、377÷89＝4.236

　文献によっては0.5を追加しているものもあるが、これらが重要なフィボナッチ数である。これらの数字をトレードに利用するには、トレンドから23.6％、38.2％、50％、あるいは61.8％押したら反転を期待して買う。したがって、これらは重要な支持水準であり、上昇トレ

ンドであればここから再び上昇し、下降トレンドであればここから再び下落する。

一方、1.236、1.382、および1.618は抵抗水準とみなされ、ここで利食いしたり、ポジションを軽くしたりする。

本節では、フィボナッチ数を支持水準として使って、株式バスケットと商品バスケットをトレードしてみよう。定義しなければならない唯一の要素は、リトレースメント（利益）をどこから測定するかという価格ポイントである。ここでは、本章のダイバージェンスの節で使ったのと同じドンチャンポイントをこの価格ポイントとすることにする。ドンチャンの14日の安値のあとでドンチャンの14日の高値が発生したら、上昇トレンドということになる。ドンチャンの高値と安値の距離をフィボナッチリトレースメントを測定するポイントとする。その距離の23.6％、38.2％、あるいは61.8％押したら買い、そのあとどう反応するかを見る。逆に、14日の高値のあとで14日の安値が発生したら、下降トレンドということになり、安値からフィボナッチリトレースメントポイントだけ戻したら売る。**図9.2**は買いと売りのロジックを示したものだ。

用いたトレードルールは以下のとおりである。

- ■**買い**　直近のドンチャンの14日の高値が直近のドンチャンの14日の安値のあと発生したら、高値と安値の距離にフィボナッチリトレースメントのパーセンテージを掛け、その値を14日の高値から差し引いた地点が仕掛け目標になる。仕掛け目標を下回って引けたら、翌日の寄り付きで仕掛ける。仕掛けから5日、10日、15日、20日後の利益を算出する。
- ■**売り**　直近のドンチャンの14日の安値が直近のドンチャンの14日の高値のあと発生したら、高値と安値の距離にフィボナッチリトレースメントのパーセンテージを掛け、その値を14日の安値に足した地

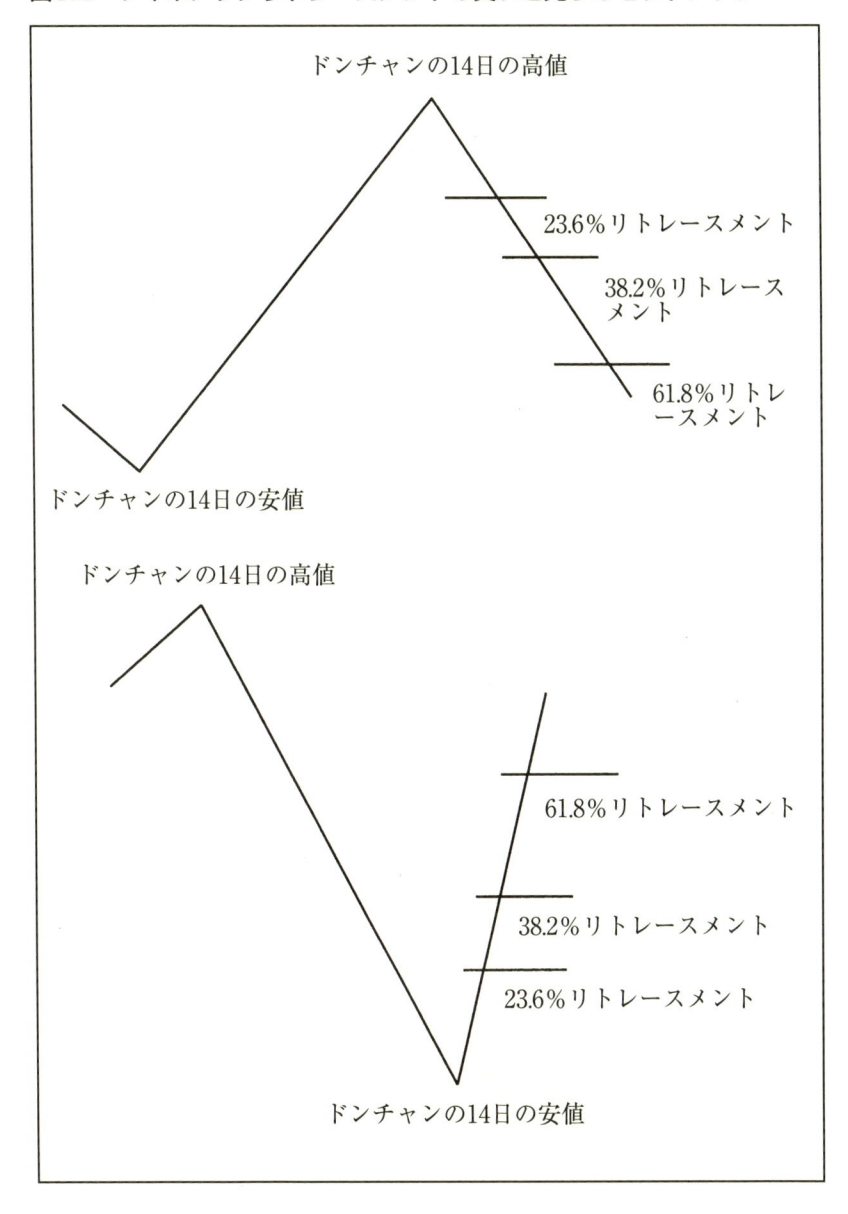

第9章 「厳選したサンプル」のワナに陥るな

図9.2 フィボナッチリトレースメントの買いと売りのセットアップ

ドンチャンの14日の高値

23.6％リトレースメント

38.2％リトレースメント

61.8％リトレースメント

ドンチャンの14日の安値

ドンチャンの14日の高値

61.8％リトレースメント

38.2％リトレースメント

23.6％リトレースメント

ドンチャンの14日の安値

表9.12 株式のトレード（買い）――フィボナッチリトレースメントは23.6％

仕掛けからの日数	勝ちトレード数	負けトレード数	総利益（ドル）	1トレード当たりの利益（ドル）	年次リターン（ドル）
5	3,505	3,104	4,292	0.65	32.5
10	3,561	3,048	6,239	0.94	23.5
15	3,630	2,979	7,696	1.16	19.3
20	3,652	2,957	9,361	1.42	17.8

表9.13 株式のトレード（買い）――フィボナッチリトレースメントは32.8％

仕掛けからの日数	勝ちトレード数	負けトレード数	総利益（ドル）	1トレード当たりの利益（ドル）	年次リターン（ドル）
5	2,186	2,073	1,296	0.30	15.0
10	2,269	1,990	2,099	0.49	12.2
15	2,277	1,982	2,958	0.69	11.5
20	2,295	1,964	3,898	0.92	11.5

点が仕掛け目標になる。仕掛け目標を上回って引けたら、翌日の寄り付きで仕掛ける。仕掛けから5日、10日、15日、20日後の利益を算出する。

株式のフィボナッチリトレースメント

株式を売って利益を出すのは難しいので、買いと売りは別々に見ていく。**表9.12**はフィボナッチリトレースメントが23.6％のときのナスダックバスケットの買いの結果を示したものだ。

一番右側の年次リターンは、1年間の平均トレード日（250日）をトレードを保有した日数で割って、1トレード当たりの利益を掛けたものだ。仕掛けから5日後の年次リターンはかなり良い。**表9.13**はフィボナッチリトレースメントが38.2％のときの結果を示したものだ。

表9.14 株式のトレード（売り）——フィボナッチリトレースメントは23.6％

仕掛けからの日数	勝ちトレード数	負けトレード数	総利益（ドル）	1トレード当たりの利益（ドル）	年次リターン（ドル）
5	3,372	4,035	−2,601	−0.35	−17.5
10	3,421	3,986	−5,447	−0.74	−18.5
15	3,380	4,027	−6,744	−0.91	−15.2
20	3,355	4,052	−8,386	−1.13	−14.1

結果は23.6％のときほどは良くない。

次は23.6％での売りを見てみよう。**表9.14**はドンチャンの14日の安値から23.6％以上上げて引けたときに売った結果を示したものだ。

売りで利益を出すのはかなり難しいようだ。

つまり、フィボナッチ水準はリトレースメント水準が特に23.6％のときに買うのが有意義なアプローチというわけだろうか。必ずしもそうとは言えない。リトレースメントトレードを調べるのなら、5％、10％、15％、20％……といった水準を見る。そして、これらの結果がフィボナッチリトレースメント水準と同じなら、数字は数字であって特別なものはないと言うことになる。**表9.15**はこれらの水準でトレードした結果を示したものだ。

表9.15を見ると分かるように、最良のリトレースメント水準は20％と25％の間になるだろう。最良のリトレースメント水準が本当に23.6％なのかを見極めるために、21、22、23、24％のリトレースメント水準でもやってみたところ、21％が最高だった。リトレースメント水準が21％のときの仕掛けから5日後の年次リターンは33.5％で、23.6％のリターンよりも1％高かった。株式市場データのようにノイズの多いデータでは、数字は単なる数字であって、マジックナンバーなど存在しないと言えるだろう。

表9.15 株式のトレード（買い）――さまざまなリトレースメント水準

リトレースメント水準（％）	仕掛けからの日数	勝ちトレード数	負けトレード数	総利益（ドル）	1トレード当たりの利益（ドル）	年次リターン（ドル）
5	5	4,546	4,196	3,375	0.39	19.5
5	10	4,702	4,040	7,344	0.84	21.0
5	15	4,789	3,953	9,180	1.05	17.5
5	20	4,824	3,918	10,598	1.21	15.1
10	5	4,366	4,019	3,600	0.43	21.5
10	10	4,508	3,877	6,989	0.83	20.8
10	15	4,556	3,829	8,701	1.04	17.3
10	20	4,621	3,764	10,362	1.24	15.5
15	5	4,132	3,739	4,479	0.57	28.5
15	10	4,247	3,624	7,259	0.92	23.0
15	15	4,307	3,564	8,751	1.11	18.5
15	20	4,383	3,488	10,455	1.33	16.6
20	5	3,789	3,383	4,496	0.63	31.5*
20	10	3,884	3,288	7,163	1.00	25.0**
20	15	3,920	3,252	8,407	1.17	19.5***
20	20	3,961	3,211	9,734	1.36	17.0
25	5	3,340	3,038	3,702	0.58	29
25	10	3,421	2,957	5,735	0.90	22.5
25	15	3,482	2,896	7,150	1.12	18.7
25	20	3,544	2,834	8,901	1.40	17.5****
30	5	2,876	2,646	2,634	0.48	24
30	10	2,951	2,571	4,076	0.74	18.5
30	15	2,979	2,543	5,229	0.95	15.8
30	20	3,036	2,486	6,951	1.26	15.8

*仕掛けから5日後の最良の年次リターン
**仕掛けから10日後の最良の年次リターン
***仕掛けから15日後の最良の年次リターン
****仕掛けから20日後の最良の年次リターン

商品のフィボナッチリトレースメント

　56銘柄の商品のバスケットでも同じ分析を行った。ただし、検証期間は1980年から2011年までとする。**表9.16**はフィボナッチリトレースメントが23.6％のときの買いと売り両方のトレードの結果を示した

表9.16　商品のトレード（買いと売り）——フィボナッチリトレースメントは23.6%

仕掛けからの日数	勝ちトレード数	負けトレード数	総利益（ドル）	1トレード当たりの利益（ドル）
5	7,731	8,085	72,600	4
10	7,892	7,924	66,974	4
15	7,884	7,932	−143,434	−10
20	7,804	8,012	−817,468	−52

表9.17　商品のトレード（買いと売り）——フィボナッチリトレースメントは38.2%

仕掛けからの日数	勝ちトレード数	負けトレード数	総利益（ドル）	1トレード当たりの利益（ドル）
5	6,759	7,334	−362,574	−26
10	6,840	7,253	−637,792	−46
15	6,785	7,308	−1,011,355	−72
20	6,744	7,349	−1,362,637	−97

ものだ。

　表9.16を見ると分かるように、23.6％のリトレースメントは元のトレンドが再び始まる可能性よりも反転になる可能性が高い。**表9.17**の38.2％のリトレースメント水準の結果からも明らかなように、リトレースメントのパーセンテージが上昇すると損失は増える。

　商品の場合、フィボナッチリトレースメントは元のトレンドが再び始まる合図にはならないことは明らかであり、トレンドは反転する可能性が高い。

株式分割した株を買う

　一見すると、これはうさんくさい戦略のように思えるかもしれない。株式分割すると、保有株の数は増えたり（普通の株式分割）、減ったり（株式併合）するが、資産価値は変わらない。例えば、xyzの株を

表9.18　普通の株式分割

株式分割の何日前に仕掛けたか	株式分割の何日あとに手仕舞ったか	勝ちトレード数	負けトレード数	1トレード当たりの平均利益（％）	1日の利益（％）
12	2	782	540	1.79	0.12
10	2	778	548	1.65	0.13
8	2	795	542	1.49	0.14
6	2	792	551	1.34	0.15
4	2	779	567	1.00	0.14
6	1	788	554	1.21	0.15
6	3	797	542	1.37	0.14

60ドルで100株取得したとすると、株式が1：2に分割されると、保有株は200株に増え、株価は30ドルになる。分割前は、60ドルで100株保有しているので資産は6000ドルで、分割後は30ドルで200株保有しているので資産価値は依然として6000ドルで変わらない。

株式分割が戦略にとってどんな意味があるのかを調べるために、2000年から2011年末までの流動性の高い3400銘柄の株式分割について調べてみた。この間、全部で1322銘柄が株式分割を行った。株式分割の何日か前の寄り付きで買って、株式分割の何日かあとの寄り付きで売った。パフォーマンス指標は保有期間中の利益の伸び率である。**表9.18**は株式分割の結果を示したものだ。

表9.18を見ると分かるように、この戦略のリターンはまずまずだ。この戦略では、株式分割のおよそ1週間前に仕掛けて、株式分割直後に売った。保有期間中の1日の利益によれば、株式分割の6日前に仕掛けて、1日後に手仕舞うのが最良の戦略のように思える。株式分割トレードのリターンが本当に市場をアウトパフォームしたかどうかを調べるために、株式分割期間中のS&P500ETF（シンボルはSPY）のリターンを同一条件で調べてみた。

表9.19　株式併合

株式併合の何日前に仕掛けたか	株式併合の何日あとに手仕舞ったか	勝ちトレード数	負けトレード数	1トレード当たりの平均利益（％）	1日の利益（％）
12	2	21	37	−5.91	−0.39
10	2	20	38	−5.66	−0.44
8	2	20	38	−5.81	−0.52
6	2	21	37	−5.60	−0.62
4	2	22	36	−5.77	−0.82
2	2	23	35	−5.35	−1.07
2	1	26	32	−5.52	−1.38

株式分割の勝ちトレード数	788
株式分割の負けトレード数	554
株式分割の1トレード当たりの利益	1.21％
SPYの勝ちトレード数	735
SPYの負けトレード数	607
SPYの1トレード当たりの利益	0.13％

　分析結果から、株式分割トレードは1トレード当たり平均で1.08％市場をアウトパフォームしていた。保有期間は8日で、1年間のトレード日はおよそ254日なので、適切な時期に株式分割されれば、1年間でおよそ32回のトレードを行うことができる。したがって、年次換算ではリターン（非複利）はおよそ39％（1.21％×32）ということになる。もちろん完璧というわけではないが、株式分割トレードはトレードのツールボックスに加える価値のあるものだ。

　表9.18は株式分割についての分析だが、株式併合はどうだろう。次はこれについて調べてみることにしよう。**表9.19**はそのトレード結果を示したものだ。

　株式併合は株式分割とは異なる。株式併合は素晴らしい売り機会に

なるのだ。残念なのは株式併合はそれほど頻繁には行われないということである。

株式分割された株式の買いにエッジがあるのはなぜなのだろうか。それは、株式分割すれば個人投資家が株式を簡単に増やせるからだ。おそらくはこれも理由の1つだろうが、本当の理由は、教養のない投資家がタダで何かを得られると思うからではないだろうか。

配当を支払う株式を買う

配当を支払う株式を買うとき、配当が支払われる日に取引所は終値から配当分を差し引く。したがって、配当は手に入るが、ポジションサイズは配当分だけ減少する。これは配当日前後の短い期間にわたるゼロサムゲーム（税金目的を除いて）になるが、これについて見てみることにしよう。この分析では株式分割に使ったのと同じ株価データを用いた。当初のポジションは配当日の1カ月前に構築するものとする。1カ月という期間を使ったのは、配当落ち日以前に株主である必要があるからである。1カ月だと確実である。配当日の5日後の寄り付きで手仕舞い、利益には配当額が加算される。用いた3400銘柄のうち、配当が行われたのは5万回以上にわたる。26日間のトレード結果を示したものは以下のとおりである。

勝ちトレード数	3万2284
負けトレード数	2万2503
1トレード当たりの平均利益	1.48%

それほど悪くはない。1年間のトレード日では26日のサイクルはおよそ10回発生する。したがって、1トレード当たりの平均利益が1.48％であれば、年次複利リターンはおよそ16％になる。

表9.20　配当額と仕掛け価格との関係に基づく配当トレード

配当基準	勝ちトレード数	負けトレード数	1トレード当たりの利益（％）
配当が仕掛け価格の5％を上回る	366	178	5.81
配当が仕掛け価格の4％と5％の間	215	105	5.64
配当が仕掛け価格の3％と4％の間	461	224	4.85
配当が仕掛け価格の2％と3％の間	1,356	709	3.21
配当が仕掛け価格の1.5％と2％の間	2,038	1,067	2.74
配当が仕掛け価格の1％と1.5％の間	4,234	2,745	1.75
配当が仕掛け価格の0.75％と1％の間	4,074	2,694	1.50
配当が仕掛け価格の0.50％と0.75％の間	5,617	4,071	1.20
配当が仕掛け価格の0.5％を下回る	13,923	10,710	0.97

　配当を価格に対する比率で分類すると、利益はさらに増す。**表9.20**は利益を配当の価格に対する比率ごとに見た結果を示したものだ。

　最も利益が高いのは、配当が仕掛け価格に対し比較的高い比率のときだ。機会がたくさんあるため、株価が短期的に押したときに仕掛けのタイミングを計ればトレーダブルな株式戦略は構築できるはずだ。

結論

　本章ではトレードの本によく出てくる問題について見てきた。本で言われていることは正しいとも間違っているとも言えないが、本章で

は、興味をそそられたり、真実とは思えないような事実に出くわしたときに分析を行うのに役立つ方法を紹介した。

第10章

トレードの通説
Trading Lore

　トレードの本を読んでいると、同じ主張や格言が繰り返し出てくることに気づくはずだ。本章ではこうしたトレードの通説について調べてみることにしよう。その真偽のほどを分析によって明らかにしていく。

手仕舞いは仕掛けよりも重要

　トレード関連のウェブサイトを見ていたとき、手仕舞いが仕掛けよりも重要だという投稿を見かけた。トレンドが形成され始めるとだれでもある地点で仕掛けることができるが、重要なのはトレンドの終わり近くで手仕舞うことだとそのブロガーは言っていた。さらに彼は、手仕舞いをうまくやればランダムに仕掛けてもお金を稼げるとも言っていた。これらの言葉は私がトレードについて信じていることとは逆だ。それで私は彼に例を挙げてくれるように頼んだ。すると彼はバン・K・タープが『新版　魔術師たちの心理学──トレードで生計を立てる秘訣と心構え』（パンローリング）で述べているある個所を指摘してきた。そこに書かれていたのは以下のとおりである。

　　実際、良い手仕舞いとマネーマネジメントを使えば、ランダムに

仕掛けても儲けられることが証明されている。例えば、トム・バッソはランダムに仕掛ける単純なトレードシステムを開発した。市場ボラティリティは真の値幅の10日指数平均と定義する。最初のストップはボラティリティの３倍の位置に入れた。最初の仕掛けをコイン投げで行ったあと、その３倍のボラティリティストップを日々移動させる。ただし、ストップは順行のときのみ移動するものとする。したがって、市場が順行したり、ボラティリティが縮小したときにはストップは市場に近づく。ポジションサイジングには１％リスクモデルを使った……（ランダムな仕掛けに、ストップによる手仕舞い。まともなアプローチであるように見える）。

　これを10の市場で行った。ポジションは常に建った状態にある（買いか売りかは各回のコイン投げによって決まる）……単純な１％のマネーマネジメントシステムを加えると100％の確率で儲けることができた……。このシステムの信頼度（勝率）は38％で、これはトレンドフォローシステムの平均である。

このアプローチの間違いは最後のパラグラフにある。「この戦略では常にポジションが建っている」ため、（最初にランダムに仕掛けたあとは）仕掛けはランダムには行われていない。ストップがここで仕掛けよと言ったときの「特定の足」で仕掛けている。ストップは次の足の「仕掛け」シグナルである。これは本来はドテンシステムだが、全試行の半分はドテンしていない。しかも、期待利益が非常に高いため、半分の確率で間違った方向に仕掛けても平気なわけである。

　最初のパラグラフは、ランダムに仕掛けてストップを置く例を示している。そこで私は次の分析を行った。56銘柄の商品のバスケットを使って、それぞれの銘柄を100回ずつランダムに仕掛け、ストップ基準が満たされたときに手仕舞った。１回の実行で7000回ランダムに

仕掛け、これを100回実行したので全部で70万回ランダムに仕掛けた。結果？　平均利益は１トレード当たり0.000025ドルだった。これは統計学的に言えば限りなく０に近い。ランダムに仕掛けて、ランダムに手仕舞っても結果はまったく同じになるだろう。つまり、「手仕舞いもランダムに等しい」ということである。

　２番目のパラグラフをもう一度見てみよう。この戦略が「100％の確率で儲けることができた」唯一の理由は、ドテンによるものと思っている。したがって、半分の確率で間違った方向に仕掛けてもお金を稼ぐことができるのだ。間違った方向に仕掛けた場合、すぐにストップに引っかかるので、次の瞬間にはトレンドの方向に仕掛ける機会を得る。そこで、すべての商品について検証データの初日に仕掛け、ストップに達するたびにドテンしてみた。結果はというと、56銘柄において、勝ちトレードは6261、負けトレードは9736、総利益は381万8975ドル、１トレード当たりの利益は239ドルだった。このシステムの手仕舞いはランダムシステムの手仕舞いとほとんど同じであることを思い出そう。およそ400万ドルの利益は仕掛けによるものなのである。つまり、この例は手仕舞いの強力さを証明するものではなく、良い仕掛けの強力さを証明するものである。

　手仕舞いには良いものと悪いものがあるが、ランダムな仕掛けではお金儲けはできない。良い手仕舞いとは、良い仕掛けによって利益あるいは損失を生みだしたことを教えてくれ、次のトレードに進めと促してくれるものである。良い手仕舞いは次のような特徴を持つ。

■潜在的利益が実現化されるまでトレードにとどまらせる。つまり、最初のストップを狭くしすぎないということ。
■セットアップが機能しなくなったらトレードを手仕舞いさせる。つまり、最初のストップは広くしすぎないということ。
■大きな勝ちトレードを時期尚早に手仕舞いさせることはない。つま

り、利益が増加すると、ストップは通常の市場ノイズの外に置かれるということ。
■含み益のほとんどを維持する。つまり、動きが終わったとき、利益を市場に戻す前に手仕舞いさせる。

また、あるシステムでは良い手仕舞いでも、別のシステムでは悪い手仕舞いになることがある。私たちの買いのみの株式システムの手仕舞いを見てみよう。これはスキャルピングシステムなので、手仕舞いはタイトで、利益目標は控え目だ。この手仕舞いロジックではドンチャンの商品システムは負けるシステムになってしまう。また、商品システムでは良い手仕舞いでも、株式システムでは負けるシステムになってしまうこともある。

マネーマネジメントの定義

マネーマネジメントは、①戦略よりも重要、②成功するトレードにおいて最も重要な要素、③長期的に勝者になるために最も重要な要素、④トレードシステムの最も重要な要素——である。

マネーマネジメントをインターネットで検索したり、トレードの本のマネーマネジメントの項を読むと、だいたいこういったことが書かれている。マネーマネジメントはそれほど重要なのだろうか？ トレード戦略なんて捨ててしまって、マネーマネジメントの第一人者になれば、成功への道を歩むことができるのだろうか？ 「手仕舞いは仕掛けよりも重要」といった言葉のように、これらの言葉はゴミ同然だ。本書ではこのあと、２つの戦略におけるマネーマネジメントの果たす役割を見ていくが、今のところは重要なものとして、捨てないでおくことにしよう。

マネーマネジメントにまつわる論文を読むと、次のような話に出く

わす。

- ■ほとんどのトレード戦略の勝率は50％未満。しっかり管理しなければ、破産してしまう。
- ■損失と利益が同じで、60％の勝率を持つ戦略では1回につきどれくらい賭ければよいかを多くの博士号修得者たちに尋ねてみた。彼らの言った賭け金でトレードを行い、100回の結果をランダムに選びだして調べたところ、利益を出したのはわずか10％、8％、6％、4％、2％だった。
- ■ケリー基準を使えば、10％の戦略は50％、100％、150％、200％の戦略に変わる。
- ■最適なマネーマネジメント戦略は、オプティマルf、固定リスク、固定サイズ、固定比率を用いるものだ。

　これらに共通するのは、悪いマネーマネジメントは勝つ戦略を台無しにするが、平均的か良い、あるいは優れたマネーマネジメントが負ける戦略を勝つ戦略にすることができるとは言っていない点である。エッジがなければ、たとえ最良のマネーマネジメントを使っても勝つことはできないのである（ラスベガスに行けばこの意味がよく分かるはずだ）。重要なのは、エッジなのだろうか、それともマネジメントなのだろうか。

　これらの主張の問題点は、ほとんどがデタラメであるという点だ。最初の主張は、勝率が50％未満の戦略はリスクが高い、と言ってトレンドフォローを非難している。勝率が90％、95％、98％の戦略の広告を見たことがあると思うが、これらの広告は、少ないプレミアムでファー・アウト・オブ・ザ・マネーのプットやコールを売るというオプション戦略についてのものだ。勝ちトレードは小さく、一度負けを喫すると、利益のほとんどを市場に戻してしまうことになる。勝率が高

いからといってリスクが少なくなるわけではない。2000年代初期まで、CTA（商品投資顧問業者）のほとんどはトレンドフォロワーだった。したがって、彼らのほとんどは勝率は50％に満たなかった。トレンドフォローがそれほどリスクの高い戦略なら、成功したトレーダーたちはなぜその戦略を使ったのだろうか。勝ちトレードの利益が平均で負けトレードの損失の3倍から5倍のとき、それは儲かる戦略なのだ。

2番目と3番目の主張はギャンブルをトレードに当てはめたものだ。ケリー基準が適用できるのは勝ちと負けといった具合に結果が2値のときのみである。ギャンブラーたちはエッジがあるときに最適な賭けサイズを決めるのにケリー基準を使う。結果はルーレットのようなものだ。つまり、赤か黒に賭ければ、勝つか負けるかである。トレードでは、長期トレンドフォロー戦略を使えばいくらでも（1ドルから1万ドル、あるいはそれ以上）稼ぐことができ、いくらでも（例えば、1ドルから3000ドルまで）損をする。極端に高い利益や損失が出る確率は低く、一方で小さな利益や損失の出る確率は高い。これはチョコレートが入った箱のようなものだ。このタイプの分布はケリー基準を使って分析することはできない。

しかし、これらの主張が言っていることをやってみることにしよう。まずはケリー基準から始めよう。ケリー基準の最も簡単な形として、エッジ（勝率）がpで、オッズが1対1（勝てば1ドルの賭け金に対して1ドルもらえ、賭け金を取り戻すことができる）のときの賭け金は次式で表される。

賭け金＝p－（1－p）÷1

p＝60％でオッズが1対1のとき、賭け金は毎回手持ち資金の20％になる。オッズが2対1（勝てば1ドルの賭け金に対して2ドルもらえる）のときの賭け金は次のようになる。

賭け金＝ｐ－（１－ｐ）÷２

　勝率が60％のとき、賭け金は手持ち資金の40％になる。最初のケースをシミュレートして結果を見てみることにしよう。60％の勝ちトレードと40％の負けトレードを生み出すのには乱数発生器を使った。手持ち資金100ドルから始めて、乱数発生器で勝ちトレードまたは負けトレードが出るたびに手持ち資金の20％を賭け、１回のシミュレーションでこれを100回行った。有意な結果を得るために、シミュレーションは1000回行った。

　結果は以下のとおりである。

■100トレードしたときの資産は、82％の確率で最初の手持ち資金である100ドルを上回った。
■最初の手持ち資産を下回る確率は18％。
■資産が５ドルを下回ったときを破産とみなすと、破産確率は２％（毎回現在の資産の20％を賭けるので、最終資産は負数にはならない。手持ち資産が少なくなるにつれ、賭け金は少なくなるが、負数にはならない）。
■最終資産の平均は4966ドルだった。100ドルが4966ドルになったのだから、およそ5000％のリターンということになる。

　「これのどこがいけないのだろう？」と思ったことだろう。唯一のリスクの評価尺度は、最初の手持ち資産を下回る確率（18％）と破産確率（およそ２％）だけである。第１章のトレーダブルな戦略に関する評価尺度はまったく使われていない。そこで、1000回のシミュレーションに対するドローダウンを調べてみた。

- 1000回のシミュレーションでは平均最大ドローダウンは77.3％だった。
- ドローダウンが90％を超える回数は16％だった。
- 最も良い回でも最大ドローダウンは36％だった。

　100回のトレードのシミュレーションを1000回行うと、どこかの時点で手持ち資産の77％のドローダウンを喫する。それが「ギャンブル」と呼ばれるのには理由がある。それは投資ではなく、トレードでもない。投機ですらない。苦労して稼いだお金を、そういった形のトレードにさらす人などいないはずだ。捨てても惜しくない額の金を持ってラスベガスに行き、その方法で賭けてみるとよい。でも、行く前に自分に、「この金がなくなったらそれで終わりにする」と言い聞かせる必要がある。なぜなら、ラスベガスでは持っていったお金はすべてすってしまうからだ。それは娯楽の一部なのである。

　同じトレードシナリオを使って、各トレードの賭け金を決めるために、ギャンブラーではなく、トレーダーがやることをやってみよう。勝率は60％で、勝てば1ドルの賭け金に対して1ドルもらえる。1トレード当たりの賭け金を1％から20％まで変化させ、結果を見てみることにしよう。結果は**表10.1**に示したとおりである。

　あなたはどうかは知らないが、私だったらこの戦略で2％を超える賭けサイズではトレードしないだろう。この表のなかで最悪なのは、ケリー基準による賭けサイズだ。最後に一言——マネーマネジメントに関する本を読んでいると、もう1つよく出てくる主張がある。それは、1トレードにつきx％を上回るリスクをとるな、というものだ。x％は必ず5％未満であり、大概は1％と3％の間である。こういう人はトレーダーであって、ギャンブラーではない。

　最後の主張は「最良」のマネーマネジメントに関するものだ。ここに示したもの（オプティマルf、固定リスク、固定サイズ、固定比率）

表10.1　ギャンブルシナリオに対するマネーマネジメント

1トレード当たりの賭け金（資産の割合）	平均リターン（ドル）	平均最大ドローダウン（%）	最大ドローダウン（%）	破産確率（%）
1	22	6.1	20.8	0
2	49	11.8	37.6	0
3	181	17.5	59.7	0
4	224	22.7	62.7	0
5	269	27.8	73.0	0
10	735	49.0	91.0	0
20*	4,866	77.3	99.6	2

*ケリー基準によって決めた賭け金

は、ケリー基準と同じく、すべて賭けサイズの公式である。これらのいくつかはマネーマネジメントの章（第11章～第15章）で見ていくが、私にはポジションサイズはマネーマネジメントのなかで最も重要ではない要素に思えてならない。これよりもはるかに重要なのは、分散化、トレードの系列相関、口座サイズの大小、個々のトレードリスクである。こういった問題を解決するまでは、ポジションサイジングの方法を考えても意味がない。

モンテカルロ分析 ── 戦略の最適解を決定する最良の方法

　モンテカルロ分析はさまざまな科学的研究や分析的研究で役立つ手法であることが証明されている。トレード関係の本やウエブサイトの多くでは、この手法は、トレードサンプルに基づいて戦略の究極の最適解を求める方法として使われている。こんなことが可能なのだろうか。私はそうは思わない。特に、ほとんどの人が行っている簡易的な方法では究極の最適解を求めることなどほとんど無理だろう。

ほとんどのモンテカルロトレードシミュレーションは、多くの仮想トレードを行い、結果をファイルに保存し、それらを１つ１つランダムに選びだしてトレード群を作成する。そのトレード群を使って、資産曲線を描いたり、リターン、ドローダウン、フラットタイムなどの結果を計算する。このプロセスを何百回、何千回と行い、その結果から最適解をはじきだす。最適解には、最大リターン、最大ドローダウン、平均最大ドローダウン、ｘ％のリターンの確率、ｘ％のドローダウンの確率などが含まれる。しかし、この簡易的な方法には問題がある。

　第２章では、カーブフィッティングを排除するには何千回というトレードを行う必要があることを述べた。同じロジックによれば、実際のトレードにおけるたかだか20回のトレードサンプルでは、何千ものトレードの分布を決定することはできない。実際に行った20回のトレードは、著しく成功した期間のトレードだったかもしれないし、平均的なトレード期間のトレードだったかもしれないし、著しく悪い期間のトレードだったかもしれない。しかし、モンテカルロシミュレーションでは、20回のトレードはこの戦略を永久に続けた場合の分布を表すと仮定している。これは明らかに「ゴミを入れればゴミしか出てこない」シミュレーションだ。

　開発時のトレードサンプルを使って、あるいは実際に何千というトレードが発生するまで何年も待つことで、何千ものトレードが得られたとしよう。こちらのほうが状況的にはましだ。しかし、これで有意な解が得られるのだろうか。おそらくはノーだ。理由の１つは、トレードを１つランダムに選び出すとき、１つの数字しか得られないということだ。そのトレードの利益か損失のいずれかだ。以前にも述べたように、中長期のトレンドフォローの欠点は含み益を市場に戻すことである。8000ドルの含み益が出ても、実際には4000ドルの利益しか物にできない。つまり、含み益のうち4000ドルを市場に戻したことになる。モンテカルロ分析ではトレードのこの側面が完璧に抜け落ちてい

るのだ。失った4000ドルはシミュレーションでは勘案されないドローダウンになる。また、1日に平均でxトレード仕掛けると言っても、ときにはその4倍仕掛けることもあるし、逆に何日も、何週間も、あるいは何カ月も仕掛けないときもある。モンテカルロ分析ではこの点も見過ごされている。

　これまでに述べてきた2つの問題を適切に処理しているモンテカルロパッケージは見たことがないが、だれかが解決してくれるかもしれない。何千というトレードを使い、トレード群をまんべんなく調べ尽くし、トレード頻度を適切にモデル化すれば、有意なシミュレーションは可能だろうか。これもおそらくはノーだ。理由は2つある。

　ときには1日に数多くのトレードを行うことがあるが、それはモンテカルロ分析エンジンが前提としているように完全にランダムに発生するわけではない。例えば、貴金属やエネルギーなどのグループで良いあるいは悪い材料が出て、グループ全体が上昇したり下落したりしために同時に多くのトレードが発生するといったこともある。ほぼ同じ日に仕掛けられた同じグループのトレードは同じ結果になることが多い。すべて小さな勝ちトレードか、すべて大きな勝ちトレードか、すべて小さな負けトレードか、すべて大きな負けトレードになるといった具合だ。しかし、この効果はモデル化されない。x回のトレードが同じ日の同じグループからのトレードでなければならないときでも、モンテカルロ分析では1983年のオート麦のトレードや2011年のコーヒーのトレードが入っていることもある。これらの欠点は株式システムには当てはまらないと考える人は、第4章から第6章で開発した買いのみの株式戦略を考えるべきだろう。2008年の9月から12月にかけて市場が大暴落したときに「弱いものを仕掛ける」というその戦略を使えば、大部分は負けトレード、しかも大きな負けトレードになっただろう。そしてダウが300～500ドル下げて寄り付いたとき、ナスダック100のほぼ全銘柄でシグナルが出ることだろう。しかし、モンテカル

ロ分析はこういった期間の厳しさもその長さもとらえることはできない。この期間の私たちのバックテストの結果は、いかなるモンテカルロ分析が予想する結果よりもはるかに悪いものになるだろう。

　最後に、マネーマネジメントの効果もモンテカルロ分析では反映されない。本書ではまだマネーマネジメントについては議論していないが、これはあなたのトレード戦略の実力を生かし、シグナルが出されたすべてのトレードを受け入れるよりもトレーダブルな戦略にするのに役立つはずだ。簡単な例を見てみよう。大豆、原油、日本円の日中トレードを行うトレードシステムを持っているとする。その戦略は各商品で1日当たり平均で2回のトレードが発生する。この戦略は細心の注意を払って開発したので、カーブフィットは最小限に抑えられていると信じている。マネーマネジメント分析によれば、各商品につき1日当たり最大で1回トレードを行えば、資産曲線はスムーズになり、ドローダウンも大幅に減少することが分かった（この議論においては理由は大して関係ないが、各商品のトレードの系列相関によればこれはおそらくは正しい。任意の日の勝ちトレードは同じ日にさらに勝ちトレードを生み、負けトレードは負けトレードを生む）。モンテカルロエンジンは1日当たり最大で3回のトレードを見て、各日のトレードをランダムに選び出す。それは1商品で3回のトレードのときもあれば、各商品で1回のトレードのときもある。あなたのマネーマネジメントルールはモンテカルロ分析では無視されることが多い。マネーマネジメントルールはより良いトレードの解を見つけるためにあるものだ。したがって、マネーマネジメントルールがモンテカルロ分析で無視されるということは、モンテカルロ分析の結果は予想される結果よりも悪くなるということである。

　トレード戦略の面でもマネーマネジメント面でも、戦略を正しく開発していれば、その検証結果はあなたが将来的に経験する最良の予測になる。もちろん、「最大ドローダウンは将来は必ず更新される」が、

これらの検証結果はモンテカルロ分析よりも将来的に発生することをより的確に予想するものになるだろう。モンテカルロ分析は開発時の検証結果よりも役立つことを教えてくれることはないと私は思っている。

人工的データ

もしトレードしたいものに対してデータが無制限に入手できるとしたら、システムを開発するのは簡単だろう。でもデータは無制限に入手できるわけではない。だから入手できるデータでベストを尽くすしかない。多くの著者は、この問題を回避する１つの方法として合成データを作ることを提案している。最もよく使われる方法は、既存の時系列データを使って、今日の終値と昨日の終値との差に基づいて連続するデータを作成するというものだ。今日の終値と昨日の終値との差を集めたデータをファイルに保存し、ランダムにサンプリングして連続する階差データを作成し、それから人工的な終値データを作るのである。しかし、この方法にはモンテカルロ分析に似た欠点がある。

第一に、今日ランダムに選んだ階差データは、その前後に選んだ階差データとは無関係であることが想定されているという点だ。しかし、これは間違っている。現実のデータは時系列の自己相関があり、データ自身と、あるいは遅延させたデータとの相関を見ることで、それを示すことができる。あるデータのそれ自身との相関をみれば、相関係数は１となる。しかし、遅延させたデータとは自己相関はない。ある時系列データをそれ自身と関連づければ、相関係数は１になる。しかし、比較する時系列データを１日ずらし（１日の遅延）、元の時系列データとずらした時系列データを比較すれば、相関係数は－１から１の間の数値になる。相関係数が０であれば、２つの時系列データは無相関なので、今日発生する階差は明日発生する階差には影響を及ぼさ

表10.2　商品と株式の時系列データの系列相関

商品	最大相関係数	符号の変化
トウモロコシ	−0.09	13日
豚赤身	−0.08	19日
コーヒー	−0.07	11日
銅	−0.08	20日
原油	−0.12	12日
日本円	−0.07	14日
30年物債券	−0.07	11日
S&P500	−0.06	12日
株式	最大相関係数	符号の変化
IBM	−0.08	13日
マイクロソフト	−0.09	12日
グーグル	−0.07	12日
ケロッグ	−0.14	10日

ない。その場合、モンテカルロ分析を使ってランダムに生成された差から人工的データを作るのは有効だろう（ただし、これがこの方法の唯一の問題点だとするならば）。これを何回かやってみて、時系列相関があるかどうかを調べてみることにしよう。ここでは、株式と商品のデータを使って、時系列を20日まで遅延させ、元のデータと遅延させたデータとの相関係数を調べてみた。**表10.2**は最大の相関係数と、相関係数の符号が負から正に、または正から負に変わるまでの日数を示したものだ。2つのデータはこの日数を超えれば無相関になる。

どのケースでも、元のデータと遅延データとの間にはかなり大きな負の相関があり、その相関は2週間にわたって続く。負の相関とは、上げて引けた日の次の日は下げて引け、下げて引けた日の次の日は上げて引けることを意味する。これは株式のカウンタートレンドの性質と一致する。商品の場合、第6章で議論した曜日フィルターが有効で、下げて引ける日を待って買い、上げて引ける日を待って売る。

トレードデータの関係を示すものはこれだけではない。値幅は期間

表10.3　株式と商品の値幅の系列相関

商品	最大相関係数	符号の変化
トウモロコシ	−0.46	4日
豚赤身	−0.46	4日
コーヒー	−0.45	4日
銅	−0.44	3日
原油	−0.43	3日
日本円	−0.46	5日
30年物債券	−0.48	4日
S&P500	−0.48	4日
株式	最大相関係数	符号の変化
IBM	−0.46	4日
マイクロソフト	−0.45	3日
グーグル	−0.44	5日
ケロッグ	−0.43	5日

は短いが、強い負の相関を持っている。これを示したものが**表10.3**である。

　表10.3を見ると分かるように、値幅には大きな負の相関があり、それは3日から5日続く。これは、値幅が大きな日のあとには値幅の小さな日が続き、値幅が小さな日のあとには値幅の大きな日が続くことを意味する。これを利用すればさまざまなトレードフィルターを作成することができる。最もよく使われるフィルターは、インサイドデー（今日の値幅が昨日の値幅にすっぽり入る）に続くブレイクアウトを見つけるというものだ。

　人工的データの問題点はほかにもある。例えば、ナスダック100や先物戦略を開発するのに使ったバスケットのようなバスケットをトレードする場合、バスケットを構成する株式や商品の間には強い相関のあるものもあるはずだ。株式の場合、市場が大きく動く日にはナスダック100の構成銘柄のほとんどが市場に連動して上昇したり下落したりする。商品の場合、各グループ（付録Bを参照）内で強い相関がある。

人工的時系列データはこの重要な効果をとらえることができない。事実、人工的に作成された時系列データは、ほかの人工的に作成された時系列データとは相関を持たない（相関係数がゼロということ）。私は人工的データは無価値なものでしかないと思っている。

負けポジションは増し玉するな

　このことわざはマルティンゲールの賭け戦略の危険性から生まれたものだ。勝率が50％のゲーム（例えば、黒か赤に賭けるルーレット）では、マルティンゲールの賭け戦略では負けるたびに賭け金を増やす（普通は2倍）。結果的には、負けが続いても最後には勝つが、勝つまでの1セットで儲けは最初の賭け金のみで、最後の賭け金は非常に大きくなる。

　トレードでは、マルティンゲール戦略は負けるたびにポジションを2倍にする。これは「ナンピン」と呼ばれ、これによって平均取得価格は下がる。これは絶対に悪いものなのだろうか。

　負けポジションを増し玉し続ければ、破産リスクという危険が伴うことが問題だ。負け続ければ、追証が請求されるか、資金が枯渇する。でも、これは絶対にやってはいけないことなのだろうか。

　負けポジションに増し玉するのには理由がある。追加分が良いトレード機会になる場合があるのだ。最初のトレードはさておいて、追加分にトレードする価値があるのなら、増し玉してもよいのではないか。

　例を示そう。10日平均を1標準偏差だけ下回って引けたら買うという株式のスキャルピング戦略を検証しているものとする。トレーダブルなものを見つけるが、開発の段階で、価格を2標準偏差下回った位置で買うのが良いことが分かる。しかし、そういう機会はそれほど多くは発生しない。だったら、1標準偏差下回る位置で買って、価格が逆行し続けて2標準偏差下がったら、1ユニット増し玉すればよいで

はないか。以下に示すのは、10日平均を1標準偏差下げて引けたら翌日の寄り付きで5000ドルのポジションを建てたときの2000年から2011年までのナスダック100のバスケットのトレード結果である。

勝ちトレード数	1万1400
負けトレード数	5138
総利益	61万9363ドル
1トレード当たりの利益	37ドル

次に、平均を2標準偏差下げて引けたら最初のポジションに5000ドル分のポジションを増し玉したときの結果を見てみよう。

勝ちトレード数	1万1891
負けトレード数	4647
総利益	75万4658ドル
1トレード当たりの利益	46ドル

この場合、結果は良くなっている。トレードするかどうかはドローダウンによって決まるのだが、負けポジションに増し玉することは結果の向上につながる場合もあると言える。

勝ちポジションは増し玉せよ

これは当然のことのように思える。インターネットを検索すると、負けポジションには増し玉するなと言っている人のなかには、勝ちポジションに増し玉することは正しいことだと言っている人がいる。

しかし、勝ちポジションに増し玉することには問題が1つある。それは、勝ちポジションを「ナンピン」してしまうことである。増し玉

したときに500ドルの利益があったが、そこから300ドル損をしたら、1ポジションにつき利益は100ドルになるが、増し玉しなければ1ポジション当たりの利益は200ドルになっていたはずだ。増し玉する唯一の理由は、最初のシグナルよりもより多く儲けられる可能性があるからだ。でなければ、最初から2ユニット買っていたはずだ。正しく設計された仕掛けシグナルよりも強力な継続シグナルは見たことはない。私が見たことがないと言っても存在しないと言っているわけではない。しかし、あとから仕掛けたトレードが先に仕掛けていたトレードよりも多くを稼ぐことができると考えるのはおかしい。

　ポジションを建てて、トレンドが強まったらそれぞれのルールに従って手仕舞いする短期、中期、長期戦略は無視せよと言っているわけではない。ある程度の利益が出たら勝ちポジションに増し玉し、最初と同じ手仕舞いルールを使えと言っているのである。

利食いして損をした者はいない

　私は心理学者ではないが、30年間トレードしてきて、何千人というトレーダーに話をしてきた者として、資産が増加したり減少したりするとどんな気持ちになるのかは知っている。資産が増加すると高い高揚感を覚える。見るもの聞くものすべてがバラ色だ。こういった高揚感を感じると、次のような過ちを犯す。

■負けトレードを手仕舞いポイントが過ぎてもそのまま持ち続ける（すべてうまくいっている。私はトレードの天才だ。こんな負けなんてすぐに取り戻せる）。
■トレードサイズを大きくしすぎる（1枚だけにすべきだけど、すべてうまくいっている。私は天才だ。2枚トレードしているけど、これがうまくいき始めたら、増し玉しよう）。

つまり、オーバートレードして自分のプランから逸脱してしまうのだ。

ドローダウンを喫すると、気が滅入る。何もかもが自分をやっつけに来ているような気がする。すると、次のような過ちを犯す。

■ トレードを見送ったり、遅らせたりする（このトレードはリスクが高いように思えるし、何もかもが私に逆らっているように感じる。もう少し様子を見てからポジションを建てよう）。
■ ポジションを小さくしすぎる（2枚トレードしたほうがよいことは分かっているけど、すべてが私に逆行している。とりあえず1枚から始めてみよう）。
■ 時期尚早に利食いしてしまう（どのトレードも負けてばかり。何もかもがうまくいかない。このトレードは利益が出ているので、早めに手仕舞ってしまおう。利食いして傷ついた人なんていないんだから）。

このことわざは、ドローダウンに陥り、トレードで犯した過ちを正当化しようとしている人が言うことわざだ。

ドローダウンを脱する唯一の方法は、自分のプランに従ってトレードし、資産を増やしてくれるような勝ちトレードが現れるのを待つだけである。守りに入れば、物事が好転したときに小さな利益しか手にできず、回復を遅らせるだけである。

資産が増加しているときにオーバートレードすれば、必ずやってくるドローダウンを大きくするだけである。実際のトレードでどれくらい賭ければよいかを決めるプランをあなたは時間をかけて練ったはずだ。だったらそのプランに従ってトレードすることだ。

30回のトレード数で十分

　私はセミナーでは第２章で述べたようなカーブフィッティングの話から始める。すると、トレードシステムの特徴を知るには「30回のトレード数で十分だ」と、トレードのベテランが言っていたと言う者が必ずいる。彼らは正しい。これまでトレードの本を読んでいてこういった話が出てきたことは少なくとも５回はあるし、こういう話をする人々のなかには自分の専門分野を知り尽くしている人もいる。彼らの問題は、実際の分布を特徴づけることと分布を検証することとは違うことが分かっていないことである。ほとんどの統計学者は、ｔ検証やｚ検証などのデータの検証には最低限のサンプルが必要だと言う。最もよく使われる数字は30である。だからといって、30サンプルあれば分布についてすべてのことが分かるわけではない。例を見てみよう。

　大きな樽から30組の靴下を取りだしたところ、15組が黒で15組が白だった。するとあなたは、樽のなかには黒と白の靴下が半々ずつ入っていると思うはずだ。

　あなたのコンピューターが16ビットカラーだったとすると、６万5536種類の色を表示することができる。樽にはいろいろの色の靴下がランダムな数だけ入っていたとすると、30組取り出しただけでその分布が分かるだろうか。もちろん分からない。少なくとも６万5536回取り出すまでは、樽のなかの靴下の色の分布は分からないのである。

　最後の例はトレードに似ている。トレードは大きな負けトレードから大きな勝ちトレードまでいろいろだ。トレードの小さな部分集合からだけでは、分布を知ることはできないのである。

最良のシステム統計量とは

■シャープレシオ

■勝率
■プロフィットファクター
■アルサー指数とカルマーレシオ

　だれにでも好みの統計量はあるが、良い統計量はリスクとリワードの評価尺度を含んでいなければならない。1トレード当たりの利益や勝率だけでは話の全貌は見えてこない。リスクの評価も必要だ。しかし、リスクとリワードを含む統計量でも欠点はある。ノーベル賞を受賞したシャープレシオでも完璧とは言えないのである。ジャック・シュワッガーは彼の古典『ア・コンプリート・ガイド・トゥー・ザ・フューチャーズ・マーケット（A Complete Guide to the Futures Markets）』のなかでシャープレシオの欠点を4つ指摘している。では、どんな統計量を使えばよいのだろうか。

　最良の統計量は統計量ではなく、全体像を示すものだ。それは資産曲線である。昔から「百聞は一見にしかず」というではないか。資産曲線を見れば、ひと目でトレードする価値があるかどうかは分かる。**図10.1**は利益が同じ4つの資産曲線を示したものだ。最後の1つを除いて1年を通じての最大ドローダウンは同じである。それぞれの資産曲線を見てどう思うだろうか。

　資産曲線1はおそらくは多くの銘柄をトレードする戦略によるもので、とるリスクは少なく、含み益の減少も少ない。戦略が最適に働かないときはドローダウンの時期が比較的長いが、非常に安定している。

　資産曲線2はトレード頻度が少なく、トレード間の期間が比較的長い。利益や損失は比較的大きい。これはトレードが難しい戦略で、大きな損失が連続して何回か発生すれば危機的状況に陥る。

　資産曲線3は「危険だ、ウィル・ロビンソン！」（**訳注**　ウィル・ロビンソンは、『宇宙家族ロビンソン』のロビンソン家の長男）的なトレードだ。資産曲線は上昇しているが、これは多くの短期トレード

図10.1　4つの資産曲線

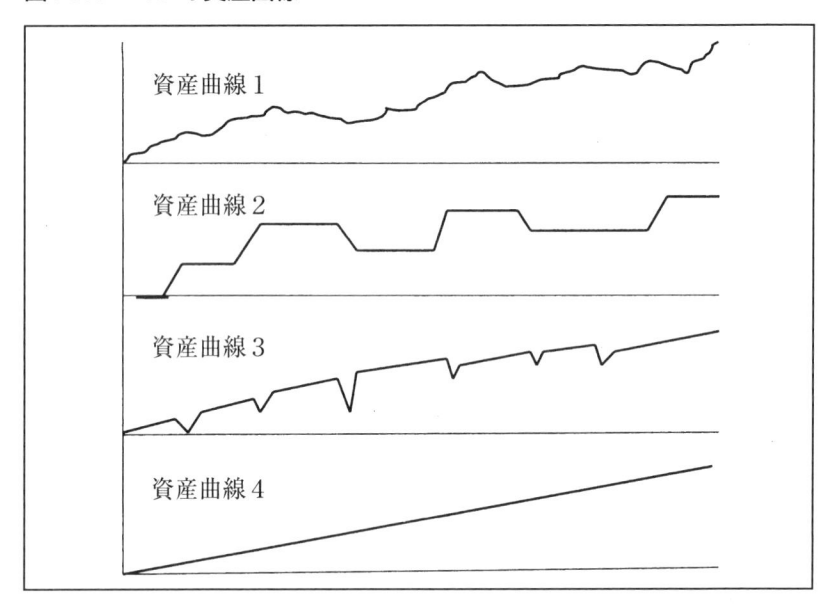

[図：資産曲線1、資産曲線2、資産曲線3、資産曲線4のグラフ]

で利益が出たためであり、おそらくは私たちの株式戦略のようなスキャルピング戦略だ。しかし、右上がりの資産曲線の間にある急なV字は用いられたマネーマネジメントがマルチンゲールタイプであることを示している。利益が出るまでトレードサイズは2倍、3倍といった具合に増えていく。利益が出ると、損失の全部あるいはほとんどは取り戻すことができる。このタイプの戦略は最終的には破綻する。

　資産曲線4は完璧だ。こういった資産曲線を示すのは債券や固定金利商品だけだが、得られる利益は比較的小さい。

　トレード雑誌を見たり、インターネットでトレード商品を調べると、資産曲線を示しているものはほとんどない。勝率が90％とか、平均利益が5％とか、シグナルが効果的であることを示すために売りを赤色の足で示し、買いを青色の足で示したチャートなどは示すが、全体的な資産曲線を示しているものはほとんどない。その理由は、資産曲線

はウソをつかないからだ。資産曲線をひと目見れば、その戦略がトレードする価値のあるものか否かは分かる。次にだれかが彼らの商品をしつこく勧めてきたら、資産曲線を見せろと言ってみるとよい。

「ダウの犬」に投資せよ

「ダウの犬」は、配当利回りの高い銘柄に投資する戦略だ。年の初めに、ある投資家がダウ工業株30種平均から配当利回りの良い10銘柄を選んで投資したとする。構成銘柄は毎年見直す。インターネット情報筋によれば、この戦略は全体的に常に市場をアウトパフォームすることが分かっている。しかし、株式はカウンタートレンドとしてトレードするのが最良であることを考えると、価格ベースの「ダウの犬」戦略は調べてみる必要がある。

2011年末のダウ工業株30種の各銘柄について、1980年からの株式分割および配当を調整したデータを作成する（1980年当時に取引されていた銘柄は18銘柄のみ）。次に、基本的なバイ・アンド・ホールド（毎月の最初のトレード日の寄り付きで買って、毎月の最後のトレードの引けて売る。投資額はすべて同じとする）のパフォーマンスを算出する。毎月の終わりの資産は、次のトレード日の寄り付きで各銘柄に均等に投資する。このプロセスを2011年末まで繰り返す。

次に、以下に述べる「ダウの犬」戦略を実行する。

- 各月の最初のトレード日の寄り付きで、前月の最後のトレード日の終値が5日前の終値を下回っていたダウの犬銘柄に均等に投資する。
- 各月の最後のトレード日の引けで全トレードを手仕舞う。
- 毎月再投資し、これを2011年末まで繰り返す。

表10.4は1980年からのバイ・アンド・ホールドとダウの犬戦略の

表10.4 「ダウの犬」戦略とバイ・アンド・ホールド戦略の比較

年	バイ・アンド・ホールドの リターン (%)	価格ベースの「ダウの犬」 戦略のリターン (%)
1980	23.0	45.2
1981	−1.3	10.4
1982	37.2	68.4
1983	21.6	25.4
1984	8.1	15.4
1985	34.9	57.1
1986	26.1	21.8
1987	13.1	21.3
1988	18.3	13.5
1989	40.9	38.7
1990	4.2	10.2
1991	45.0	62.7
1992	19.7	8.2
1993	13.3	10.9
1994	12.2	6.2
1995	45.9	62.5
1996	34.0	23.2
1997	36.2	37.0
1998	34.1	35.4
1999	34.1	35.4
1999	30.7	42.6
2000	−0.1	−6.4
2001	−3.5	9.7
2002	−14.2	−2.9
2003	30.4	34.0
2004	6.8	8.2
2005	2.6	4.9
2006	22.4	29.0
2007	9.7	10.6
2008	−29.0	−21.6
2009	32.2	48.0
2010	12.7	9.1
2011	3.8	6.2
平均	17.8	23.3

年次リターンを示したものだ。

　バイ・アンド・ホールドのリターンはダウの状況に一致していないことに気づくはずだ。例えば、2011年はダウは5.53％上昇したが、バイ・アンド・ホールドのリターンはわずか3.8％でしかない。この差はダウの計算方法によるものだ。ダウの計算では各銘柄に対する重み付けが異なる。ダウは各銘柄の株価を足し合わせて、「ダウの除数」で割って算出する。したがって、株価の高い銘柄は上昇率が小さくても、下落率が大きく株価の低い銘柄よりもダウに及ぼす影響は大きい。もう１つの違いは、ダウが年次変化率であるのに対し、これら２つの戦略は毎月複利という点だ。

　平均すると、ダウの犬戦略のほうがバイ・アンド・ホールドよりも年間で5.5％ほどリターンが高い。大した違いには思えないかもしれないが、1980年に１万ドルから始めて、年次リターンを複利にすると、バイ・アンド・ホールドの資産は130万ドルを少し上回る程度だが、ダウ戦略のほうは500万ドルを上回る。これは大きな違いだ。**表10.4**から分かることはほかにもある。

- ダウの犬戦略は、年間でバイ・アンド・ホールド戦略を30％以上アウトパフォームする。
- ダウの犬戦略は32年の間に損失を出した年は３年で、バイ・アンド・ホールド戦略は５年。
- ダウの犬戦略は２年連続して損失を出したことはないが、バイ・アンド・ホールド戦略は３年連続して損失を出したことが１回ある。
- 最大の損失を出した年はダウの犬戦略とバイ・アンド・ホールド戦略ともに2008年だったが、ダウの犬戦略は損失が25％以上も少なかった。
- ダウの犬戦略がバイ・アンド・ホールド戦略をアウトパフォームした年は32年のうちの23年。これは全期間の70％以上に相当する。

ダウの犬戦略が一貫してバイ・アンド・ホールド戦略を打ち負かした理由は2つある。

1．最も明らかな理由は、ダウの犬戦略は短期的に価格が下落した銘柄のみを買うからである。株式はカウンタートレンドの性質を持っているため、短期的に価格が下落した株はすぐに上昇する。
2．ダウの犬戦略でトレード「されない」銘柄が、短期的に株価が上昇した銘柄であることも理由の1つだ。ダウの犬戦略の平均月次リターンが1.81％であるのに対して、短期的に上昇した株の平均月次リターンは1.25％だ。つまり、ダウの犬戦略は短期的に上昇した株よりも月次で0.56％アウトパフォームしているということである。信用取引を使って、短期的に上昇したダウ銘柄を資産の100％を使って売り、短期的に下落した銘柄を資産の100％を使って買えば、平均で1カ月に0.56％儲かるということになる。これは複利では年次換算で6.9％になる。今日のリスク回避的戦略の金利環境から言えば、これは悪くない数字だ。

この分析の欠点は、2011年末のダウ銘柄を使ったことである。毎月アクティブなダウ銘柄を使えば結果は大きく変わっていただろう。しかし、どちらの戦略も同じ時系列データを使ったという点では問題はない。

市場がトレンド相場にあるのは全時間帯の5％、10％、20％、30％

　あなたがトレンドフォロワーなら、市場がトレンド相場にあるときは大金を稼げるが、トレンド相場にないときは損をする。「市場のト

レンド」については大概の人は、市場がトレンド相場にあるのは50％を下回ると言う。しかし、書物では30％未満と書いてあるのが多い。本節では、市場のトレンドを測定する簡単な方法について見ていくことにしよう。

ウエルズ・ワイルダーは彼の古典『**ワイルダーのテクニカル分析入門**』（パンローリング）のなかで市場の方向性を測るための方法を紹介している。彼はこの方法について、「私が最も満足の行く成果を達成した日の1つは、この概念（市場の方向性）を数式に変換することができた日である」と言っている。彼のADXはあらゆる分析パッケージに搭載されている。では、ADXを使って商品の方向性（トレンド）を調べてみることにしよう。

1980年からのデータを使って、穀物、畜産、貴金属、エネルギー、ソフト、通貨、金融を含む56銘柄の商品のバスケットで検証してみた。何日かにわたって毎日各市場のADXを算出してトレンドを測定し、ADXの値が20を上回った回数を数える。その値をトレード日で割って、市場がトレンド相場だった割合を算出した。**表10.5**は14日、20日、40日、80日ADXの値が20を上回った日の割合を示したものだ。

トレンド相場にあった割合を年ごとに見てみると、14日ADXと20日ADXはほぼ一定だが、40日ADXと80日ADXは年ごとにかなり大きな差があることが分かる。これらの数字から言えることは、短期トレンドは比較的多く、毎年絶えず発生しているが、長期トレンドは少ないということである。さらに、2000年以降は長期トレンドフォローにとっては特に困難な時期だった。2000年から2011年までの12年間で、40日および80日トレンドが平均を上回っていたのはわずか3年しかない。それに対して、14日および20日トレンドは12年のうち7年で平均を上回っていた。

表10.5 ADXの値が20を上回っていた日の割合（56銘柄）

年	14日ADX	20日ADX	40日ADX	80日ADX
1980	61	46	31	38
1981	59	45	20	15
1982	64	48	24	8
1983	65	49	21	3
1984	63	46	21	8
1985	69	56	30	10
1986	60	43	23	12
1987	66	52	25	8
1988	61	45	18	9
1989	62	44	18	4
1990	63	52	26	6
1991	59	41	18	8
1992	63	48	22	11
1993	62	48	22	12
1994	59	44	25	6
1995	62	47	23	6
1996	63	46	20	5
1997	66	50	19	5
1998	63	46	21	5
1999	59	42	19	4
2000	63	45	17	4
2001	63	48	21	7
2002	59	44	23	7
2003	66	49	19	6
2004	65	48	20	9
2005	60	40	11	3
2006	54	36	15	3
2007	65	47	15	1
2008	69	57	34	11
2009	54	37	18	11

年	14日ADX	20日ADX	40日ADX	80日ADX
2010	63	48	22	2
2011	56	42	21	4
平均	62	46	21	8

結論

　本章で言いたいことは前章と同じだ。つまり、他人の言うこと、他人から聞いたこと、本に載っていることは信用してはいけないということである。疑問を感じたら、それらの主張が正しいかどうか調べてみることが重要だ。私がトレードについて学んだことは偶然発見したものがほとんどだ。私は興味のあることは検証してみることにしている。すると、別のものがうまくいくことを発見することもある。うまくいかなければ、逆をやればうまくいくこともある。

第11章

マネーマネジメント入門

Introduction to Money Management

　第4章、第5章、第6章では、株式のための短期スキャルピング戦略と商品のための長期トレンドフォロー戦略という2つのトレード戦略を検討した。そのとき、戦略を開発するに当たって限定的なマネーマネジメントを組み込むことのメリットについて述べた。戦略が十分に開発されたように見えても、それを使ってトレードするにはまだ不十分だ。戦略をトレードする口座サイズやトレーダーのリスク・リワードのニーズに合わせるために、まだやらなければならないことがある。どんな証券をトレードすべきなのか、どういったサイズでトレードすべきなのか、どの時点でサイズを増やすべきなのか、どういったときにマーケットイクスポージャーを減らすべきなのか。これらはすべてマネーマネジメントの領域だ。本章では2つのマネーマネジメントの概念を紹介する。ポジションサイジングと小口口座および大口口座でのトレードである。そして、次の4つの章では、株式戦略と商品戦略に対するマネーマネジメント戦略を開発する。

サイジングテクニック

　マネーマネジメントについて書かれた本のほとんどは、ポジションサイジングの重要性について言及している。任意のシグナルでどれく

らいの株数や枚数を売り買いすればよいのかを決めるのにはさまざまな方法があるが、よく使われるのは２つの方法だ。最初の方法は、トレードを通して一定のサイズで売り買いするというものだ。株式のスキャルピングシステムで5000ドルのポジションを使ったり、トレンドフォロー戦略で１枚のポジションを使ったりしたときの方法がこれである。固定サイズを使えば、資産は直線状に伸びていく。例えば、５万ドルから始めて年に１万ドル稼げば、５年後には資産は10万ドルになるといった具合だ。最初の年のリターンは20％（１万ドル÷５万ドル）だが、最後の年のリターンは11.1％（１万ドル÷９万ドル）になることに注意しよう。したがって、適切なリターンの評価尺度は、パーセントではなく、１年当たりのドル価（金額）であり、適切なドローダウンの評価尺度もパーセントではなく、ドル価によるドローダウンである。

　もう１つのサイジングテクニックは、口座サイズの変化に合わせてポジションを変えるというものだ。前の例で言えば、最初の年のリターンが20％で、ポジションサイズが増えるので年間20％のリターンはそのまま維持される。毎年のリターンは20％なので、５年後には資産は12万5000ドルに増える。この場合、資産は指数関数的に増加する。**図11.1**は２つのポジション戦略の資産の伸びを比較したものだ。

　資産を指数関数的に増やせるサイジングテクニックにはどんなものがあるのだろうか。ここでは第６章で開発した商品戦略を使って見ていくことにしよう。この戦略はトータルで7113回のトレードを行い、１トレード当たりの平均利益は387ドルだった。

オプティマル f

　オプティマル f は1990年代初期にラルフ・ビンスがマネーマネジメントの本で発表したサイジングテクニックだ。これはケリー基準を基

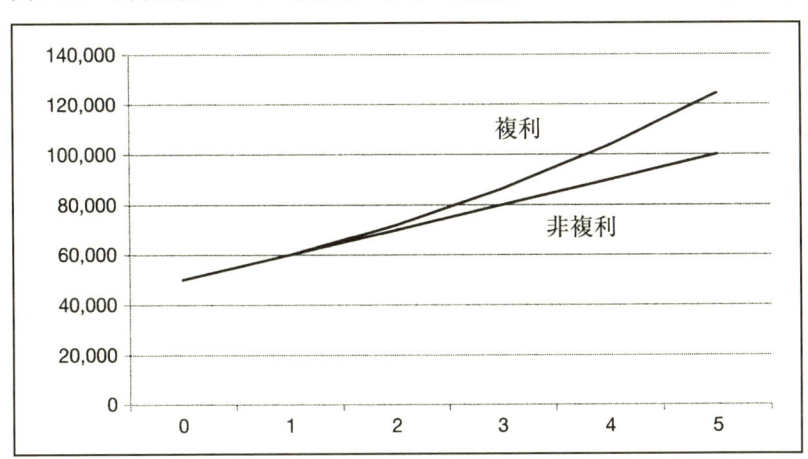

図11.1　非複利リターン（固定サイズ）と複利リターン（サイズを増やす）

にしたもので、資産は最適比率で伸びていく。彼がこのテクニックを開発したのは彼の本が出版されるはるか以前で、このテクニックは1982年のトレードコンテストでラリー・ウィリアムズが1万ドルを100万ドルにするのに使われた。ケリー基準同様、オプティマルfはリスクマネジメントは行わず、資産をできるだけ速く増加させることだけを考えたものだ。

オプティマルfを使うには、次の準備が必要だ。

■検証で発生したすべてのトレードを使って、最適なfを見つける。このポイントを見つけるのにはいろいろな方法があるが、最も簡単なのは原始的な方法だ。オプティマルfを0.01から1.00まで0.01刻みで増やし、TWR（最終資産比率）が最大になるポイントを探す。TWRは、比率fでトレードしたときの各トレードのリターンを掛け合わせたものだ。例えば、総トレード数が10で、最大損失が1000ドルだった場合、各トレードのリターンは次のように表すことができる。

各トレードのリターン＝1＋f×（トレード利益÷最大損失）

　したがって、最初のトレードの利益が400ドルで、fの値として0.5を使った場合、そのトレードのリターンは1.20ということになり、当初資産の1に対して20％の利益である。逆に、400ドルの損失を出したら、そのトレードのリターンは0.80で、当初資産の1に対して20％の損失になる。そして、各トレードのリターンを掛け合わせたものが、そのf値に対するTWRになる。オプティマルfはTWRが最大になるf値である。

■オプティマルfの値を見つけたら、最大損失をそのオプティマルfの値で割れば、最適なトレードサイズが決まる。例えば、10トレードのサンプルで、オプティマルfの値が0.25で、最大損失が1000ドルだったとすると、最大損失1000ドルを0.25で割ると4000ドルになる。したがって、オプティマルfでトレードするには、口座資産4000ドルにつき1枚トレードすればよい。

■この分析の副産物はその戦略のGMR（幾何平均リターン）だ。GMRとは、そのオプティマルfにおけるTWRのn乗根を取ったものだ。ただし、nはトレード数を意味する。ビンスによれば、これはオプティマルfのような複利のサイジングテクニックを使ったときにその戦略がどれくらいうまく富を築けるかを示すものだ。私はこの主張を立証しようとしたが、問題があった。最も大きな問題は、使われた数字が利益または損失のみという点だ。大きな損失からスタートし、大きな勝ちトレードで終わる場合もあれば、最終的には含み益の多くを市場に戻す場合もあるだろう。これらの問題は計算の中に出てくることはない。私は、その戦略の価値を示す評価尺度としては、すべてのトレードの損益を含むゲイン・ペイン・レシオ

表11.1　オプティマル f を見つけるための原始的な方法

f 値	TWR($)	GMR
0.88	5.63e+53	1.01755
0.89	6.41e+53	1.01757
0.90	7.02e+53	1.01758
0.91*	7.36e+53	1.01759
0.92	7.35e+53	1.01758
0.93	6.96e+53	1.01758
0.94	6.18e+53	1.01756

＊オプティマル f

のほうがよいと思う。

　表11.1は商品戦略の7113回のトレードを使って、オプティマル f を求めるのに使った原始的な方法をまとめたものだ。

　この表を見ると、f の値が0.91のときTWRは最大の7.36e＋53ドルになることが分かる。これは驚くべき額だ。7113回のトレードのうち、最大損失は9783ドルで、この最大損失をオプティマル f の値0.91で割ると、口座資産１万0750.55ドルにつき１枚トレードすればよいことが分かる。

　このサイジングテクニックを使って資産曲線を描こうとしたが、この戦略は２年間で破綻してしまった。口座資産１万0750.55ドルにつき１枚というのはアグレッシブすぎた。資産曲線を完全に描き切ることができたのは、口座資産２万2000ドルにつき１枚という数字を使ったときだ。そのときの結果は以下のとおりである。

年次平均リターン	358.1％
年次平均最大ドローダウン	62.8％
最大ドローダウン	99.3％

このように理論と現実の間で違いが生じたのは次の理由によるものと思っている。

■オプティマルｆは、トレードを個々の事象が独立し、結果が瞬間的に分かる連続したイベントとしてとらえている。これは、１つの手をプレーすれば勝ち負けのいずれかになるギャンブルと同じだ。ギャンブルではプレーが終了するまで手持ち資金は変わらない。しかし、トレードではプレーをしている間に口座資産は大きく変化する。
■オプティマルｆでは、今のプレーの結果が分かってから次の賭けをし、手持ち資金は再び固定される。トレードでは、ほかのトレードが完了する前に、今の手持ち資金で次のトレードが行われるため、一度に多くの負けトレードを抱える可能性があり、トレードが順に独立して実行されたときに比べてオーバーサイズになりやすい。

　同じ資産曲線を、今度は手仕舞ったトレードだけを使って描いてみると、結果はオプティマルｆが予測したものに近づいた。
　つまり、１回に１つだけトレードして、そのトレードを手仕舞ったあと次の仕掛けを行うときのみオプティマルｆの値は使えるということである。そして、トレード期間が比較的短く、トレード期間の資産の伸びや下落が非常に小さければ、オプティマルｆはおそらくは非常に正確なものになる。しかし、ドローダウンは大きくなるだろう。

固定リスクまたは固定比率

　このアプローチはどのトレードもリスクが同じになるようにトレードサイズを決める。固定リスクの場合、リスクは2000ドルといった具合に固定のドル価で表される。固定比率の場合は、リスクは決済済み資産または未決済＋決済済み資産に対するパーセンテージで表される。

リスクはカタストロフィックストップまでの距離、つまりそのトレードの最大潜在損失のことを言う。以下は非複利と複利の例を示したものだ。

● 固定リスクの場合
　1枚当たりのリスクが200ドルのトウモロコシ
　1枚当たりのリスクが1000ドルのコーヒー
　1ポジション当たり1500ドルの固定リスク
　口座資産は50万ドル
　解── トウモロコシ7枚（1500ドル÷200ドル＝7.5）とコーヒー1枚（1500ドル÷1000ドル＝1.5）（枚数の端数は切り下げ）

● 固定比率の場合
　1枚当たりのリスクが200ドルのトウモロコシ
　1枚当たりのリスクが1000ドルのコーヒー
　1ポジション当たり1％の固定リスク
　口座資産は50万ドル
　解── トウモロコシ25枚（(500000ドル×0.01)÷200ドル＝25）とコーヒー5枚（(500000ドル×0.01)÷1000＝5）

　固定リスクの場合、口座資産が5万ドルであれ500万ドルであれ、枚数は同じになる。
　固定リスクの例として、商品システムを1シグナルにつき1枚トレードしたときと、リスクをいろいろに変えたときとで比較してみることにしよう。**表11.2**はその比較を示したものだ。
　表11.2を見ると分かるように、すべてのトレードでリスクを一定にしたときのほうが、1トレードにつき1枚買うよりも良い。リスクをさらに増やしていくと、ゲイン・ペイン・レシオはおよそ2.75に収

表11.2 固定リスクによるサイジングアプローチの比較

アプローチ	平均年次リターン（%）	平均年次最大ドローダウン（%）	最大ドローダウン（%）	ゲイン・ペイン・レシオ
1枚	85,315	34,419	74,977	2.48
1500ドルのリスク	71,635	30,549	51,862	2.35
1750ドルのリスク	92,610	37,267	66,558	2.49
2000ドルのリスク	114,873	43,043	74,931	2.67
2250ドルのリスク	128,978	50,314	86,543	2.56
2500ドルのリスク	153,192	58,367	104,375	2.62

束する。数字にばらつきがあるのは、端数の枚数が切り下げによってゼロになるからである。また、想定しているリスクが低いとき、1枚のリスクでも1500ドルあるいは2000ドルを超えるため、すべてのトレードを受け入れるわけではないからである。

次に、リスクを固定比率にしたとき、リスクのパーセンテージをいろいろに変えてその結果を見てみることにしよう。**表11.3**は商品戦略の7113回のトレードを使って検証したものだ。

表11.3からは次のようなことが分かる。

■1トレード当たりのリスクが高いほど、ゲイン・ペイン・レシオで見たパフォーマンスは向上する。これは固定リスクのケースとは対照的だ。固定リスクではゲイン・ペイン・レシオは一定値に収束する。
■**表11.4**を見ると、固定比率アプローチのほうがオプティマルfよりも良い。

任意の資産に対して1トレード当たり同じ枚数をトレードするよりも、トレードサイズをトレードのリスクに関連づけたほうが良いことは明らかだ。固定比率のほうが、リターンとゲイン・ペイン・レシオは高く、ドローダウンは低い。このアプローチは、若干の変化形はあ

表11.3 固定比率でリスクをとって運用したときのパフォーマンス

1トレード当たりのリスク（%）	平均年次リターン（%）	平均年次最大ドローダウン（%）	最大ドローダウン（%）	ゲイン・ペイン・レシオ
1	79.7	19.9	39.8	4.00
2	162.6	32.3	61.6	5.04
3	243.0	41.4	75.4	5.87
4	316.9	48.6	84.5	6.52
5	378.4	54.0	90.7	7.01
6	424.3	57.8	95.4	7.34
7	447.2	61.5	98.8	7.27

表11.4 オプティマルfと固定比率アプローチの比較

アプローチ	平均年次リターン（%）	平均年次最大ドローダウン（%）	最大ドローダウン（%）	ゲイン・ペイン・レシオ
オプティマルf──口座資産2万2000ドルにつき1枚	358.1	62.8	99.3	5.70
固定比率──7％	447.2	61.5	98.8	7.27

るが、ほとんどのマネーマネジャーがトレードサイズを決めるのに使う方法だ。

必要資金漸増方式

　このアプローチはライアン・ジョーンズの著書『ザ・トレーディング・ゲーム（The Trading Game）』のなかで紹介されている。このアプローチは資産の増加に合わせてリスクをとるのに必要な資金のサイズを直線的に増やしていくというものだ。必要資金のサイズは資産がデルタ（リサイジングする前に口座資産がどれくらい増えなければならないかを示す単位）増えるごとに増やしていく。例えば、1万ドル口座からスタートし、デルタの値を2000ドルにしたとすると、口座

資産が１万2000ドルになるまで１トレードにつき１枚だけトレードする。口座資産が１万2000ドルになると、デルタの値は2000ドル増えて4000ドルになり、１トレード当たり２枚トレードする。そして口座資産が１万6000ドルになったら、トレード枚数は３枚になる。

　枚数がどのように増えていくかを見ると、最大のリスクは初期の段階で発生することが分かる。１トレード当たりのリスクが500ドルだとすると、１万ドル口座にかかるリスクは500ドル、つまり５％だ。口座資産が１万2000ドルになると、枚数は２枚になり、リスクは8.3％になる。口座資産が１万6000ドルになると、枚数は３枚になりリスクは9.375％になる。しかし、口座資産が次の水準になると、リスクは9.09％に減少し、リスクはそれ以降減少していく。１トレード当たりのリスクが300ドルで、1000回トレードを行ったとすると、最後のトレードではリスクは0.4％を下回り、最初の水準の10分の１にも満たない。また、デルタの値が小さいほど、リスクは大きいことにも気づくはずだ。デルタの値を1000ドルとすると、リスクは１トレード当たり12.5％でピークに達し、そのときの枚数は４枚だ。これに対して、デルタの値が2000ドルのときは、リスクは１トレード当たり9.375％でピークに達し、そのときの枚数は３枚だ。

　私たちの商品戦略を使って、デルタの値をいろいろに変えて検証してみた。**表11.5**はその結果を示したものだ。

　これは一種の比率アプローチだが、ゲイン・ペイン・レシオは１枚アプローチや固定リスクアプローチより悪い。また、固定比率アプローチとは比較にならないほど悪い。問題は、リスクが大きく異なることにあるのではないかと思う。開始時点での１トレード当たりのリスクは最終時点でのリスクの何倍にもなる。ドローダウンがいつ発生するかは分からないのに、一連のトレードの任意の時点でなぜリスクを大きくする必要があるのか。

表11.5　デルタの値をいろいろに変えた必要資金漸増方式トレード

デルタ	平均年次リターン (%)	平均年次最大ドローダウン (%)	最大ドローダウン (%)	ゲイン・ペイン・レシオ
$ 1,000	28.8	18.8	56.7	1.53
$ 2,000	26.2	16.2	47.6	1.61
$ 3,000	24.7	14.8	42.5	1.67
$ 5,000	22.8	13.2	36.3	1.73
$10,000	20.3	11.2	28.7	1.81
$20,000	18.0	9.4	22.3	1.91
$30,000	16.7	8.4	19.1	1.99

サイジングのまとめ

　ほとんどのマネーマネジャーが固定リスクアプローチや固定比率アプローチを使うのには理由がある。それはこの方法が資産を速く構築できる方法だからであり、リスクはどのポジションでも均一だ。また、ドローダウンをリスクの許容範囲内に収められるようにリスクを調整することができる。固定リスクアプローチに比べ固定比率アプローチは資産を効果的に増やすことができることを考えると、なぜ固定リスクなんて使うのかと考えることだろう。実は固定リスクは必然性がなければおそらくは使わないはずだ。しかし、ほとんどトレーダーにとって固定リスクは必然性があるのだ。なぜなら、口座サイズが小さすぎるため、サイズを変えてもメリットがないのである。

小口口座と大口口座

　伝統的なサイジングアプローチで最も優れているのは、各トレードに対するリスクを資産の小さな比率に抑えることである。しかし、口座サイズによってそれが不可能なときもある。例えば、商品をトレー

ドしていて、あなたのシステムのストップが1000ドルのとき、1万ドル口座では1トレード当たりのリスクは10％になる。これは1トレードのリスクとしては小さい額ではない。したがって、小口口座とは、各トレードで資産の小さな固定比率のリスクをとれないような口座と定義することができる。

　これは小口口座のトレーダーと大口口座のトレーダーとの大きな違いを浮き彫りにするものだ。つまり、小口口座のトレーダーは大口口座のトレーダーよりも取らされる相対リスクが大きいのである。小口口座のトレーダーは逆行トレードをあまり多く抱えることはできない。なぜなら、逆行トレードが多くなれば、追証が請求されるからだ。しかし、各トレードに対するリスクが資産の小さな比率でしかない大口口座のトレーダーは、追証を気にすることなく多くの逆行トレードを抱えることができる。

　小口口座のトレーダーは常に危険と隣り合わせだ。だから、成功するためにはマネーマネジメントが重要になる。小口口座のトレーダーにとっては、大口口座と言われるくらいまで資産を伸ばすことが目標のはずだ。そうすれば大口口座トレードの恩恵を享受できる。これに対して、大口口座のトレーダーは危険にさらされていないばかりでなく、小口口座のトレーダーが使えないようなマネーマネジメント戦略をエンジョイできる。本章の残りを使って、小口口座と大口口座にとっての適切なパフォーマンスの結果について見ていきたいと思う。

小口口座のパフォーマンスの結果

　トレードシステムやそれに使われるマネーマネジメント戦略がうまくいっているかどうかを測定するにはいろいろな方法がある。一番良いのはリターンとリスクの両方を測定することだ。小口口座のトレーダーが最も気になるのはリスクだ。なぜなら、彼らをゲームから追い

出すものがリスクだからだ。本節では、3つのリスク評価尺度──①未決済＋決済トレードのドローダウン、②決済トレードのドローダウン、③トレード開始当初のドローダウン──について見ていく。ほとんどのトレーダーはドローダウンを任意の手法をトレードするのにどれくらいの資産が必要になるのかを見るのに使う。任意の手法を首尾よくトレードするのに必要な額は、最大ヒストリカルドローダウン（将来的に大きなドローダウンが出ることを想定してこの数倍にすることもある）＋証拠金だ。これから見ていくが、従来の未決済＋決済トレードのドローダウンは小口口座のトレーダーには無意味である。なぜなら、それは任意のシステムとマネーマネジメント戦略をトレードするのに伴うリスクをつり上げるからだ。決済トレードのドローダウンはこれよりはマシだが、最も良いのはトレード開始当初のドローダウンである。これは任意のシステムと戦略を開始した当初に予想されるドローダウンである。

リワードの評価尺度は、年次リターンが良いが、小口口座のトレーダーにとってはトレード開始当初のリターンのほうが良い。これはシステムのトレードを開始してから最初の1年間の平均リターンである。

小口口座のリスクの評価尺度──未決済＋決済トレードのドローダウン

　決済トレードの資産と未決済トレードの損益を合計した資産曲線を、決済＋未決済トレードの資産曲線という。つまり、ブローカーの報告書に毎日記載される数字ということになる。任意のシステムとマネーマネジメント戦略を一定期間トレードした場合、結果として得られる決済＋未決済トレードの資産曲線を使ってドローダウンを調べることができる。ドローダウンとは、**図11.2**に示したように、資産の最大の下落幅のことを言う。

図11.2　決済＋未決済トレードの資産曲線

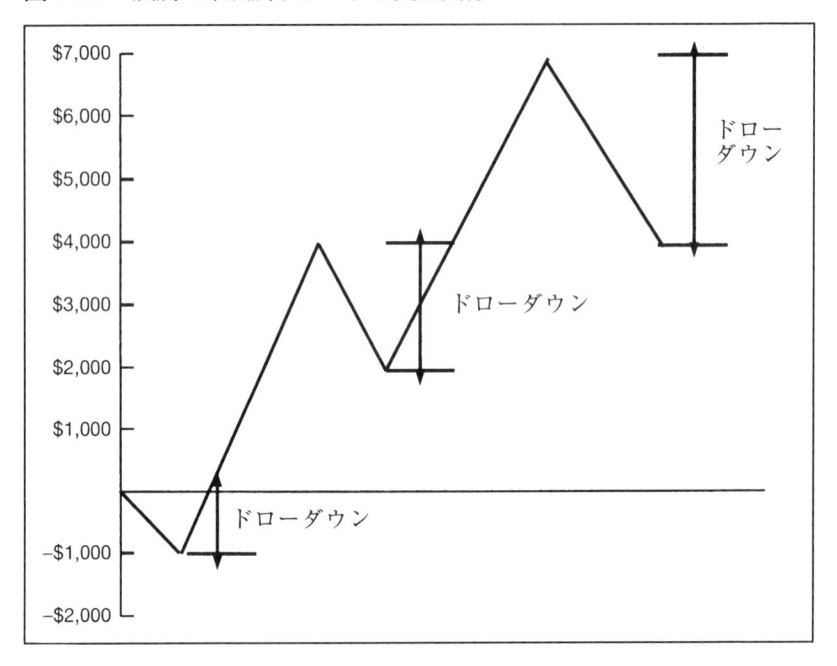

　図11.2ではいくつかのドローダウンが発生している。このうち、多くのトレーダーたちがその戦略をトレードするのに証拠金を上回る余剰金としていくら必要かを見るのに使うのが最大ドローダウンである。しかし、トレンドフォローを使っている戦略ではこれは当てはまらない。ドローダウンの大部分は含み益の減少によるものだからだ。例えば、このグラフを複数のトレードの資産曲線ではなく、１つのトレードの資産曲線と仮定しよう。この場合、トレードを仕掛けたあと、1000ドルのドローダウンが発生し、そのあと利益は4000ドルまで伸び、そのあと再び2000ドルのドローダウンが発生し、次に最初のピークを3000ドル上回る利益を達成し、最終的には3000ドルのドローダウンが発生したので、4000ドルの利益でこのトレードを終えた。小口口座のトレーダーにとって最悪なのは、トレードを開始して早々に当初資産

を1000ドル下回るドローダウン（トレード開始当初のドローダウン）が発生したときである。最大ドローダウンの3000ドルは含み益から発生したものだ。このドローダウンによって3000ドル市場に戻すことになるが、この3000ドルのドローダウンはこのトレードを実行するのに必要な最小資産とは無関係だ。トレードに必要な資産は、トレード開始当初のドローダウン（この場合、1000ドル）＋証拠金なのである。

したがって、決済＋未決済トレードのドローダウンは小口口座のトレーダーにとっては意味がない。このドローダウン＋証拠金を必要最小限の資金にすれば、必要資金を吊り上げることになる。

小口口座のリスクの評価尺度 —— 決済トレードのドローダウン

決済トレードの資産曲線は、各トレードの損益をそれまでの資産に足し合わせ、トレードを決済した日の結果をグラフ化したものだ。トレード損益は決済するまで資産には加えられないため、この資産曲線のドローダウンには含み益の減少は含まれず、また勝ちトレードが含み損になったことがあるかどうかも示されない。良いトレードの含み益が減少することは、勝ちトレードが負けトレードになって損失を被ることよりもはるかに多く発生するため、決済トレードのドローダウンは任意の戦略をトレードするのに必要な資産を、決済＋未決済トレードのドローダウンよりもより的確に表すものだが、やはり小口口座のトレーダーにとってはあまり意味はない。

小口口座のリスクの評価尺度 —— トレード開始当初のドローダウン

小口口座のトレーダーにとって最も意味があるのはこのリスクの評

価尺度だ。未決済＋決済トレードの資産曲線で、資産が当初資産を最も下回るポイントがトレード開始当初のドローダウンになる。**図11.2**の資産曲線では、トレード開始当初のドローダウンは1000ドルである。この数字が小口口座のトレーダーの関心を引くのは、これに証拠金を足し合わせた額が、資産が増加し始めたときにトレードを開始したとすると、その戦略を首尾よくトレードするために口座が当初資産として持たなければならない額を表すからである。資産曲線を各トレードの開始時に作成すれば、トレード開始当初のドローダウンをすべての資産曲線について知ることが可能だ。したがって、例えばバックテストで200回のトレードを行ったとすると、200の資産曲線を作成すれば、資産曲線のそれぞれに対するトレード開始当初のドローダウンを知ることができる。これは小口口座のトレーダーにとって極めて有益な情報だ。なぜなら、トレード開始当初の最大ドローダウンを知ることができるだけでなく、トレード開始当初のドローダウンの分布も知ることができるからだ。次に示す例では、トレード開始当初のドローダウンがいかに役に立つかを示すとともに、ほかの２つのドローダウンの結果とも比較する。

小口口座のリスクの評価尺度 —— ドローダウンの例

図11.3の未決済＋決済トレードの資産曲線は、第４章から第６章にかけて開発したドンチャンのトレンドフォロー商品システムによる１枚トレードの資産曲線を描いたものだ。

次に示すものはこの資産曲線の各種ドローダウンの結果である。

未決済＋決済トレードの平均年次最大ドローダウン	２万9643ドル
決済トレードの平均年次最大ドローダウン	２万0552ドル
トレード開始当初の平均年次最大ドローダウン	２万2136ドル

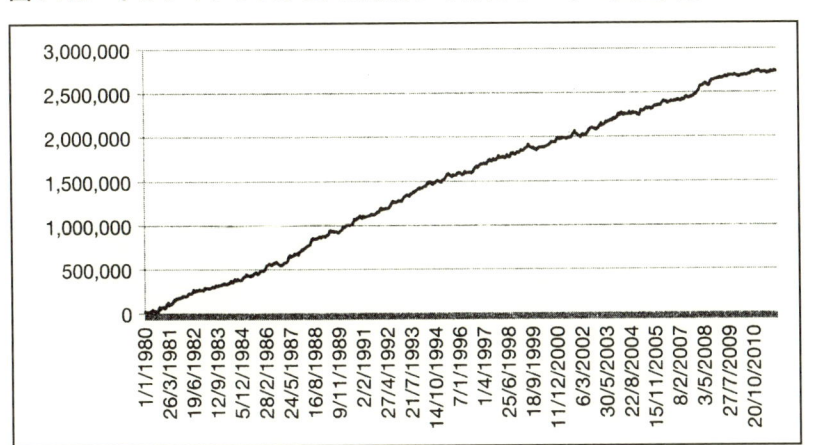

第11章　マネーマネジメント入門

図11.3　ドンチャンシステムの未決済＋決済トレードの資産曲線

未決済＋決済トレードの最大ドローダウン	8万1150ドル
決済トレードの最大ドローダウン	4万4632ドル
トレード開始当初の最大ドローダウン	4万8781ドル

　決済トレードのドローダウンは、未決済＋決済トレードのドローダウンよりも、平均年次最大ドローダウン、最大ドローダウンともに、トレード開始当初のドローダウンに近い。さらに、未決済＋決済トレードのドローダウンは、このポートフォリオをトレードするのに必要な資産額を多めに見積もることも明らかである。

　トレード開始当初の分析からは2つの役立つグラフを描くことができる。1つは、トレード開始当初のドローダウンの分布で、もう1つはポートフォリオ保有期間にわたる1年間の利益である。**図11.4**はこれらの分布例を示したものだ。

　図11.4の上のグラフは、x軸が発生する累積確率を表し、y軸がドローダウンを表している。グラフを見ると、トレード開始当初のド

図11.4 トレード開始当初のドローダウン分布とトレード開始当初の利益分布

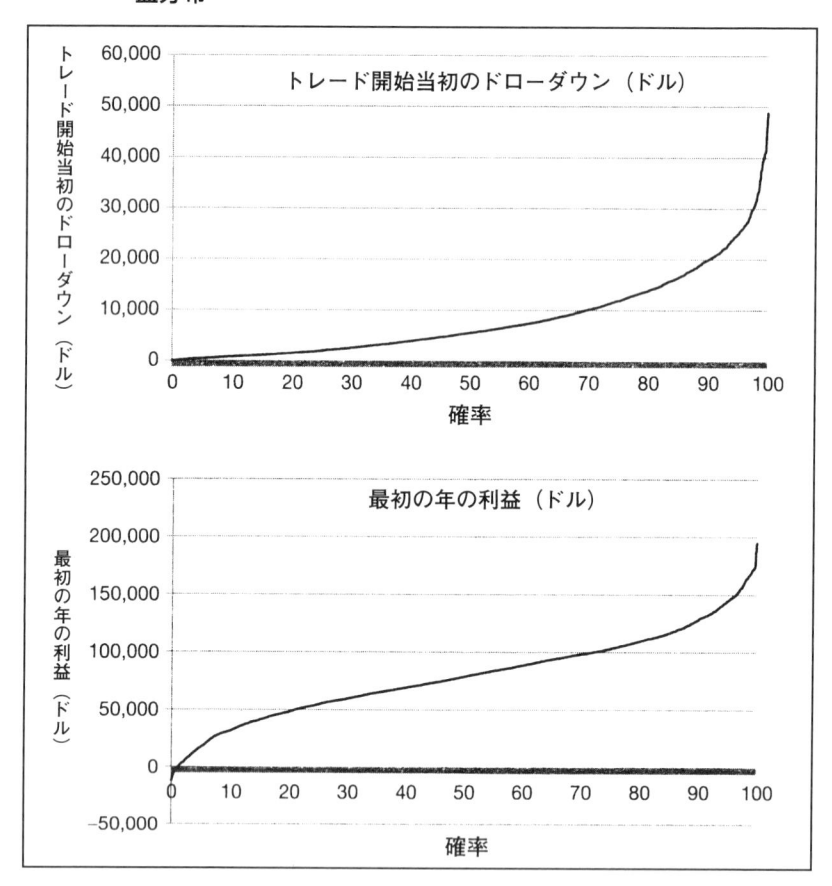

ローダウンが7400ドルを下回る確率は60％ということが分かる。下のグラフも読み方は同じだ。最初の年の利益が３万1500ドルを下回る確率は10％であることが分かる。逆に言えば、３万1500ドルを上回る確率は90％ということになる。

これらのグラフは小口口座のトレーダーがどういったトレードプランを使えばよいかを決めるときに、リスクとリワードを測定するのに極めて強力なツールだ。

大口口座のパフォーマンスの結果

小口口座のトレーダーにとってその戦略をトレードするのにいくらの資金が必要かを見る評価尺度としてトレード開始当初のドローダウンが最も良い評価尺度になるが、大口口座のトレーダーが関心を示すのは、取るリスクに対して得られるリワードである。彼らにとっての良いリスク評価尺度は最大ドローダウンと平均年次最大ドローダウンで、良いリターンの評価尺度は年次リターンである。

大口口座のリスクの評価尺度 —— ドローダウン比率

大口口座の場合は、未決済+決済トレードの資産曲線を使ってドローダウン比率を割り出す。前に述べたとおり、ドローダウンは資産の下落幅を意味するが、ここではドル価を使う代わりに、パーセンテージを使う。これはドローダウンのドル価をドローダウンが始まったときのピークの資産額で割って算出する。

最大ドローダウンのパーセンテージも便利な統計量の1つだが、もう1つはn番目に大きいドローダウンのパーセンテージをnで割ったものだ。nを資産曲線の年数とすると、この統計量は平均年次最大ドローダウンのパーセンテージということになる。

大口口座のリワードの評価尺度 —— 年次リターン（％）

平均年次リターン（％）を計算する1つの方法は、最初の資産と最後の資産を使って、以下の公式に基づいて算出する。

年次リターン＝（最後の資産÷最初の資産）$^{(1 \div 年数)}$

もう１つ便利な方法がある。それは、各年のリターン（％）を計算して、それらの平均を取るというものだ。これら２つの方法によって算出された値はおそらくは異なるだろう。例えば、10万ドルからスタートして、最初の年の終わりの資産が10万ドルで、２年目の終わりの資産が40万ドルだったとすると、年次リターンの公式を使えば年次リターンは100％になる。なぜなら、平均すると毎年資産は倍増したからだ。しかし、後者の方法を使えば、年次リターンは150％になる（１年目は利益はゼロで、２年目は利益が300％）。

結論

本章では２つのマネーマネジメントの概念を紹介した。ポジションサイジングと、小口口座と大口口座のトレードの違いである。第12章と第14章は商品システムのための小口口座と大口口座のマネーマネジメントについて議論し、第13章と第15章は株式システムのための小口口座と大口口座のマネーマネジメントについて議論する。これらの章ではさまざまなマネーマネジメントテクニックを紹介する。戦略のトレーダビリティーの向上にぜひとも役立ててもらいたい。

第12章

小口口座のための従来のマネーマネジメントテクニック —— 商品

Traditional Money Management Techniques for Small Accounts : Commodities

　本章では第4章から第6章で開発した商品戦略を使って、小口口座のマネーマネジメントテクニックについて説明したあと、2万ドルから10万ドルまでの口座サイズのためのマネーマネジメントルールを開発する。

　小口口座のトレーダーにとって最も重要なのはリスクの限定である。本章で紹介するテクニックはすべてリスクを限定するものだが、特定の戦略に適用したときにはゲイン・ペイン・レシオが増加しないこともある。だからといって、これらのテクニックを使ってはいけないというわけではない。これらを使うか使わないかは、これらのテクニックがリスクをどれくらい減少させるかを見て決めよう。

分散化

　リスクを最小化するには、多くの独立した商品をトレードするのがベストだ。独立した商品とは、ほかの銘柄と同じ上昇および下落傾向を持たないものを言う。同じ商品グループに含まれる関連性のある商品は同じような動きをする傾向がある。トレード資金によって同時にトレードできる商品の数が限定される場合、同じグループの商品をトレードするのはやめよう。なぜなら、1つの商品でドローダウンが始

表12.1　分散化していないポートフォリオと分散化したポートフォリオ

分散化していないポートフォリオ	総利益	分散化したポートフォリオ	総利益
日本円	88,475	大豆	57,025
スイスフラン	81,512	飼育牛	25,687
ドル指数	104,734	綿花	100,590
ユーロ通貨	51,744	パラジウム	101,279
カナダドル	26,179	原油	61,059
豪ドル	22,470	ドル指数	104,734
英ポンド	117,225	10年物債券	67,609
メキシコペソ	36,549		
総利益	528,888		517,983

表12.2　分散化したポートフォリオと分散化していないポートフォリオのトレード結果

ポートフォリオ	トレード開始当初の平均ドローダウン（ドル）	トレード開始当初の最大ドローダウン（ドル）
分散化していないポートフォリオ	4,305	19,017
分散化したポートフォリオ	3,203	14,998

まると、ほかの商品でもドローダウンが始まる可能性があるからだ。

　次の例はこのことをよく示している。私たちのドンチャン商品戦略における商品のヒストリカルパフォーマンスを見ると、通貨グループのパフォーマンスが良い。**表12.1**は分散化していないポートフォリオと分散化したポートフォリオを比較したものだ。

　1980年から2011年12月までは2つの組の利益はほぼ同じだが、分散化していない組の商品はすべて通貨で構成されているが、分散化している組は相関のない商品で構成されている。資産曲線を描いて、トレード開始当初のドローダウンを調べたものが**表12.2**である。

　この結果から分散化したほうが有利であることが分かる。分散化したポートフォリオは分散化していないポートフォリオと比べると、総利益はほぼ同じだが、平均最大ドローダウンはおよそ25％低く、最大

第12章 小口口座のための従来のマネーマネジメントテクニック——商品

表12.3 ドンチャンシステムの商品ごとのパフォーマンス

商品	勝ちトレード数	負けトレード数	総利益（ドル）	1トレード当たりの利益（ドル）
トウモロコシ	79	111	25,675	135
大豆	71	94	57,025	345
大豆かす	74	108	52,490	288
大豆油	90	100	52,182	274
小麦	69	123	9,562	49
カンザスシティー小麦	66	114	29,825	165
もみ米	53	73	70,479	559
生牛	71	142	−4,271	−21
豚赤身	77	143	−1,520	−7
飼育牛	76	113	25,687	135
コーヒー	37	40	50,493	655
綿花	80	92	100,590	584
オレンジジュース	79	114	56,302	291
木材	62	81	75,514	528
ココア	60	136	−16,080	−83
砂糖	79	88	55,238	330
銅	65	93	21,300	135
パラジウム	59	96	101,279	653
銀	55	87	110,074	775
金	56	88	54,440	378
白金	62	120	4,579	25
ロンドン銅	44	54	41,545	423
ロンドンアルミ合金	40	78	39,240	332
ロンドンアルミ	48	63	39,062	351
ロンドンニッケル	33	56	81,165	911
原油	52	60	61,059	545
灯油	69	81	94,290	628
改質ガソリン	50	63	81,408	720
天然ガスミニ	20	30	15,675	313
ブレント原油	44	41	71,139	836
日本円	38	32	88,475	1263
スイスフラン	43	33	81,512	1072

商品	勝ちトレード数	負けトレード数	総利益（ドル）	1トレード当たりの利益（ドル）
カナダドル	61	107	26,179	155
英ポンド	40	48	117,225	1332
ドル指数	57	68	104,734	837
豪ドル	45	74	22,470	188
メキシコペソ	45	57	36,549	358
ユーロ通貨	14	12	51,774	1991
30年物債券	47	67	43,500	381
10年物債券	72	92	67,609	412
5年物債券	61	78	52,085	374
2年物債券	54	62	51,562	444
ユーロドル	80	90	66,399	390
豪ドル債	66	93	53,733	337
カナダ国債	60	76	37,503	275
ユーロ建てブンズ	41	32	93,161	1276
長期ギルト債	36	39	50,070	667
スペイン国債	45	51	46,245	481
SIMEX日本国債	50	70	26,562	221
ハンセン指数	19	20	37,149	952
ダックス指数	15	23	9,075	238
S&Pミニ	56	92	8,750	59
ラッセル2000ミニ	1	4	1,809	361
中型株ミニ	28	44	7,589	105
ナスダックミニ	30	38	20,725	304
日経平均	52	53	98,675	939
すべてのトレードの平均	2976	4137	2,756,675	387
買いトレード	1594	2086	1,895,123	514
売りトレード	1382	2051	861,542	250

ドローダウンもおよそ20％低い。分散化は小口口座のトレーダーにとって強力なマネーマネジメントテクニックなのである。

表12.4　ベストな商品

グループ	「ベスト」な商品と「２番目にベスト」な商品
穀物	大豆、もみ米
畜産	飼育牛、なし
ソフト	綿花、木材
貴金属	銀、パラジウム
通貨	ドル指数、英ポンド
エネルギー	灯油、改質ガソリン
金融	10年物債券、ユーロボンド

グループのイクスポージャーを限定する ── 「グループの最初のN」をトレードする

　小口口座のトレーダーにとって有効な分散化テクニックは、「グループの最初のN」をトレードするというものだ。各グループから１つの商品を選んでその商品のシグナルを待つ代わりに、そのグループ内でトレードしたいすべての商品を選び、発生する最初のN個のシグナルを受け入れるのである。Nはあなたの口座サイズとリスク構造によるイクスポージャーを意味する。**表12.3**は56銘柄の商品のバスケットのそれぞれの商品に対するパフォーマンスを示したものだ。

　表12.4は各グループのなかでベストな商品と２番目にベストな商品を示したものだ。ベストな商品は若干主観が入っているが、流動性とボラティリティを考慮して総利益を基本的な判断基準とした。

　まず、各グループのベストな商品をポートフォリオ（基本ポートフォリオ）としてトレードしてみた。ただし、各商品はそれぞれ１枚とする。次に、そのポートフォリオに２番目にベストな商品を加え（拡大ポートフォリオ）、各グループの最初のシグナルをトレードしてみた。つまり、各グループのなかの２つの商品のうち１回にトレードできるのは１つだけということである。最初の商品がトレードされてい

表12.5　分散化の例――グループの最初のN

ポートフォリオ	最初の年の平均リターン（ドル）	トレード開始当初の平均ドローダウン（ドル）	トレード開始当初の最大ドローダウン（ドル）	ゲイン・ペイン・レシオ
基本ポートフォリオ	15,653	3,808	17,284	4.09
拡大ポートフォリオ	19,943	3,857	20,752	5.17

るときに、2番目の商品のシグナルが出ても、そのトレードは回避される。**表12.5**はその結果を示したものだ。

　これらの結果を見ると、2番目にベストな商品を加え、「グループの最初のN」をトレードしたほうが、ゲイン・ペイン・レシオで見たパフォーマンスは向上していることが分かる。この戦略が固定ポートフォリオ戦略をアウトパフォームする理由は以下のとおりだ。

■この戦略ではほとんどのグループが現在進行形のトレードを常に持っているため、分散化の効果が向上する。これに対して、固定ポートフォリオ戦略では商品によっては長期にわたってトレードが行われないこともある。
■この戦略では同じ時間枠でのトレード数が増える。これによって資産の増大スピードは増す。

　これらのポートフォリオでもう1つ指摘したい点がある。ベストな商品のポジションを増やすよりも、2番目にベストな商品を加えて分散化したほうが良いということである。これを示したものが**表12.6**である。これは、ベストな商品から構成される基本ポートフォリオで各シグナルにつき2枚トレードしたときのパフォーマンスと、拡大ポートフォリオで各シグナルにつき1回トレードを行ったときのパフォーマンスを比較したものだ。

表12.6 分散化の例──ベストな商品を2枚トレードしたときのパフォーマンスと拡大ポートフォリオの商品を1枚ずつトレードしたときのパフォーマンスの比較

ポートフォリオ	最初の年の平均リターン（ドル）	トレード開始当初の平均ドローダウン（ドル）	トレード開始当初の最大ドローダウン（ドル）	ゲイン・ペイン・レシオ
基本ポートフォリオ	31,306	7,616	34,568	4.09
拡大ポートフォリオ	30,263	4,003	17,180	7.56

　小口口座のトレーダーにとって分散化が強力な戦略であることはこの比較からも明らかだ。2番目にベストな商品を加えることで、拡大ポートフォリオのゲイン・ペイン・レシオは、各シグナルで各グループのベストな商品を2枚トレードした基本ポートフォリオよりもおよそ85％も高い。

仕掛け時のトレードリスクの限定

　トレードリスクは仕掛けポイントからカタストロフィックストップまでの距離をドル価に換算したものだ。つまり、そのトレードでの最大許容損失額ということになる。3標準偏差のストップはボラティリティをベースにしたものなので、トレードによってドル価リスクが比較的小さいものもあれば、大きいものもある。「仕掛け時のトレードリスクを限定する」マネーマネジメント戦略を使えば、リスクの高いトレードを回避することができる。

　表12.7はカタストロフィックストップ値が一定の限度を超えるトレードを回避した場合の結果を示したものだ。この分析には56銘柄を使った。

　結果を見ると、最初のストップが2000ドルを超えるトレードを回避することで、ゲイン・ペイン・レシオは基本戦略の7.93から9.11と15

表12.7　仕掛け時のトレードリスクを限定する

トレードリスクの限度額	最初の年の平均リターン（ドル）	トレード開始当初の平均ドローダウン（ドル）	トレード開始当初の最大ドローダウン（ドル）	ゲイン・ペイン・レシオ
すべてのトレード	76,134	9,597	64,996	7.93
$3,000	64,257	8,255	46,652	7.78
$2,000	54,674	6,000	34,327	9.11
$1,000	24,750	3,524	23,773	7.02

％上昇していることが分かる。

オープントレードリスクの限定

　オープントレードリスクとは、現在価格からストップ価格までの距離をドル価に換算したものである。未決済ポジションが含み益か含み損にあり、現在価格がカタストロフィックストップポイントから4000ドル離れているとすると、現時点でのトレードリスクは4000ドルということになる。含み益の一部または全部を市場に戻す可能性は常にある。このマネーマネジメントテクニックは、オープントレードリスクが一定のドル価に達したらトレードを手仕舞うというものだ。これはいわゆる利食いである。**表12.8**はオープントレードリスクが一定の価格に達したときにトレードを手仕舞ったときのパフォーマンスを示したものだ。

　表12.8を見ると、トレードリスクが6000ドルを上回ったときに手仕舞えばゲイン・ペイン・レシオは8.94なので、基本戦略よりも良いことが分かる。実際には、トレードを手仕舞う閾値が6000ドルを超える戦略はすべて基本戦略よりもパフォーマンスは良い。

表12.8　オープントレードリスクの限定

トレードを手仕舞う閾値となるオープントレードリスク	最初の年の平均リターン（ドル）	トレード開始当初の平均ドローダウン（ドル）	トレード開始当初の最大ドローダウン（ドル）	ゲイン・ペイン・レシオ
手仕舞いするトレードなし	76,134	9,597	64,996	7.93
1万ドル以上	71,908	8,603	9,358	8.36
8000ドル以上	71,334	8,118	45,983	8.78
6000ドル以上	61,890	7,822	49,623	8.94
4000ドル以上	49,021	7,365	49,021	6.66

全ポートフォリオのオープントレードリスクの限定

　時期によっては、すべてのグループが同じような動きをしているように思えるときがある。2008年後半は、エネルギーの1商品、金融の1商品、株価指数の1商品、あるいは貴金属の1商品がその日どういった具合に引けるかが分かれば、それらのグループ全体がどのように引けるかが分かるといった時期だった。こういった時期は、大きな富を築くか、つぶされるかのいずれかだ。小口口座のトレーダーはゲームにとどまるためにはリスクを管理しなければならないため、いろいろなグループが同じように上昇したり下落したりしているときはイクスポージャーを限定するための対策が必要になる。

　小口口座トレーダー向けのこのマネーマネジメントテクニックは、現在進行形のすべてのトレードのオープントレードリスクを見て、その合計が一定の限度を超えたら、オープントレードリスクが最も大きなトレードを手仕舞うというものだ。これは前のテクニック同様、利食い戦略でもある。というのは、ポートフォリオのオープントレードリスクが限度に達したとき、オープントレードリスクが最大のトレードは大きな含み益になっているからだ。**表12.9**はポートフォリオのオープントレードリスクの限度をいろいろに変えたときのパフォーマ

表12.9 ポートフォリオのオープントレードリスクの限定

トレードを手仕舞う閾値となるポートフォリオのオープントレードリスク	最初の年の平均リターン（ドル）	トレード開始当初の平均ドローダウン（ドル）	トレード開始当初の最大ドローダウン（ドル）	ゲイン・ペイン・レシオ
手仕舞いするトレードなし	76,134	9,597	64,996	7.93
10万ドル以上	75,677	9,592	64,996	7.89
8万ドル以上	73,744	9,579	64,996	7.70
6万ドル以上	69,254	9,313	60,806	7.44

ンスを示したものだ。

　ポートフォリオのオープントレードリスクを限定しても、ゲイン・ペイン・レシオで見たパフォーマンスは改善しなかったが、トレード開始当初の平均ドローダウンと最大ドローダウンは減少している。このテクニックは小口口座トレードを行うときに利用できるツールになるはずだ。

未決済トレード数の限定

　未決済トレード数はリアルタイムで変化するため、最大のリスクまたはリワード機会は、未決済トレード数が比較的多いときに発生する。この小口口座のマネーマネジメントテクニックは、未決済トレード数を限定することでリスクイクスポージャーを限定するというものだ。**表12.10**は未決済トレード数を限定したときのパフォーマンスを示したものだ。

　未決済トレード数を限定してもゲイン・ペイン・レシオは改善されないが、トレード開始当初の平均ドローダウンは許容されるトレード数が減るにつれて徐々に減少している。トレード開始当初の最大ドローダウンも、トレード数の減少に伴って徐々に減少している。小口口座のトレードで使えるもう１つのテクニックとして、１回にトレード

表12.10　未決済トレード数の限定

未決済トレードの最大数	最初の年の平均リターン（ドル）	トレード開始当初の平均ドローダウン（ドル）	トレード開始当初の最大ドローダウン（ドル）	ゲイン・ペイン・レシオ
制限なし	76,134	9,597	64,996	7.93
40	75,904	9,595	64,996	7.91
30	71,253	9,471	64,996	7.52
20	56,762	8,312	55,932	6.83

する数を限定するというものもある。

固定ポートフォリオ

　小口口座のためのマネーマネジメントアプローチでは、ポートフォリオはトップダウンではなくボトムアップで構築するのが良い。各グループから最良の1つか2つの商品を選び、小口口座のマネーマネジメントテクニックを使って最良のポートフォリオを構築してみることにしよう。資産の増加に伴って、ポートフォリオは最初から作り直すのではなく、最初に作成したポートフォリオに上乗せしていく形で作成することができる。本節では、さまざまな口座サイズのポートフォリオを小さいものから比較的大きなものまで紹介する。各ポートフォリオは、リスクの限定、各種グループにわたる分散化、「グループで最初のN」戦略を使って作成される。最も小さなスターターポートフォリオ（小型ポートフォリオ）はリスクが最小で最もパフォーマンスの高い商品で構成した。常に最初に考慮されるのはリスクだ。中型ポートフォリオと大型ポートフォリオは小型ポートフォリオに商品を次々と追加していくことで構築する。

表12.11　スターターポートフォリオの商品

グループ	ポートフォリオに含まれる商品
穀物	大豆、もみ米
畜産	飼育牛
ソフト	綿花、木材
貴金属	銀、パラジウム
通貨	ドル指数、英ポンド
エネルギー	灯油、改質ガソリン
金融	ユーロボンド、ユーロドル

表12.12　スターターポートフォリオのマネーマネジメントテクニックとリスク限度

小口口座のマネーマネジメントテクニック	リスク限度を使ったか
グループの最初のN	使わない
仕掛け時のトレードリスクの限定	使った　2000ドル
最大オープントレードのリスクの限定	使った　5500ドル
最大ポートフォリオのリスクの限定	使った　15000ドル
最大トレード数の限定	使わない

小型ポートフォリオ（スターターポートフォリオ）に含まれる商品

最も小さなポートフォリオ（スターターポートフォリオ）には**表12.11**に示す商品が含まれる。

スターターポートフォリオの小口口座マネーマネジメント

スターターポートフォリオでは小口口座のマネーマネジメントテクニックと**表12.12**に示したリスク限度が使われる。

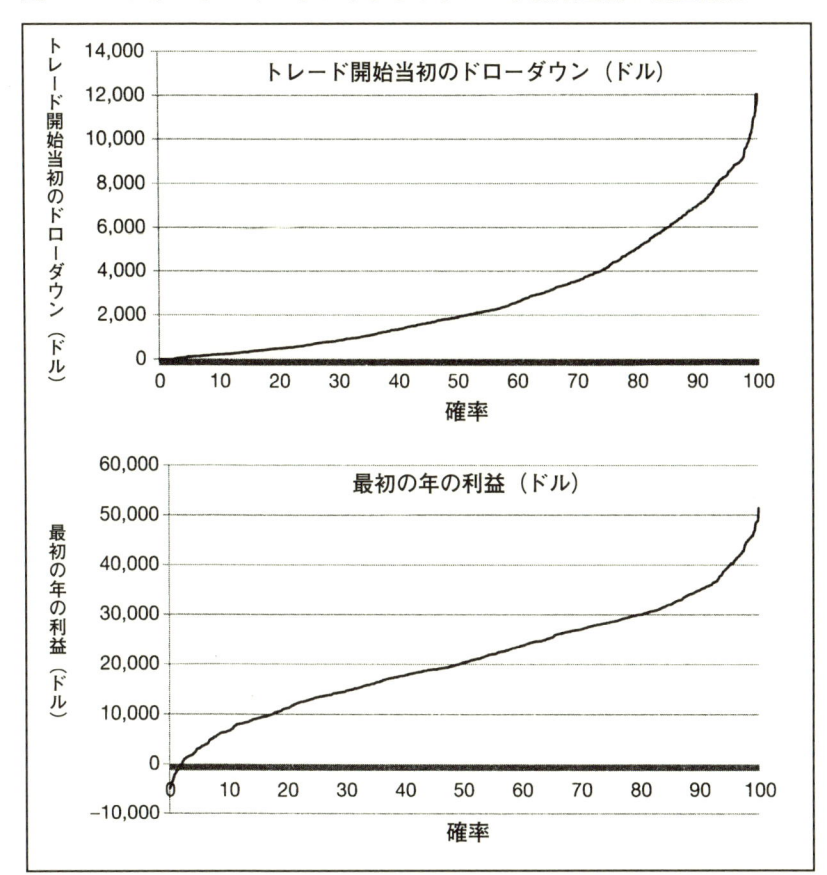

図12.1　スターターポートフォリオのトレード開始当初の検証結果

スターターポートフォリオのパフォーマンス

スターターポートフォリオのトレード開始当初の検証結果は以下のとおりである。

最初の年の平均利益　　　　　　　　　１万8389ドル
トレード開始当初の平均ドローダウン　　2843ドル

トレード開始当初の最大ドローダウン　　　１万2023ドル

　図12.1はスターターポートフォリオのトレード開始当初のグラフを示したものだ。

　図12.1の上のグラフを見ると、1980年から2011年のいずれかの時点でスターターポートフォリオのトレードを始めたとすると、リスク特性は以下のようになる。

■トレード開始当初のドローダウンが1万2023ドルを下回る確率は100％。
■トレード開始当初のドローダウンが5000ドルを下回る確率は80％。逆に言えば、上回る確率は20％。
■トレード開始当初のドローダウンが2600ドルを下回る確率は60％。逆に言えば、上回る確率は40％。
■トレード開始当初のドローダウンが800ドルを下回る確率は40％。逆に言えば、上回る確率は60％。
■トレード開始当初のドローダウンが300ドルを下回る確率は20％。逆に言えば、上回る確率は80％。

　図12.1の下のグラフを見ると、1980年から2011年のいずれかの時点でスターターポートフォリオのトレードを始めたとすると、トレードを始めて１年目では利益特性は以下のようになる。

■最初の年の利益が５万3000ドルを下回る確率は100％。
■最初の年の利益が２万9000ドルを下回る確率は80％。逆に言えば、上回る確率は20％。
■最初の年の利益が２万1000ドルを下回る確率は60％。逆に言えば、上回る確率は40％。

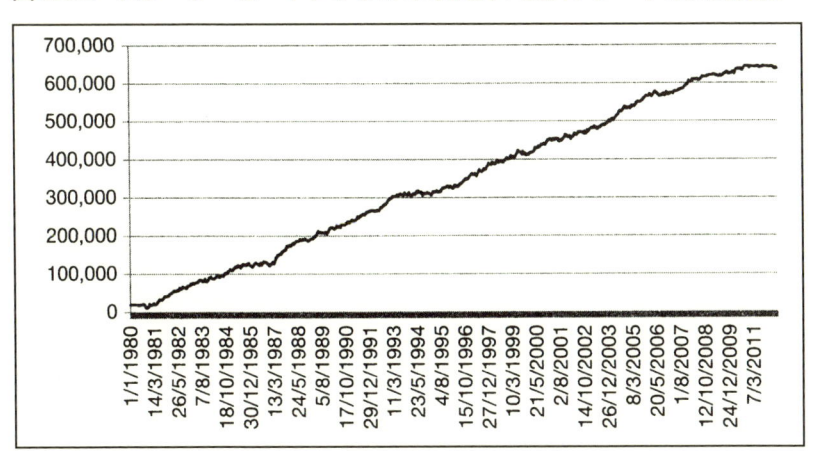

図12.2　スターターポートフォリオの未決済＋決済トレードの資産曲線

[資産曲線のグラフ：1/1/1980から7/3/2011までの期間、0から約650,000ドルまで上昇する曲線]

- 最初の年の利益が1万7000ドルを下回る確率は40％。逆に言えば、上回る確率は60％。
- 最初の年の利益が1万1000ドルを下回る確率は20％。逆に言えば、上回る確率は80％。
- 最初の年に7000ドルを上回る額の損失を出す確率は0％。

図12.2はスターターポートフォリオの未決済＋決済トレードの資産曲線を示したものだ。

各年の年間リターンと未決済＋決済トレードの最大ドローダウンを示したものが**表12.13**である。

このポートフォリオは資産が2万ドルから4万ドルの口座でトレードすることができる。口座資産が2万ドルのアグレッシブなトレーダーは、最初の年で純利益1万8389ドル（トレード開始当初の1年の平均リターン）を期待することができる。トレード開始当初のドローダウンは2843ドルになることが予想されるが、1万2023ドル以上になることもある。最初の年のどこかの時点で、未決済＋決済トレードのド

表12.13 スターターポートフォリオの年次リターンと最大ドローダウン

年	年次利益（ドル）	年次最大ドローダウン（ドル）
1980	−6,203	10,583
1981	28,909	3,915
1982	21,224	5,848
1983	20,164	8,237
1984	20,920	7,448
1985	11,983	7,807
1986	897	12,485
1987	49,777	6,756
1988	15,522	8,071
1989	29,769	7,128
1990	16,116	6,171
1991	28,593	4,578
1992	31,095	3,551
1993	19,501	6,537
1994	−2,622	12,880
1995	19,043	5,605
1996	19,493	7,309
1997	36,528	8,044
1998	16,643	7,098
1999	8,306	13,067
2000	36,086	4,482
2001	13,356	8,630
2002	15,314	9,312
2003	18,712	8,313
2004	38,018	6,510
2005	32,560	5,355
2006	5,077	12,720
2007	27,984	3,146
2008	19,897	4,225
2009	6,124	6,217
2010	19,378	6,446
2011	−1,975	4,707
平均	19,430	6,662

表12.14　中型ポートフォリオの商品

グループ	ポートフォリオに含まれる商品
穀物	大豆、もみ米、KC小麦、トウモロコシ
畜産	飼育牛
ソフト	綿花、木材、砂糖、コーヒー
貴金属	銅、パラジウム、ロンドンアルミ、ロンドン銅
通貨	ドル指数、英ポンド、スイスフラン、カナダドル
エネルギー	灯油、原油、天然ガスミニ、ブレント原油
金融	ユーロ建てブンズ、ユーロドル、10年物債券、30年物債券
株価指数	日経平均、ハンセン指数、ナスダックミニ

表12.15　中型ポートフォリオのマネーマネジメントテクニックとリスク限度

小口口座のマネーマネジメントテクニック	リスク限度を使ったか
グループの最初のN	使わない
仕掛け時のトレードリスクの限定	使った　2000ドル
最大オープントレードリスクの限定	使った　6000ドル
最大ポートフォリスクの限定	使った　16000ドル
最大トレード数の限定	使った　11トレード

ローダウンは8484ドルになることが予想される。トレード開始当初の最大ドローダウンを喫すれば、当初資産から60％減少したことになるが、最初の年のリワードは１万8389ドルと大きく、当初資産から90％を超える上昇となり、ドローダウンはこれで克服できる。当初資産が４万ドルの場合、もっと保守的なトレーダーのゲイン・ペイン特性は次のようになる。

■最初の年の予想リターンは46％。
■トレード開始当初の最大ドローダウンは30％。
■トレード開始当初の平均ドローダウンは７％。

次に中型ポートフォリオを見てみよう。

中型ポートフォリオに含まれる商品

中型ポートフォリオには**表12.14**に示す商品が含まれる。

中型ポートフォリオの小口口座のマネーマネジメント

中型ポートフォリオでは**表12.15**に示した小口口座のマネーマネジメントテクニックとリスク限度を使う。

中型ポートフォリオのパフォーマンス

中型ポートフォリオのトレード開始当初の検証結果は以下のとおりである。

最初の年の平均利益　　　　　　　　2万7303ドル
トレード開始当初の平均ドローダウン　3790ドル
トレード開始当初の最大ドローダウン　1万9331ドル

図12.3は中型ポートフォリオのトレード開始当初のグラフを示したものだ。

図12.3の上のグラフを見ると、1980年から2011年のどこかの時点で中型ポートフォリオのトレードを始めた場合、リスク特性は以下のようになる。

■トレード開始当初のドローダウンが1万9331ドルを下回る確率は100％。

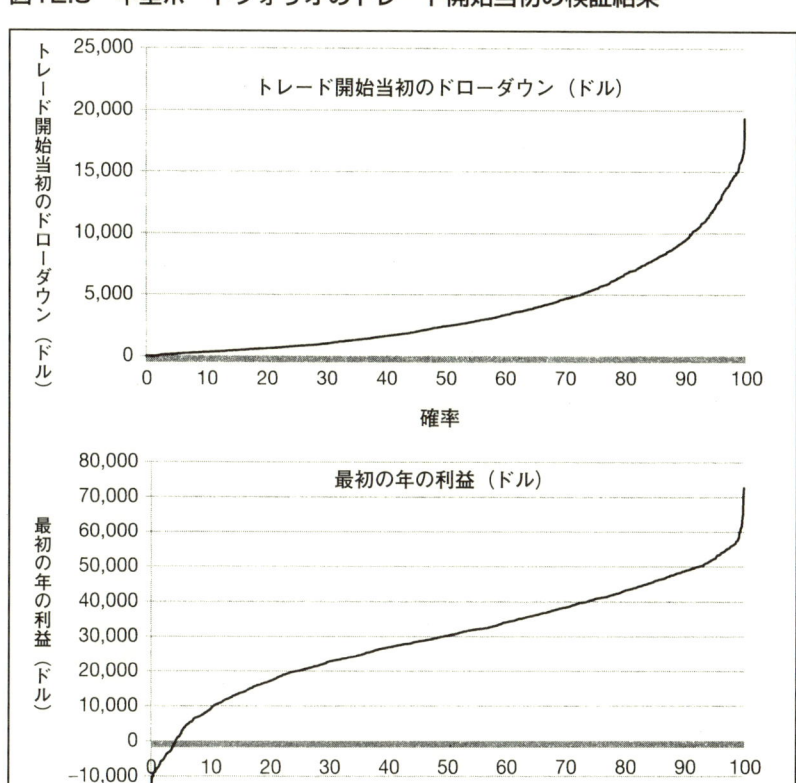

図12.3　中型ポートフォリオのトレード開始当初の検証結果

（トレード開始当初のドローダウン（ドル）のグラフ：縦軸0～25,000ドル、横軸0～100の確率）

（最初の年の利益（ドル）のグラフ：縦軸-20,000～80,000ドル、横軸0～100の確率）

- トレード開始当初のドローダウンが7000ドルを下回る確率は80％。逆に言えば、上回る確率は20％。
- トレード開始当初のドローダウンが3200ドルを下回る確率は60％。逆に言えば、上回る確率は40％。
- トレード開始当初のドローダウンが1800ドルを下回る確率は40％。逆に言えば、上回る確率は60％。
- トレード開始当初のドローダウンが700ドルを下回る確率は20％。

図12.4　中型ポートフォリオの未決済＋決済トレードの資産曲線

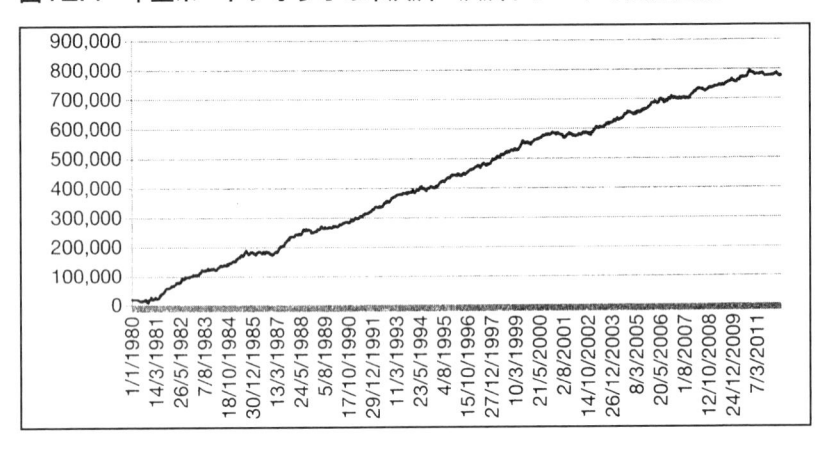

[資産曲線グラフ：1980年から2011年にかけて約0から800,000まで上昇]

逆に言えば、上回る確率は80％。

　図12.3の下のグラフを見ると、1980年から2011年のいずれかの時点でスターターポートフォリオのトレードを始めたとすると、トレードを始めて1年目の利益特性は以下のようになる

■最初の年の利益が7万1000ドルを下回る確率は100％。
■最初の年の利益が4万1000ドルを下回る確率は80％。逆に言えば、上回る確率は20％。
■最初の年の利益が3万2000ドルを下回る確率は60％。逆に言えば、上回る確率は40％。
■最初の年の利益が2万4000ドルを下回る確率は40％。逆に言えば、上回る確率は60％。
■最初の年の利益が1万8000ドルを下回る確率は20％。逆に言えば、上回る確率は80％。
■最初の年に1万3000ドルを上回る額の損失を出す確率は0％。

表12.16 中型ポートフォリオの年次リターンと最大ドローダウン

年	年次利益（ドル）	年次最大ドローダウン（ドル）
1980	3,449	14,567
1981	54,370	6,409
1982	37,931	8,226
1983	22,464	8,795
1984	44,761	10,609
1985	42,239	13,142
1986	1,097	14,443
1987	57,723	9,049
1988	20,936	15,709
1989	31,074	8,565
1990	14,636	9,340
1991	51,338	4,304
1992	36,635	9,231
1993	36,424	9,136
1994	31,631	12,011
1995	43,385	5,661
1996	13,065	14,637
1997	34,847	8,642
1998	41,441	8,131
1999	20,592	16,372
2000	40,031	5,103
2001	−1,670	21,640
2002	22,452	9,230
2003	37,351	9,420
2004	47,030	10,654
2005	40,573	6,572
2006	22,336	15,195
2007	19,428	10,704
2008	24,127	10,714
2009	21,940	7,910
2010	31,611	6,768
2011	−7,607	11,990
平均	29,301	10,403

図12.4は中型ポートフォリオの未決済+決済トレードの資産曲線を示したものだ。

各年の年次リターンと未決済+決済トレードの最大ドローダウンを示したものが表12.16である。

このポートフォリオは4万ドルから6万ドルの口座でトレードすることができる。4万ドル口座のアグレッシブなトレーダーは、最初の年で2万7303ドルの利益（トレード開始当初の平均リターン）を期待できるだろう。トレード開始当初のドローダウンは3790ドルと予想されるが、1万9331ドル以上になることもある。その年のどこかの時点で、未決済+決済トレードのドローダウンは1万1847ドルになることが予想される。トレード開始当初の最大ドローダウンを喫すれば、当初資産から48％下落したことになるが、リワードは2万7303ドルと大きく、当初資産から68％を超える上昇となり、ドローダウンはこれで克服できる。当初資産が4万ドルの場合、もっと保守的なトレーダーのゲイン・ペイン特性は以下のようになる。

■最初の年の期待リターンは46％。
■トレード開始当初の最大ドローダウンは32％。
■トレード開始当初の平均ドローダウンは6％。

最後に大型ポートフォリオを見ていくことにしよう。

大型ポートフォリオに含まれる商品

大型ポートフォリオには表12.17に示した商品が含まれる。

表12.17　大型ポートフォリオの商品

グループ	ポートフォリオに含まれる商品
穀物	大豆、もみ米、KC小麦、トウモロコシ、大豆かす、大豆油、小麦
畜産	飼育牛
ソフト	綿花、木材、砂糖、コーヒー、オレンジジュース
貴金属	銅、パラジウム、ロンドンアルミ、ロンドン銅、銀、白金、ロンドンアルミ合金、ロンドンニッケル
通貨	ドル指数、英ポンド、スイスフラン、カナダドル、日本円、メキシコペソ、豪ドル、ユーロ通貨
エネルギー	灯油、原油、天然ガスミニ、ブレント原油、改質ガソリン
金融	ユーロ建てブンズ、ユーロドル、10年物債券、30年物債券、5年物債券、2年物債券、豪ドル債、カナダ国債、長期ギルト債、SIMEX日本国債
株価指数	日経平均、ハンセン指数、ナスダックミニ、ダックス指数、S&Pミニ、ラッセル2000ミニ、中型株ミニ

表12.18　大型ポートフォリオのマネーマネジメントルールとリスク限度

小口口座のマネーマネジメントテクニック	限度を使ったか	
グループの最初のN	使った	6トレード
仕掛け時のトレードリスクの限定	使った	2000ドル
最大オープントレードのリスクの限定	使った	6000ドル
最大ポートフォリオのリスクの限定	使わない	
最大トレード数の限定	使った	16トレード

大型ポートフォリオの小口口座のマネーマネジメント

　大型ポートフォリオでは表12.18に示した小口口座のマネーマネジメントテクニックとリスク限度を使う。

大型ポートフォリオのパフォーマンス

　大型ポートフォリオのトレード開始当初の検証結果は以下のとおりである。

図12.5　大型ポートフォリオのトレード開始当初の検証結果

トレード開始当初のドローダウン（ドル）

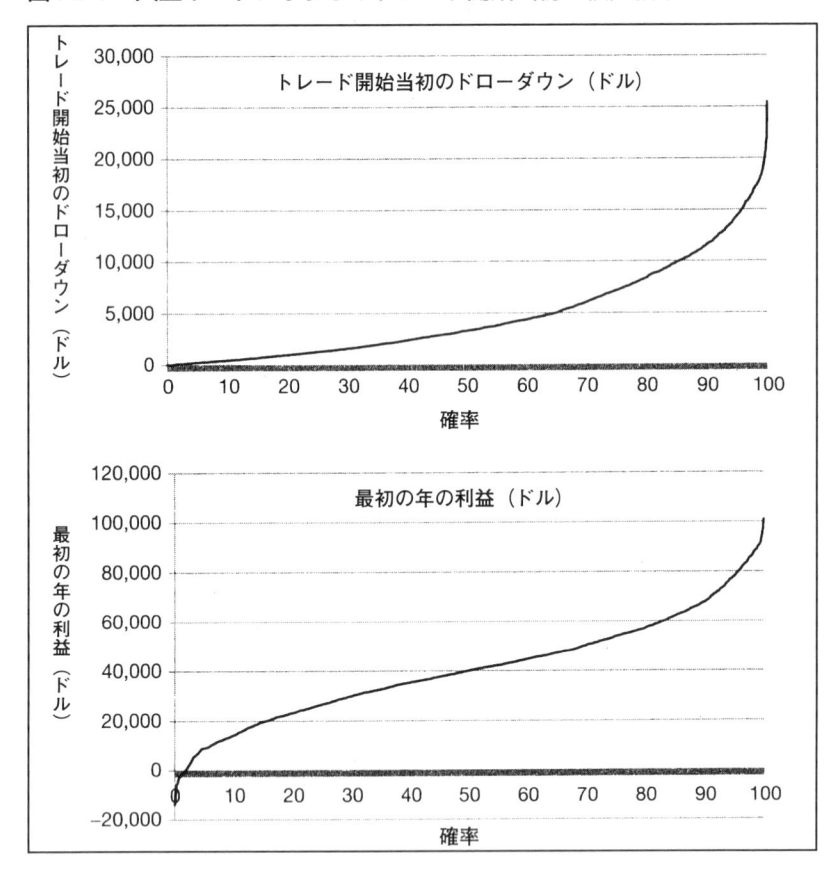

最初の年の利益（ドル）

最初の年の平均利益	3万9461ドル
トレード開始当初の平均ドローダウン	4778ドル
トレード開始当初の最大ドローダウン	2万5454ドル

　図12.5は大型ポートフォリオのトレード開始当初のグラフを示したものだ。

　図12.5の上のグラフを見ると、1980年から2011年のどこかの時点

でフルサイズポートフォリオのトレードを始めた場合、リスク特性は以下のようになる。

■トレード開始当初のドローダウンが２万5454ドルを下回る確率は100％。
■トレード開始当初のドローダウンが8000ドルを下回る確率は80％。逆に言えば、上回る確率は20％。
■トレード開始当初のドローダウンが4500ドルを下回る確率は60％。逆に言えば、上回る確率は40％。
■トレード開始当初のドローダウンが2500ドルを下回る確率は40％。逆に言えば、上回る確率は60％。
■トレード開始当初のドローダウンが1000ドルを下回る確率は20％。逆に言えば、上回る確率は80％。

図12.5の下のグラフを見ると、1980年から2011年のいずれかの時点でフルサイズポートフォリオのトレードを始めたとすると、トレードを始めて１年目では利益特性は以下のようになる。

■最初の年の利益が10万ドルを下回る確率は100％。
■最初の年の利益が６万ドルを下回る確率は80％。逆に言えば、上回る確率は20％。
■最初の年の利益が４万ドルを下回る確率は60％。逆に言えば、上回る確率は40％。
■最初の年の利益が３万5000ドルを下回る確率は40％。逆に言えば、上回る確率は60％。
■最初の年の利益が２万2000ドルを下回る確率は20％。逆に言えば、上回る確率は80％。
■最初の年に１万ドルを上回る額の損失を出す確率は０％。

図12.6　大型ポートフォリオの未決済＋決済トレードの資産曲線

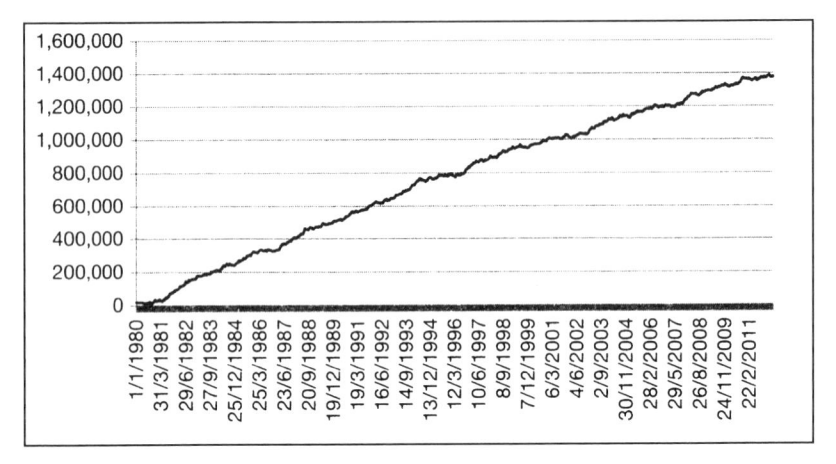

　図12.6は大型ポートフォリオの未決済＋決済トレードの資産曲線を示したものだ。

　各年の年次リターンと未決済＋決済トレードの最大ドローダウンを示したものが**表12.19**である。

　このポートフォリオは6万ドルから10万ドルの口座でトレードすることができる。6万ドル口座のアグレッシブなトレーダーは、最初の年で3万9461ドルの利益（トレード開始当初の平均リターン）を期待できるだろう。トレード開始当初のドローダウンは4778ドルと予想されるが、2万5454ドル以上になることもある。その年のどこかの時点で、未決済＋決済トレードのドローダウンは1万4148ドルになることが予想される。トレード開始当初の最大ドローダウンを喫すれば、当初資産から42％下落したことになるが、リワードは3万9461ドルと大きく、当初資産から65％を超える上昇となり、ドローダウンはこれで克服できる。当初資産が10万ドルの場合、もっと保守的なトレーダーのゲイン・ペイン特性は次のようになる。

第12章 小口口座のための従来のマネーマネジメントテクニック——商品

表12.19 大型ポートフォリオの年次リターンと最大ドローダウン

年	年次利益（ドル）	年次最大ドローダウン（ドル）
1980	10,031	12,234
1981	64,665	13,531
1982	66,735	10,530
1983	42,364	9,792
1984	42,295	13,703
1985	72,497	9,201
1986	7,785	14,227
1987	77,500	10,193
1988	61,394	15,740
1989	42,167	11,370
1990	53,424	10,780
1991	53,228	10,105
1992	31,514	13,311
1993	80,113	7,947
1994	41,025	22,439
1995	29,696	9,827
1996	39,722	24,309
1997	52,418	14,557
1998	52,209	15,501
1999	15,139	23,822
2000	48,605	10,425
2001	15,413	12,654
2002	17,583	16,166
2003	74,353	12,400
2004	27,764	20,458
2005	41,668	12,709
2006	18,786	20,736
2007	42,512	16,766
2008	51,359	15,714
2009	30,537	11,422
2010	41,025	13,183
2011	5,761	17,264
平均	42,227	14,148

表12.20 小口口座トレーダーのための3つのポートフォリオのトレード開始当初のパフォーマンスと未決済＋決済トレードのパフォーマンス

統計量	スターターポートフォリオ	中型ポートフォリオ	大型ポートフォリオ
必要口座サイズ（ドル）	20,000–40,000	40,000–60,000	60,000–100,000
トレード開始当初の最初の年の平均リターン（ドル）	18,389	27,303	39,461
トレード開始当初の平均ドローダウン（ドル）	2,843	3,790	4,778
トレード開始当初の最大ドローダウン（ドル）	12,023	19,331	25,454
トレード開始当初のゲイン・ペイン・レシオ	6.47	7.20	8.26
平均年次リターン	19,290	29,253	42,227
平均年次最大ドローダウン（ドル）	8,484	11,847	14,148
未決済＋決済トレードの最大ドローダウン（ドル）	13,067	21,460	28,146
未決済＋決済トレードのゲイン・ペイン・レシオ	2.27	2.47	2.98

■最初の年の期待リターンは39％。
■トレード開始当初の最大ドローダウンは25％。
■トレード開始当初の平均ドローダウンは5％。

結論

　本章では、小口口座のトレーダーが2万ドルから10万ドルの口座資産でトレードできる、特定のマネーマネジメントルールを使った3つのポートフォリオを構築した。**表12.20**は3つのポートフォリオのパフォーマンスをまとめたものだ。

　ポートフォリオが大きくなるにつれ、ゲイン・ペイン・レシオは向上する。つまり、小さなポートフォリオではうまくトレードできない商品を加えた大きなポートフォリオでゲイン・ペイン・レシオが向

上しているというわけである。これは分散化によるものと考えられる。小口口座のトレーダーは、口座資産が増えたらポートフォリオのサイズを大きくしたほうがよい。

第13章

小口口座のための従来のマネーマネジメントテクニック──株式

Traditional Money Management Techniques for Small Accounts : Stock Strategy

　本章では第4章から第6章で開発した株式戦略を使って、小口口座のマネーマネジメントテクニックについて見ていくことにする。商品バスケットと株式バスケットの主な違いは、株式市場には顕著なグループ構造がないことである。現在のナスダック100はいろいろな産業にまたがっているが、それぞれの銘柄の相関は比較的高い。ナスダック100は指数に含まれる銘柄によって構成されている。なぜなら指数に含まれる銘柄は流動性が高いからだ。したがって、分散化はほとんど効果がない。本章では、2万ドルから10万ドルの口座サイズのためのマネーマネジメントルールを開発する。

株式戦略のパフォーマンスの結果

　前の2つの章では、小口口座のトレーダーのための最も意味のある結果として、トレード開始当初のドローダウンを紹介した。含み益から市場に戻す分は負けトレードのドローダウンとは区別がつかない。第4章から第6章で開発した株式戦略のようなスキャルピングシステムでは、長期トレンドフォロー戦略よりも含み益から市場に戻す分ははるかに少なくなるだろう。未決済＋決済トレードのドローダウン、または決済トレードのドローダウンは実際のトレード開始当初のドロ

ーダウンに近いため、トレード開始当初の結果を調べる必要はない。この問題を調べるために、ナスダック100バスケットのなかから10銘柄を選び、未決済＋決済トレードの結果、決済トレードの結果、トレード開始当初の結果を調べてみた。結果は以下に示したとおりである。

未決済＋決済トレードの平均年次最大ドローダウン	3343ドル
決済トレードの平均年次最大ドローダウン	3321ドル
トレード開始当初の平均年次最大ドローダウン	3274ドル
未決済＋決済トレードの最大ドローダウン	8148ドル
決済トレードの最大ドローダウン	7789ドル
トレード開始当初の最大ドローダウン	7572ドル

　平均年次最大ドローダウンと最大ドローダウンはそれぞれに同じような数値であることに注目しよう。したがって本章では、トレード開始当初のドローダウンではなく、未決済＋決済トレードのドローダウンを使う。

ポジションサイジング

　ほとんどのブローカーでは、ナスダック100の買いのみの戦略でやったように、買いサイドのトレードでは100％のレバレッジをかけられる。したがって、2万ドルの口座では、顧客は4万ドル分の株式を購入することができる。1トレード当たりのポジションサイズを5000ドルとし、1回に保有できるポジションを1～8ポジションまで変化させたときの、リターンとドローダウンは**表13.1**に示したとおりである。

　平均年次利益を平均年次最大ドローダウンで割ったゲイン・ペイ

表13.1　最大ポジション数をいろいろに変えたときのパフォーマンス

5000ドルポジションの数	平均年次利益（ドル）	平均年次最大ドローダウン（ドル）	最大ドローダウン（ドル）	ゲイン・ペイン・レシオ
1	462	1,720	4,140	0.27
2	2,823	2,507	4,990	1.13
3	4,558	3,292	5,498	1.38
4	4,972	3,737	5,916	1.33
5（基本戦略）	7,656	4,301	7,520	1.78
6	8,115	5,317	9,416	1.53
7	9,527	6,069	10,786	1.56
8	10,555	6,069	11,504	1.74

ン・レシオで見ると、ポジション数が5のときが最も良い。しかし、実践面から言えば、平均年次最大ドローダウンと最大ドローダウンは2万ドル口座としては大きすぎる。平均年次最大ドローダウンは資産の21％を上回り、最大ドローダウンは37％を上回っている。リスクを低減するために別のマネーマネジメントテクニックを使えないかどうか調べてみることにしよう。

ポジションのヘッジ

　私たちの株式戦略の欠点は、買いサイドからしかトレードできないことである。2000年から2001年および2008年のように株式市場が暴落すれば、買いトレードのほとんどは負けトレードになる。そこで、基本戦略に株価が下落したときのヘッジを加えてみることにしよう。これの簡単な方法は、S&P500のETF（SPY）のような市場の代理となる証券の5000ドル分のポジションを1単位以上売ることである。2万ドル口座では最大で8単位まで売買できるので、5単位の買いポジションにヘッジポジションを1単位から3単位追加してみることにしよう。口座によっては空売りが禁じられているもの（例えば、年金口座）

表13.2　SPYの売りポジションによるヘッジ

買いポジションの数/ 売りポジションの数	平均年次利益 (ドル)	平均年次最大ドロ ーダウン(ドル)	最大ドローダウン (ドル)	ゲイン・ペイン・ レシオ
5/0(基本戦略)	7,656	4,301	7,520	1.78
5/1	7,428	3,933	6,931	1.89
5/2(新たな基本戦略)	7,202	3,792	6,589	1.90
5/3	6,974	3,823	7,271	1.82

もあり、そういった口座ではこのようなヘッジはできない。しかし、こういった口座用のヘッジテクニックはほかにもある。例えば、インバースETFを買ったり、プットオプションを買うというものだ。したがって、空売りできなくてもマネーマネジメントテクニックが制約されるわけではない。

　表13.2は5単位の買いポジションを1〜3単位のSPYポジションでヘッジした結果を示したものだ。

　ヘッジ戦略はドローダウンの削減に非常に効果的だ。買い5単位と売り2単位では、ヘッジしないときよりも利益は年間およそ450ドル減少するが、平均年次最大ドローダウンと最大ドローダウンはそれよりもはるかに減少する。小口口座ではリスクの最小化が私たちの目指すものなので、買い5単位と売り2単位を新たな基本戦略とする。

　ヘッジ戦略がパフォーマンスにこれほど大きな影響を及ぼすことに驚いている人もいるかもしれない。一見、2単位の売りで2単位の買いが相殺さるかに見える。しかし、実際は、平均的な買いトレードは2日でおよそ1％の儲けを出すため、年次換算すれば複利で250％を超える利益になり、SPYの空売りによる損失は平均すると相対的にわずかな金額でしかない。

　最後にもう1つ改良しておこう。市場が大きく下落すると、70日トレンドフィルターによってトレードできる銘柄数が100銘柄のうちのほんの一部になることもある。トレード数が一定の閾値を下回ったら、

表13.3 現在進行中のトレード数によってヘッジを限定する

買いポジションの数/売りポジションの数	平均年次利益（ドル）	平均年次最大ドローダウン（ドル）	最大ドローダウン（ドル）	ゲイン・ペイン・レシオ
5/2（基本戦略）	7,202	3,792	6,589	1.90
5/2 新しい基本戦略（ナスダック100を2回以上トレードしているとき）	6,786	3,242	6,099	2.09

図13.1 ポジションを買い5単位と売りヘッジ2単位に限定したときの株式システムの資産曲線

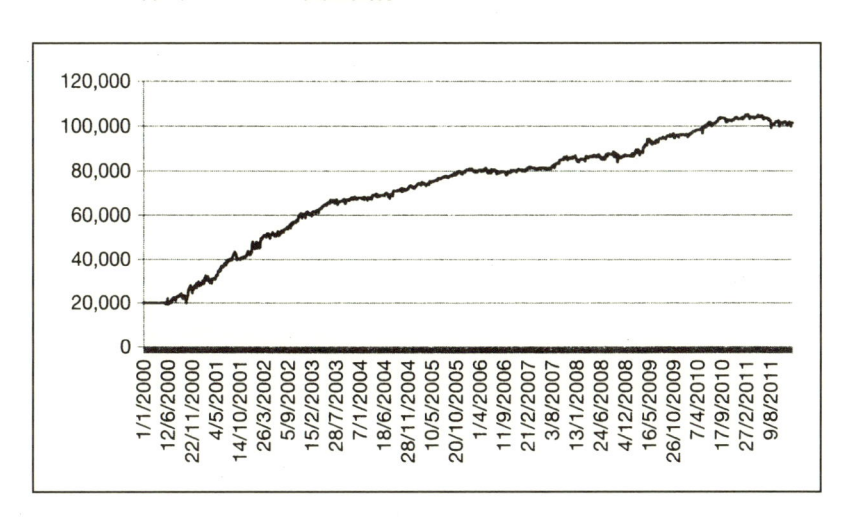

SPYヘッジはしないほうがよいのだろうか。これを検証してみたところ、ナスダック100を2単位以上トレードしているときのみ、SPYヘッジポジションは2単位にすべきであることが分かった。**表13.3**はこの戦略と先の戦略を比較したものだ。

図13.1は基本戦略の資産曲線を示したものだ。

表13.4は年ごとのリターンと最大ドローダウンを示したものだ。

この戦略は2万ドルから4万ドルの口座資産に対して使うことができる。ペイン閾値が高く、口座資産が2万ドルの小口口座トレーダー

表13.4　株式の小口口座のマネーマネジメント戦略——年ごとのパフォーマンス

年	年次利益（ドル）	年次最大ドローダウン（ドル）
2000	8,933	4,341
2001	14,601	3,763
2002	15,175	3,360
2003	9,228	2,423
2004	5,028	2,777
2005	7,345	1,728
2006	255	3,242
2007	5,877	1,820
2008	165	4,650
2009	9,593	2,545
2010	6,900	2,150
2011	－1,665	6,099

が期待できるパフォーマンスは以下のとおりである。

平均年次リターン　　　　　34％
平均年次最大ドローダウン　16％
最大ドローダウン　　　　　30％

　口座資産４万ドルでトレードしようとするもっと保守的なトレーダーは、ペインは半分になるが、リワードも半分になる。
　口座資産が増えれば、もっと良い戦略に移行することができる。**表13.5**は任意の数の買いポジションに対してゲイン・ペイン・レシオを最大化する買いと売りヘッジの組み合わせを示したものだ。
　表に示したヘッジポジションが取られるのはナスダックの買いポジションの数が表に示した数以上のときである。**表13.5**から分かるのは、口座資産が増えるほど、ゲイン・ペイン・レシオのより高いトレ

表13.5 小口口座の株式戦略

買いポジション数/売りポジション数	平均年次利益（ドル）	平均年次最大ドローダウン（ドル）	最大ドローダウン（ドル）	ゲイン・ペイン・レシオ	5000ドルポジションの証拠金をカバーするのに必要な最小口座サイズ
5/2	6,786	3,242	6,099	2.09	17,500
9/3	10,414	4,857	10,277	2.14	30,000
11/4	11,771	5,461	10,854	2.16	37,500
12/5	12,631	5,812	11,176	2.17	42,500
13/6	13,137	6,057	11,147	2.17	47,500
18/7	15,598	7,085	13,191	2.20	62,500

ード戦略が使えるということである。ただし、ヘッジポジションの限界点（7単位）というものも存在する。ヘッジポジションをそれ以上に増やせば、ゲイン・ペイン・レシオを上昇させるだけの十分な数の平均ナスダックのトレードが存在しないからだ。

各戦術間の最小口座サイズのギャップをうまく活用する方法がある。買いおよびヘッジトレードともにトレードサイズを5000ドルより大きくし、イクスポージャーをその口座サイズに対してブローカーが許容する最大限に維持するのである。例えば、5／2（買い5枚と売りヘッジ2枚）の戦略を使い、口座資産が2万5000ドルに増え、2倍のレバレッジを使えるとすると、5枚の買いと2枚の売りを5万ドル分だけ仕掛けることができる。そのときのトレードサイズは5000ドルではなく、7000ドルにする。口座資産が増えたら、口座資産のさらなる増大を目指してこの戦略を活用しよう。

結論

本章では、ドンチャン株式戦略に対する小口口座のマネーマネジメントテクニックについて見てきた。株式はグループ構造が希薄で、ナ

スダック100銘柄は相関が高いため、商品戦略で使った小口口座マネーマネジメントテクニックのほとんどは使えない。しかし、S&P500 SPY ETFの売りポジションでヘッジすることで、最大ドローダウンを上回り、平均年次最大ドローダウンの２倍を上回る平均年次リターンを達成することができる。

第14章

大口口座のための従来のマネーマネジメントテクニック──商品

Traditional Money Management Techniques for Large Accounts : Commodities

　前の2つの章では小口口座のトレーダーが直面する問題について見てきた。小口口座のトレーダーは大口口座のトレーダーよりも大きなリスクをとらなければならない。2万ドル口座で2000ドルのリスクのトレードを行うということは、資産の10％のリスクをとっていることになる。つまり、少し逆行しただけですぐに追証が請求されてしまう。これに対して、大口口座のトレーダーは相対リスクが低くなるマネーマネジメントテクニックを使うことができる。こうした戦略を使うことによって、かなりの逆行トレードになっても追証請求の心配はない。しかも、相対リスクが小さいため、手がたいリターンが確保できる。

　マネーマネジメント戦略の開発にも違いが生じる。小口口座の場合、最も気になるのがリスクの限定だ。したがって、場合によっては、ゲイン・ペイン・レシオを改善することができない戦略を受け入れざるを得ないこともある。これに対して、大口口座では最良のゲイン・ペイン・レシオを達成できる戦略を使える。したがって、1トレード当たりのリスクは、その戦略をトレーダーが受け入れられるレベルにすることができる。

　大口口座のトレーダーも用いるマネーマネジメント戦略は小口口座のトレーダーと同じだ。つまり、リスクを限定し、分散化を図り、グループイクスポージャーを限定するということである。これらに加え

て、大口口座のトレーダーはもう1つ別のテクニックを使うことができる。それは、リスクイクスポージャーを小さく維持したままn枚のトレードを行う買い戦略だ。この戦略を説明する前に、これに用いる固定リスクサイジングテクニックをおさらいしておくことにしよう。

固定リスクサイジング

このマネーマネジメントテクニックは、1トレードに対して資産の固定比率をリスクにさらすというものだ。まず、トレード日の口座資産に一定比率を掛け、リスクにさらすドル価を算出する。次に、その戦略のトレードリスクを使ってトレードする枚数を決める。例えば、口座サイズが15万ドルで、リスクにさらす固定比率を3％にしたとすると、1トレード当たりリスクにさらす金額は4500ドル（15万ドル×3％）になる。1シグナルに対するトレードリスク（最初のストップまでの距離をドルに換算したもの）を600ドルとすると、そのシグナルでは7枚（端数は切り捨て）買うか売るということになる。このマネーマネジメント戦略を実行するには大きな口座が必要になる。でなければ、資産の固定比率が小さいので、1枚も売買できなくなってしまうからだ。

このテクニックを56銘柄の商品のデータ（1980年～2011年）を使ってドンチャンのトレンドフォロー戦略で検証してみた。当初口座資産としては100万ドルを使った。**表14.1**は固定リスクの比率をいろいろに変えたときのパフォーマンスを示したものだ。

表14.1からは固定リスクサイジング戦略について次のようなことが分かる。

■小さな固定リスク比率で大きなリターンが得られる。
■固定リスク比率が増えるにつれ、年次リターンもドローダウンも増

表14.1　固定リスク戦略のパフォーマンス

1トレード当たりのリスク比率(%)	平均年次リターン(%)	平均年次最大ドローダウン(%)	最大ドローダウン(%)	ゲイン・ペイン・レシオ
1	90.6	17.5	39.8	5.17
2	207.9	29.0	61.6	7.17
3	347.1	37.8	75.4	9.18
4	503.4	44.9	84.5	11.21

える。表には示していないが、この傾向は、ドローダウンが口座資産を上回り、トレードが中止される固定リスク比率に達するまで続く。

■ゲイン・ペイン・レシオが示すように、リスク・リターン・レシオは上昇し続ける。ただし、上昇率は次第に減少する。これは、取るリスクが大きくなるほど、リワードも増えることを意味する。

このアプローチをトレードするお勧めの方法は、許容できる最大ドローダウン比率をあらかじめ決めておき、最大ドローダウンがそれよりも小さくなるような固定リスク比率を選ぶというものだ。そのドローダウンに対して十分なリターンが得られるようであれば、トレードをスタートできる。ドローダウンよりも大きなリターンが得られるという幻想によって、許容できるドローダウンを大きく見積もる人は多い。208％のリターンを得るために39％のドローダウンに耐えられると合理的に考えるのだが、実際のトレードでそういったドローダウンが発生すると、非合理的な行動に走る。たとえそれが予想されるものだとしても、口座が40％から50％減少したあと依然としてそのアプローチを続けられるトレーダーは少ない。

表14.2　大口口座のポートフォリオを構成する銘柄

グループ	銘柄
穀物	もち米、大豆油、大豆かす、大豆、トウモロコシ、KC小麦、小麦
畜産	飼育牛
ソフト	綿花、砂糖、木材、コーヒー、オレンジジュース
貴金属	銅、銀、金、パラジウム、白金、ロンドンアルミ、ロンドンアルミ合金、ロンドン銅、ロンドンニッケル
通貨	メキシコペソ、ドル指数、英ポンド、日本円、スイスフラン、カナダドル、豪ドル、ユーロ通貨
エネルギー	灯油、改質ガソリン、ブレント原油、原油、天然ガスミニ
金融	ユーロ建てブンズ、ユーロドル、2年物債券、10年物債券、30年物債券、5年物債券、豪ドル債、カナダ国債、長期ギルト債、スペイン国債、SIMEX日本国債
株価指数	日経平均、ナスダックミニ、ハンセン指数、ダックス指数、ラッセル2000ミニ、中型株ミニ、S&Pミニ

ポートフォリオの選択

　第12章で小口口座のポートフォリオを構築するときに見たように、すべての商品がトレードする価値のあるものだとは限らない。損をする商品が3つある。生牛、豚赤身、ココアだ。これらの商品は大口口座のポートフォリオからは外そう。**表14.2**は大口口座の基本ポートフォリオを構成する商品だ。

　表14.3はこのポートフォリオに対して固定リスク比率をいろいろに変えたときのパフォーマンスを示したものだ。

　ドローダウンが大きすぎて、この戦略はトレーダブルとは言えない。

　このポートフォリオには多くの商品を含むグループが含まれている。例えば、金融グループには11の銘柄が含まれ、貴金属は9つ、通貨は8つもの商品が含まれている。グループイクスポージャーを限定すればドローダウンが減少するかどうか調べてみよう。

表14.3 大口口座のポートフォリオで固定リスク比率をいろいろに変えたときのパフォーマンス

1トレード当たりの固定リスク比率	平均年次リターン（％）	平均年次最大ドローダウン（％）	最大ドローダウン（％）	ゲイン・ペイン・レシオ
1	89.9	16.9	39.0	5.32
2	208.8	28.2	60.6	7.40
3	353.5	37.0	74.5	9.55
4	519.5	44.2	83.8	11.75

表14.4 グループイクスポージャーを最大N個に限定する

グループの最大商品数	平均年次リターン（％）	平均年次最大ドローダウン（％）	最大ドローダウン（％）	ゲイン・ペイン・レシオ
すべてのトレード（基本戦略）	89.9	16.9	39.0	5.32
4	67.4	14.3	30.3	4.71
5	78.4	15.1	32.8	5.19
6	84.6	16.2	35.8	5.22
7（新たな基本戦略）	87.9	16.4	37.4	5.36
8	89.1	16.7	39.0	5.34

グループの最初のN

　このマネーマネジメントアプローチでは、グループイクスポージャーはN個の商品に限定される。例えば、穀物などのグループでN個のトレードが仕掛けられているときに新たなシグナルが出たら、そのトレードは回避される。**表14.4**はグループイクスポージャーをN個の銘柄に限定し、1トレード当たりのリスクを資産の1％としたときのパフォーマンスを示したものだ。

　ゲイン・ペイン・レシオで見ると、グループイクスポージャーを7に限定したとき、パフォーマンスは若干向上し、平均年次最大ドローダウンと最大ドローダウンも若干減少している。したがって、このマネーマネジメントルールを加えて、新たな基本戦略とする。

表14.5　仕掛け時のトレードリスクを限定する

トレードリスクの限度	平均年次リターン（%）	平均年次最大ドローダウン（%）	最大ドローダウン（%）	ゲイン・ペイン・レシオ
すべてのトレード（基本戦略）	87.9	16.4	37.4	5.36
$6,000	87.8	16.4	37.4	5.35
$5,000	87.1	16.4	37.4	5.31
$4,000	86.7	16.3	36.8	5.32
$3,000	83.5	16.3	37.2	5.06
$2,000	77.4	15.8	34.3	4.90

仕掛け時のトレードリスクを限定する

　このテクニックは第12章のものと同じだ。トレードリスクは仕掛け地点からカタストロフィックストップまでの距離をドル価に換算したものだ。3標準偏差のストップはボラティリティをベースにしたものなので、トレードによってはリスクが小さいものもあれば、大きいものもある。このテクニックを使えば、トレードリスクの高いトレードは回避される。**表14.5**は仕掛け時のリスクをいろいろに変えたときのパフォーマンスを示したものだ。

　パフォーマンスはほとんど改善されないようだ。トレードリスクを2000ドルに制限するのは小口口座ではうまくいった。大口口座でうまくいかないのはサイジングアプローチの正規化によるものだ。大口口座のサイジングアプローチでは、任意の資産水準において、2000ドルの仕掛け時トレードリスクで10枚トレードするのと、4000ドルの仕掛け時トレードリスクで5枚トレードするのは同じである。トータルリスクはいずれのポジションでも同じである。一方、すべてのものを1枚だけトレードする小口口座では、4000ドルのポジションのリスクは2000ドルのポジションのリスクの2倍である。大口口座トレードでは、

表14.6　未決済トレード数を限定する

未決済トレードの最大数	平均年次リターン（%）	平均年次最大ドローダウン（%）	最大ドローダウン（%）	ゲイン・ペイン・レシオ
すべてのトレード（基本戦略）	87.9	16.4	37.4	5.36
35	87.7	16.4	37.4	5.35
30（新たな基本戦略）	87.5	16.3	37.4	5.37
25	81.3	15.3	36.6	5.31

正規化によって、トレードごとのリスクの違いはなくなる。したがって、すべてのトレードを仕掛けるのが良いということになる。では、次の大口口座のマネーマネジメントテクニックを見てみよう。

未決済トレードの数を限定する

これも第12章の小口口座のマネーマネジメントと同じだ。未決済トレードの数が限度に達したら、次にシグナルが出てもそのトレードは回避する。**表14.6**は未決済トレードの数を限定したときのパフォーマンスを示したものだ。

結果を見ると分かるように、このマネーマネジメントテクニックではパフォーマンスはわずかしか向上しない。とりあえず、未決済トレードの最大数を30として、これを新たな基本戦略にすることにする。リスクの高いトレードを回避してもパフォーマンスの向上にはつながらなかったことも驚きだが、この戦略がパフォーマンスの大幅な向上にはつながらなかったことのほうが大きな驚きだ。未決済トレードの数には波がある。多いときもあれば、少ないときもある。トレード数が比較的多いとき、リスクもリワードも上昇傾向にあるため、トレード数を限定すればドローダウンは減少すると考えるのは理にかなっているが、このマネーマネジメント戦略ではトレード数を限定してもパ

表14.7 未決済トレードの最大リスク比率を限定する

未決済トレードリスクの全資産に対する比率(%)	平均年次リターン(%)	平均年次最大ドローダウン(%)	最大ドローダウン(%)	ゲイン・ペイン・レシオ
すべてのトレード(基本戦略)	87.5	16.3	37.4	5.37
8	80.7	16.1	37.3	5.01
7	78.1	16.1	37.4	4.85
6	76.2	15.7	34.7	4.85
5	72.2	15.4	36.5	4.68

フォーマンスはあまり変わらない。私の経験で言えば、このマネーマネジメント戦略が最もうまくいくのは長期トレンドフォロー戦略である。つまり、トレードを長く保有して、1トレード当たりの利益も大きく、含み益の減少も大きい戦略で最もうまくいくということである。

未決済トレードのリスクの比率を限定する

このテクニックは、未決済トレードの最大ドル価リスクを限定するという小口口座のマネーマネジメント戦略に似ている。違いは、最大額として固定ドル価を使う代わりに、未決済トレードのリスクのドル価を全口座資産で割った比率を使うという点だ。資産比率の限度を上回った未決済トレードは手仕舞いされる。これは利食い戦略であることに注意しよう。限界値に達したトレードは大きな利益になっており、その時点までの利益がピークに達したところで手仕舞う。**表14.7**はこのテクニックを基本戦略に追加したときのパフォーマンスを示したものだ。

このテクニックを使ってもパフォーマンスは向上しないので、このテクニックは基本戦略には加えない。

表14.8 全ポートフォリオの未決済トレードの最大リスク比率を限定する

未決済トレードリスクの全資産に対する比率（％）	平均年次リターン（％）	平均年次最大ドローダウン（％）	最大ドローダウン（％）	ゲイン・ペイン・レシオ
すべてのトレード（基本戦略）	87.5	16.3	37.4	5.37
50	84.4	16.1	36.7	5.24
40	77.9	15.3	35.1	5.09
30	62.6	14.8	29.0	4.23

全ポートフォリオの未決済トレードのリスクの比率を限定する

　このテクニックは、全ポートフォリオの未決済トレードのドル価（金額）リスクを限定するという小口口座のマネーマネジメント戦略に似ている。違いは、最大額として固定ドル価を使う代わりに、全ポートフォリオの未決済トレードのドル価リスクを全口座資産で割った比率を使うという点だ。限界値を超えたら、未決済トレードリスクが最大のトレードは手仕舞いされる。これは利食い戦略であることに注意しよう。限界値に達したトレードは大きな利益になっており、その時点までの利益がピークに達したところで手仕舞う。**表14.8**はこのテクニックを基本戦略に追加したときのパフォーマンスを示したものだ。

　このテクニックを使ってもパフォーマンスは向上しないので、このテクニックは基本戦略には加えない。未決済トレードリスクのポートフォリオ全体に対する比率が50％になったときにトレードを手仕舞う戦略が基本戦略と異なるということは、ポートフォリオの未決済トレードのリスク比率には大きなバリエーションがあるということである。特に、トレードを始めたときのリスクがわずか１％だったときは、口座資産の50％というのはかなり大きい。ポートフォリオのリスクが極

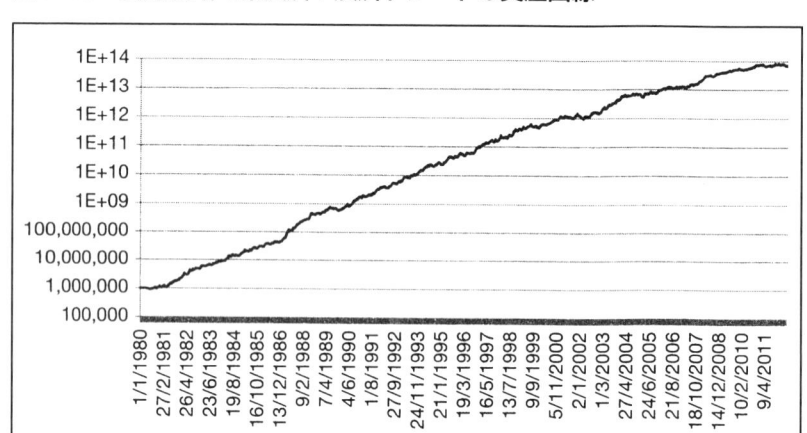

図14.1　商品戦略の未決済＋決済トレードの資産曲線

値に達したらトレードを減らすのは賢明なことかもしれないが、**表14.8**を見ると明らかにその逆である。私の経験で言えば、このマネーマネジメントテクニックは比較的大きな含み益を減少させるような戦略で最も効果を発揮する。

　図14.1は基本戦略の未決済＋決済トレードの資産曲線を示したものだ。資産軸は対数になっていることに注意しよう。

　表14.9は年ごとのリターンとドローダウンを示したものだ。

　この表からは次のことが言える。

- リスクは時間とともに上昇している。前半（1980年～1995年）は最大ドローダウンが20％を超えていたのは１年だけだが、後半（1996年以降）は６年ある。さらに、平均年次最大ドローダウンは前半は15.1％だったが、後半の16年は17.4％に上昇している。
- 利益は時間とともに減少している。前半の16年は平均年次利益は112.2％だったが、後半の16年は62.9％に減少している。また、最後の年は32年間で最低の利益だった。

表14.9 商品戦略の大口口座トレードの年次リターンと最大ドローダウン

年	年次利益（ドル）	年次最大ドローダウン（ドル）
1980	12.5	11.7
1981	98.3	13.9
1982	123.8	13.1
1983	73.1	8.7
1984	92.0	13.9
1985	89.2	15.6
1986	46.6	12.4
1987	421.1	17.8
1988	92.9	15.1
1989	36.8	26.8
1990	173.0	18.8
1991	120.5	12.6
1992	54.5	14.6
1993	159.3	12.1
1994	70.7	18.8
1995	130.8	15.9
1996	58.4	22.3
1997	111.0	17.6
1998	105.1	23.5
1999	28.6	27.8
2000	103.3	8.5
2001	11.0	21.7
2002	37.7	20.7
2003	202.2	15.9
2004	32.6	15.6
2005	44.9	20.2
2006	26.5	17.0
2007	61.3	15.3
2008	107.4	12.1
2009	29.9	11.5
2010	45.8	9.1
2011	0.5	19.4
平均	87.5	16.3

■これらの傾向は商品市場が変化したことを示している。これはボラティリティの上昇によるものと思われるが、これは一時的な変化ではないと思う。ITバブルのころから、より多くのお金が商品市場に流入し、トレードや投資のやり方がそれまでとは変わったのではないかと思っている。マネーマネジャーたちは価格が上昇したら買いサイドで儲けて、価格が下落したら売りサイドで儲けようとしている。また、エネルギー、貴金属、金融といったセクターにトレードまたは投資されるお金が増えている。これによって価格の動きが不規則になっている。

■1990年代中期～後半から何千という商品トレードが生成できるだけの十分なヒストリカルデータが集まった。このデータセットでカーブフィッティングが最小の戦略を開発すれば、本書で開発したのとは全く異なる、おそらくはより良い戦略が開発できるはずだ。

大口口座トレードの利点は、小口口座のように固定的なトレード戦略にこだわる必要がないことである。得られた戦略は、ほかのマネーマネジメントルールはそのままで、1トレード当たりのリスク量を変えることで自分のリスク選好に合わせることができる。**表14.10**は1トレード当たりのリスク量（資産の比率）を変えたときのパフォーマンスを示したものだ。

ゲイン・ペイン・レシオの上昇が示すように、ペインとしてのドローダウンが大きいほど、相対的リワードは増える。

結論

本章では、1トレード当たりのリスクを資産の0.5％に限定し、グループイクスポージャーを一度に最大7トレードに限定し、総トレード数を30以下にすれば、大口口座に対しては非常にトレーダブルな戦

表14.10　1トレード当たりのリスク量を変えたときのパフォーマンス

1トレード当たりのリスク量（資産の比率）	平均年次リターン（%）	平均年次最大ドローダウン（%）	最大ドローダウン（%）	ゲイン・ペイン・レシオ
0.25	18.5	4.8	11.8	3.85
0.50	39.8	9.1	21.7	4.37
0.75	62.9	12.9	30.1	4.88
1	87.5	16.3	37.4	5.37

略を開発できることが分かった。この戦略によれば、平均年次リターンは39％を超え、過去32年の最大ドローダウンが21.7％、平均年次最大ドローダウンは10％になる。しかし、大口口座トレードの最大の利点は、小口口座のように固定されたトレード戦略にこだわる必要がないことである。結果として得られた戦略を、マネーマネジメントのほかのルールはそのままで、1トレード当たりのリスク量を変えることで自分のリスク選好に合うように調整できるのだ。

　大口口座のマネーマネジメントテクニックについて最後に一言言っておきたい。固定リスクサイジングではパフォーマンスがお世辞にも良いとは言えない。ゲイン・ペイン・レシオは5.17から5.37に上昇しただけである。固定リスクサイジングは第12章で見た大型ポートフォリオではパフォーマンスの大幅な向上に貢献した（ゲイン・ペイン・レシオの値は2.98）。しかし、大口口座ではパフォーマンスが少ししか上昇しなかったのは、商品戦略の開発方法に理由がある。リワード・リスク・レシオを最大にするルールとパラメーターを使ったからである。ポートフォリオ全体でトレードリスクが同じになるようなサイズで各トレードを仕掛けたあとは、リスクサイドではマネーマネジメントの出る幕はないということである。

　次章では、株式に対する大口口座のマネーマネジメント戦略を開発する。

第15章

大口口座のための従来のマネーマネジメントテクニック——株式

Traditional Money Management Techniques for Large Accounts : Stocks

　第14章では、システムを好みのパフォーマンスの結果が得られるように調整するための大口口座戦略を紹介した。本章では、これらの戦略を第4章から第6章で開発した株式戦略に応用してみることにしよう。株式に対する小口口座のマネーマネジメントの章（第13章）で述べたように、グループという概念はナスダックには適用されない。

固定リスクサイジング

　これは前の章の商品システムで使ったのと同じマネーマネジメントアプローチだ。つまり、各トレードに対して資産の一定比率だけリスクにさらすということである。一定比率をトレード日の口座資産に掛けて、リスクにさらす金額を算出し、戦略のトレードリスクを使ってトレードする枚数を算出する。株式システムではカタストロフィックストップは使わないので、トレードリスクとしてはほかのボラティリティの尺度を使わなければならない。第13章では、終値の3標準偏差を使い、ポイント値に5000ドルポジションで買った枚数を掛けてドル価（金額）に換算した。ここでもそれを使うことにしよう。

　この戦略はナスダック100のバスケットを使ってドンチャンのカウンタートレンドシステムで検証した（2000年～2011年）。当初口座資

表15.1　株式戦略の固定リスクのパフォーマンス

1トレード当たりのリスク量（資産の比率）	平均年次リターン（％）	平均年次最大ドローダウン（％）	最大ドローダウン（％）	ゲイン・ペイン・レシオ
0.5	19.6	8.3	16.6	2.38
1（基本戦略）	45.8	16.7	32.4	2.74
2	123.8	32.5	60.7	3.81
3	251.4	47.3	85.4	5.31

産は100万ドルである。表15.1は固定リスクの比率をいろいろに変えたときのパフォーマンスを示したものだ。

表15.1を見ると分かるように、どのケースでも平均年次リターンは最大ドローダウンより大きく、平均年次最大ドローダウンの2倍以上だ。このあとの開発では、1トレード当たりのリスクとして1％を使う（基本戦略）。次に、未決済トレード数を限定した場合を見てみよう。

未決済トレード数を限定する

これは商品システムの大口口座のマネーマネジメントで使ったのと同じ戦略だ。未決済トレード数が閾値に達したら、新たなトレードは回避する。表15.2は未決済トレード数を限定したときのトレード開始当初のパフォーマンスを示したものだ。

結果を見ると、ゲイン・ペイン・レシオで見た最良の戦略は、未決済トレード数を45に限定したときであることが分かる。この条件を加えて新たな基本戦略とする。

ポジションのヘッジ

株式システムの小口口座のマネーマネジメントで見たように、1つ

表15.2　未決済トレード数を限定する

未決済トレードの最大数	平均年次リターン（%）	平均年次最大ドローダウン（%）	最大ドローダウン（%）	ゲイン・ペイン・レシオ
すべてのトレード（基本戦略）	45.8	16.7	32.4	2.74
45（新たな基本戦略）	45.7	16.3	32.4	2.80
40	45.1	16.3	32.4	2.76
35	44.6	16.1	32.4	2.76
30	42.9	15.8	32.4	2.72
25	39.4	15.6	32.4	2.53

表15.3　SPYの売りポジションによるヘッジ

買いポジションの最大数／売りポジションの最大数	平均年次リターン（%）	平均年次最大ドローダウン（%）	最大ドローダウン（%）	ゲイン・ペイン・レシオ
45/0（基本戦略）	45.7	16.3	32.4	2.80
45/1	44.2	15.2	30.6	2.90
45/2（新たな基本戦略）	44.6	15.0	27.2	2.96
45/3	43.3	15.8	25.5	2.74
45/4	43.1	16.7	27.8	2.58

　以上の買いポジションを市場を代理するSPY ETFなどの売りポジションでヘッジすることでパフォーマンスは向上する。**表15.3**は売りヘッジを加えたときの基本戦略のパフォーマンスを示したものだ。

　結果を見ると、このマネーマネジメントテクニックを使えば平均ドローダウンも平均最大ドローダウンも基本戦略から大幅に減少することが分かる。したがって、SPYの2枚のヘッジポジションを加えて、新たな基本戦略とする。

表15.4　仕掛け時のトレードリスクを限定する

仕掛け時のトレードリスク（ドル）	平均年次リターン（%）	平均年次最大ドローダウン（%）	最大ドローダウン（%）	ゲイン・ペイン・レシオ
すべてのトレード（基本戦略）	44.6	15.0	27.2	2.96
1,200	41.8	15.6	25.5	2.68
1,000	40.5	15.6	25.5	2.60
800	36.9	14.7	25.5	2.51
600	28.2	12.3	25.9	2.30

仕掛け時のトレードリスクを限定する

　このテクニックは、商品の小口口座のマネーマネジメント（第12章）で使ったのと同じである。トレードリスクとは仕掛けからカタストロフィックストップまでの距離をドル価に換算したものである。3標準偏差のストップはボラティリティをベースにしているので、リスクが比較的小さいトレードもあれば、比較的大きいトレードもある。このマネーマネジメント戦略を使うことで、リスクの高いトレードは回避される。**表15.4**は仕掛け時のトレードリスクをいろいろに変えたときのパフォーマンスを示したものだ。

　この戦略を加えてもパフォーマンスは改善されないので、この戦略は基本戦略には加えない。

そのほかの大口口座のマネーマネジメントテクニック

　商品システムの大口口座のマネーマネジメントの章（第14章）では、このほかの大口口座のマネーマネジメントテクニックを2つ紹介した。未決済トレードリスクの限定とポートフォリオ全体の未決済トレード

表15.5　リスク水準をいろいろに変えたときの大口口座の株式戦略のパフォーマンス

1トレード当たりのリスク（％）	平均年次リターン（％）	平均年次最大ドローダウン（％）	最大ドローダウン（％）	ゲイン・ペイン・レシオ
1	44.6	15.0	27.2	2.96
0.8	33.4	12.1	21.8	2.76
0.6	23.5	9.0	16.4	2.61
0.4	14.5	5.9	10.8	2.46
0.2	6.3	2.8	5.1	2.26

リスクの限定だ。これらのテクニックは株式戦略では役に立たないだろう。なぜなら、私たちが狙っているのはたかだか300ドルのスキャルピングの利益だからだ。しかも、これら２つのテクニックはいずれも利食いテクニックだ。

株式システムに対するトレーダブルな戦略

株式システムに対する最終的な大口口座のマネーマネジメントは以下のとおりである。

- トレード数を45以下に限定する。
- ２枚のSPY売りポジションでヘッジする。

この戦略を１ポジション当たり１％の固定リスクでトレードすると、平均年次リターンが44.6％で、平均年次最大ドローダウンが15.0％、過去12年の最大ドローダウンが27.2％だった。**表15.5**は同じマネーマネジメント戦略を使って、１トレード当たりのリスクをいろいろに変えたときのパフォーマンスを示したものだ。

表を見ると分かるように、リスクが高いほどゲイン・ペイン・レシ

図15.1　1トレード当たりのリスクを資産の0.6%にしたときの株式戦略の未決済＋決済トレードの資産曲線

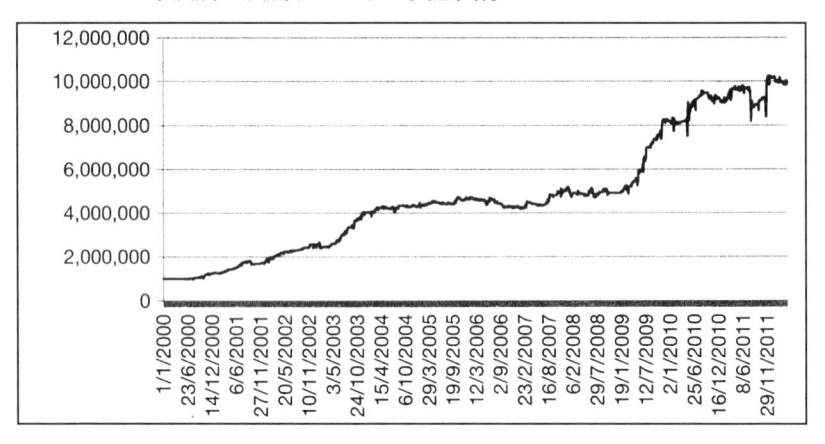

オで見たパフォーマンスも高い。しかし、リスク回避的トレーダーは1トレード当たりのリスクを0.2%にすることを好むかもしれない。どれが「正しい」ということはない。すべてはあなたに合っているかどうかである。

図15.1は1トレード当たりのリスクが0.6%のときの未決済＋決済トレードの資産曲線を示したものだ。

最後に、1トレード当たりのリスクを資産の0.6%にしたときの株式戦略の年次リターンと最大ドローダウンは**表15.6**に示したとおりである。

結論

本章では第4章から第6章で開発した株式戦略に対する大口口座のマネーマネジメント戦略を開発した。最大ドローダウンがおよそ20%の最も良い戦略（**表15.5**）を見ると、1トレード当たりのリスクを

第15章　大口口座のための従来のマネーマネジメントテクニック——株式

表15.6　1トレード当たりのリスクを資産の0.6%にしたときの大口口座の株式戦略の年次リターンとドローダウン

年	年次利益（ドル）	年次最大ドローダウン（ドル）
2000	29.1	8.8
2001	37.7	9.6
2002	36.2	8.5
2003	66.6	10.2
2004	6.1	6.6
2005	8.4	4.7
2006	−7.3	11.0
2007	20.1	5.3
2008	−5.0	9.7
2009	67.3	7.5
2010	10.5	9.8
2011	12.3	16.4

表15.7　戦略間の違い

	株式戦略	商品戦略
トレードした市場	株式	商品
トレード手法	カウンタートレンド	トレンドフォロー
トレード期間	短期	中期

資産の0.6%にしたときのゲイン・ペイン・レシオは2.61だった。第14章では、商品戦略に対する大口口座のマネーマネジメント戦略を開発したが、最大ドローダウンがおよそ20%の最も良い戦略（**表14.10**）では、1トレード当たりのリスクを資産の0.5%にしたときのパフォーマンスは以下のとおりであった。

平均年次リターン	39.8%
平均年次最大ドローダウン	9.1%
最大ドローダウン	21.7%

| ゲイン・ペイン・レシオ | 4.37 |

　表15.7はこれらの戦略の違いを示したものだ。

　これらの戦略は大きく異なるが、すべてゲイン・ペイン・レシオで直接比較することが可能だ。商品戦略のほうが株式戦略よりも優れているが、それはゲイン・ペイン・レシオが65％以上高いからだ。

　とはいえ、株式戦略を捨てて、商品のみをトレードせよと言っているわけではない。次章では、両方の戦略を一緒にトレード（口座が十分に大きければ）したほうがそれぞれを別々にトレードするよりも高いパフォーマンスが得られることを示していく。

第16章

株式戦略と商品戦略を
一緒にトレードする

Trading the Stock and Commodity Strategies Together

　第14章と第15章では、株式戦略と商品戦略に対する大口口座のマネーマネジメントを見てきた。株式トレーダーは株式戦略のみをトレードしたがり、商品トレーダーは商品戦略のみをトレードしたがる傾向があるが、正当な理由があれば両方をトレードするトレーダーもいる。

　本章では、両方の戦略を一緒にトレードすれば、それぞれを別々にトレードするよりもパフォーマンスを向上できるかどうか検証してみることにしよう。株式戦略は2000年からトレードしたので、商品戦略も2000年からの分のみを見ていく。

２つ（以上）の戦略を一緒にトレードする方法

　２つの戦略を一緒にトレードする方法はいろいろあるが、会計上最も関連性の低い方法が２つある。１つは運用資金を分離する方法、もう１つは運用資金を合算する方法だ。運用資金を分離する方法では、口座を２つに分け、各戦略をそれぞれにあてがわれた運用資金で別々にトレードする。これはブローカーに２つのサブ口座を作れば簡単に行える。運用資金を分離する方法の変化形として、定期的に２つの口座の運用資金を合算し、最初の配分比率で再び分配し直すというものがある。また、運用資金を合算する方法では、すべての戦略を全資金

表16.1 それぞれの戦略を別々にトレードしたときと両方の戦略を組み合わせた戦略のパフォーマンスの比較（2000～2011年）

戦略	平均年次リターン（%）	平均年次最大ドローダウン（%）	最大ドローダウン（%）	ゲイン・ペイン・レシオ
株式	23.5	9.0	16.4	2.61
商品	26.6	11.0	21.7	2.42
両方の戦略の組み合わせ	25.5	6.0	8.6	4.25

でトレードする。ここでは、簡単なほうの運用資金を合算する方法を検証してみることにしよう。

合算運用資金で株式戦略と商品戦略をトレードする

　株式戦略と商品戦略をそれぞれの固定リスク比率でトレードすれば、レバレッジはどちらか一方を同じ資産でトレードするよりもはるかに大きくなる。そのため、固定リスク比率は下げる必要がある。両方の戦略を組み合わせたものとどちらか一方だけのトレードを同一条件で比較するには、両方の戦略を組み合わせた場合は固定リスク比率は半分にしなければならない（半分の資産をフルの固定リスク比率でトレードするのと同じ）。表16.1は両方の戦略を組み合わせた戦略とそれぞれの戦略を別々にトレードしたときのパフォーマンスを比較したものだ。ただし、固定リスクは両方の戦略を組み合わせた戦略では半分にした。

　表16.1を見ると分かるように、両方の戦略を組み合わせた戦略のほうがゲイン・ペイン・レシオで見たパフォーマンスは最も高い。1ドルのドローダウンに対してリターンは4ドル以上だ。これは平均年次最大ドローダウンと最大ドローダウンが大幅に減少したためだ。

　表16.1の両方の戦略を組み合わせた戦略では、株式戦略と商品戦略は資産のそれぞれ50％ずつを割り当てられている。おそらくはどち

表16.2 株式戦略と商品戦略の比率をいろいろに変えたときのパフォーマンス（2000〜2011年）

商品戦略の比率/ 株式戦略の比率	平均年次リターン（％）	平均年次最大ドローダウン（％）	最大ドローダウン（％）	ゲイン・ペイン・レシオ
0.5/0.5（基本戦略）	25.5	6.0	8.6	4.25
0.55/0.45	25.7	6.2	9.0	4.15
0.45/0.55（新たな基本戦略）	25.3	5.9	9.3	4.29
0.40/0.60	24.8	6.0	10.0	4.13

らかの戦略の資産比率を高めれば、パフォーマンスはもっと向上するだろう。そこで、両方の戦略の資産比率をいろいろに変えたときのパフォーマンスを見てみることにしよう（**表16.2**）。

株式戦略の比率を商品戦略の比率よりも10％上げたとき、パフォーマンスは若干上昇している。

最後に、最大ドローダウンは両方の戦略を組み合わせた戦略では比較的小さいので、基本戦略からレバレッジを上げてみることにしよう。例えば、基本戦略の固定リスク比率が1トレード当たり0.5％で、これを10％上げると、新たな固定リスク比率は0.5×1.1で0.55％になるといった具合だ。**表16.3**はレバレッジを上げたときのパフォーマンスを比較したものだ。

この場合も、とるリスクが高いほど、得られるリワードも上昇する。これらの戦略はいずれもトレーダブルだ。

結論

本章では、株式戦略と商品戦略を一緒にトレードするときのマネーマネジメントについて見てきた。両方の戦略を組み合わせた戦略は、どちらかの一方の戦略のみをトレードするよりもパフォーマンスははるかに良かった。これは、平均年次最大ドローダウンと最大ドローダ

表16.3　レバレッジの上昇

レバレッジ乗数	平均年次リターン（%）	平均年次最大ドローダウン（%）	最大ドローダウン（%）	ゲイン・ペイン・レシオ
1	25.3	5.9	9.3	4.29
1.1	27.8	6.4	10.2	4.34
1.2	30.8	7.0	11.1	4.40
1.3	33.4	7.6	12.0	4.39
1.4	36.3	8.2	12.9	4.43
1.5	39.2	8.7	13.7	4.51

ウンが減少したことによる。両方の戦略を組み合わせる戦略でベストなものは、商品戦略の資産比率を45％にし、株式戦略の資産比率を55％にするというものだ。リターンをさらに増やしたければ、**表16.3**に示したように、1トレード当たりのリスクをレバレッジ乗数を掛けて増やせばよい。

　本章は、システム開発は持続的に行うことが重要であることを教えてくれる。たとえ非常にトレーダブルな戦略を見つけたとしても、新たな戦略を加えていけばさらによい解が発見できる可能性がある。もちろん得られる戦略は元の戦略と異なるものでなければならない。これは必ずしもトレードする対象が異なることを意味するわけではない。得られる資産曲線が現在のシステムの資産曲線と高い相関を持たないことも重要だ。

付録A ── 各種公式

本付録では本書で使われる公式を説明する。

標準偏差

標準偏差とは平均からのばらつきを測定したものだ。公式は以下のとおりである。

$$\sigma = \sqrt{\frac{\sum_{i=1}^{n}(\mu - x_i)^2}{n-1}}$$

n = 母集団に含まれるサンプル（データ）の数
x_i = その母集団のなかのi番目のサンプル
μ = n個のサンプルを持つ母集団の平均
σ = その母集団に含まれるサンプルの標準偏差

公式は一見複雑そうに見えるが、計算は非常に簡単だ。平均を計算するには、母集団に含まれるサンプルのすべての値を足し合わせて、それをサンプルの数で割ればよい。次に、その平均から各サンプル値を差し引き、それぞれを2乗したものを足し合わせて、それをサンプル数から1を引いたもので割る。こうして得られた値が分散だ。その分散の平方根を取ったものが標準偏差になる。除数がn−1ではなくてnのものを見たことがあるかもしれないが、除数がnのものは、例えば世界中のすべての人々の身長といった具合に母集団全体を使う場合に使われる。例えば、米国のすべての人々の身長といった具合に母集団の一部を用いるときはn−1が使われる。サンプルサイズが大きくなれば、nでもn−1でもほとんど違いはない。

本書では、サンプルは通常は一定の期間における終値である。終値の20日の標準偏差は過去20日の終値を使って計算される。しかし、サンプルとして別のものを用いる場合もある。例えば、値幅（その日の高値－その日の安値）だ。値幅が小さければ標準偏差も小さく、値幅が大きければ標準偏差も大きくなる。したがって、静かな期間とトレンド期間が入り混じったトレーダブルな銘柄の場合、終値あるいは値幅の標準偏差はボラティリティに伴って大きくなったり小さくなったりする。

　標準偏差の特徴は、母集団が正規分布（ベルカーブ）の場合、平均±１標準偏差の範囲内には全データのおよそ68％が含まれ、平均±２標準偏差の範囲内には全データのおよそ95％が含まれ、平均±３標準偏差の範囲内には全データのおよそ99.7％が含まれるということである。標準偏差の公式を使うのに、分布は必ずしも正規分布である必要はない。ほかの分布でも、平均からのばらつきは計算することができる。

ボラティリティの評価尺度と比較

　標準偏差に加え、値幅の平均や真の値幅の平均（ATR）もトレードシステムでボラティリティを測る評価尺度としてよく使われる。値幅の平均と真の値幅の平均との違いは、真の値幅の平均は「当日の高値と当日の安値の差」「当日の高値と前日の終値の差」「当日の安値と前日の終値の差」のなかから最大のものを選び、その平均を取るのに対して、値幅の平均は平均を計算するのに使うそれぞれの足の高値と安値との差を求め、その平均を取るという点だ。真の値幅の平均を使っても値幅の平均を使ってもほとんど違いはないので、私は値幅の平均を使うことにしている。しかし、ボラティリティの評価尺度として、値幅を用いるのと標準偏差を用いるのでは大きな違いがある。

　最も大きな違いは、標準偏差は方向性のボラティリティを考慮する

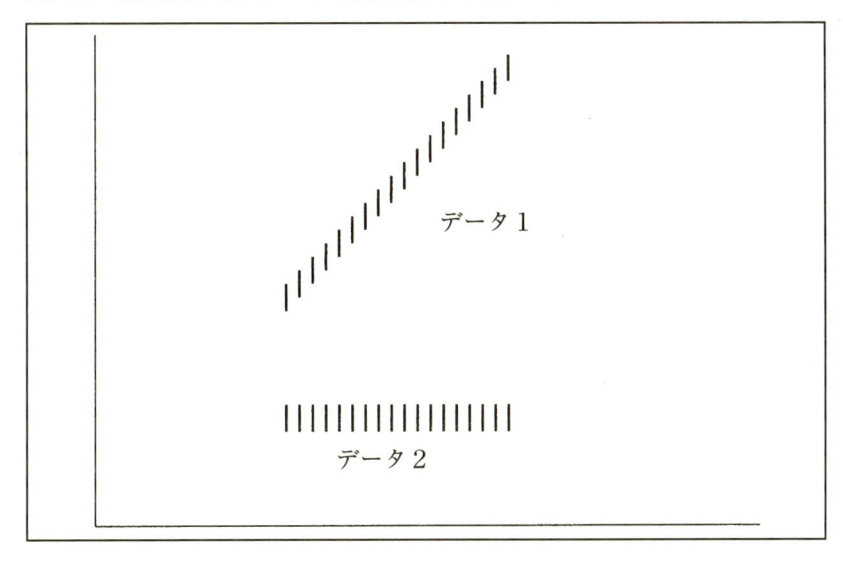

図A.1 方向性のないデータと方向性のあるデータ

[図：データ1は右上がりのトレンドを示すバー、データ2は横ばいのバー]

のに対して、値幅の平均は考慮しないという点だ。**図A.1**に示した2つのデータの場合、各日の高値と安値の差が同じなので、図に示した18本の足にわたる値幅の平均は同じになる。しかし、標準偏差は、データ1のほうが大きくなる。なぜなら、終値がトレンドを形成しているからだ。この場合、標準偏差のほうが値幅の平均よりも真のボラティリティをとらえることができる。ボラティリティフィルターを使うときは両方の評価尺度をチェックする必要がある。

相関

相関とは対応する2つのデータが同じ方向に動く度合いを示したものだ。相関（r）を測定する方法にはピアソンの相関係数と呼ばれる公式があり、相関係数は－1から1の間の値を取る。相関係数が1の場合、2つのデータは完全相関の関係にあると言い、同じように上下

図A.2 2つのデータの相関

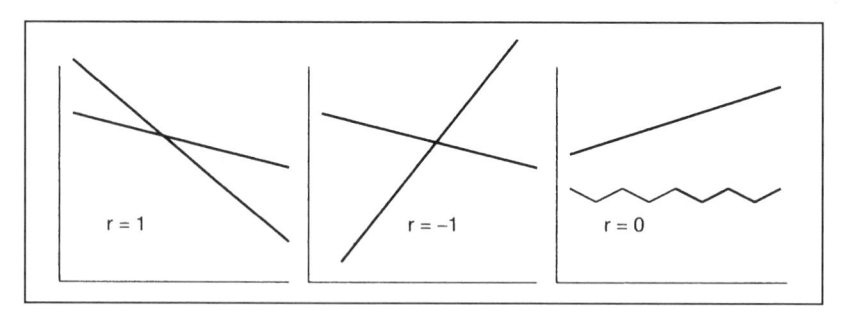

動する。ただし、上下動の速度は必ずしも同じというわけではない。相関係数が-1の場合、2つのデータは完全逆相関の関係にあると言い、一方のデータが上昇すれば、もう一方のデータは下落する。この場合も上昇速度や下落速度は必ずしも同じというわけではない。相関係数が0の場合、2つのデータは無相関の関係にあり、2つのデータはそれぞれに別の動きをする。**図A.2**は2つのデータとその相関を示したものだ。

　ピアソンの相関係数の公式は以下のとおりである。

$$r = \frac{n\sum x_i y_i - \sum x_i \sum y_i}{\sqrt{\left(\left(n\sum x_i^2 - \left(\sum x_i\right)^2\right) \cdot \left(n\sum y_i^2 - \left(\sum y_i\right)^2\right)\right)}}$$

ただし、

n = 母集団に含まれるサンプル（データ）の数
x_i = データ1のi番目のサンプル
y_i = データ2のi番目のサンプル
r = ピアソンの相関係数

これもまた複雑に見えるが、計算は簡単だ。$\Sigma x_i y_i$（xとyの積をすべて足したもの）、Σx_i（xをすべて足したもの）、Σy_i（yをすべて足したもの）、Σx_i^2（xの2乗をすべて足したもの）、Σy_i^2（yの2乗をすべて足したもの）を計算して、公式に代入すればよい。

　相関の使い方はいろいろある。付録Bでは、同じグループ内の商品の相関の度合いを表すのに使われている。また、データの系列相関の度合いを表すのにも使われる。系列相関とは、同じデータの中の前のデータがあとのデータに及ぼす影響の度合いを示すものだ。もしデータが高い系列相関を持っている場合、上昇のあとには再び上昇が続き、下落のあとには再び下落が続く。系列相関は利益を得るのに利用することができる。例えば、各トレードの利益を順にファイルに記録し、同じファイルを1桁ずらしたものとの相関を調べる。2つのデータの相関が正の場合、連勝のあとは連勝が続き、連敗のあとは連敗が続く傾向があるということになる。これを実際のトレードで活用すると、連勝中はトレードのサイズを増やしてさらなる利益を確保し、連敗中はサイズを減らすかトレードを回避することができる。

　トレードでの相関の最良の使い方は、マネーマネジメントにおける分散化である。例えば、2つのトレード変数の連続する終値の差が正規分布である場合、最初の2つの変数を足し合わせた3番目の変数は次の標準偏差を持つ。

$$\sigma_3^2 = \sigma_1^2 + 2r_{12}\sigma_1\sigma_2 + \sigma_2^2$$

ただし、

σ_1＝変数1の終値の差の標準偏差
σ_2＝変数2の終値の差の標準偏差
σ_3＝新しい変数（変数1と変数2を足し合わせたもの）の終値の差

の標準偏差
r_{12}＝２つの変数（変数１と変数２）の相関係数

　例えば、最初の２つの変数を価格が毎日変化する（あなたのトレードの方向に変化するのが好ましい）ポートフォリオにおけるトレードで、３番目の変数がポートフォリオの値だと仮定するとどうだろう。ポートフォリオの標準偏差はポートフォリオの動き（上昇あるいは下落）を表す。実際の数字を入れて結果を見てみることにしよう。**表A.1**はこれを示したものだ。

　表A.1の第１行目は変数１と変数２が完全相関にあるときだ。変数１の終値が上昇すれば、変数２の終値も上昇し、変数１の終値が下落すれば、変数２の終値も下落する。変数１と変数２は完全に動きが同じだ。変数１と変数２の標準偏差はいずれも５なので、ポートフォリオは２つを同時にトレードしたのと同じ動きをする（10ポイント動く）。

　第２行目は伝統的なマネーマネジメントに使われる分散化を示すものだ。変数１と変数２は無相関なので、ポートフォリオの標準偏差は２つの変数の標準偏差を足し合わせたものよりも小さいが、いずれか１つの標準偏差よりも大きい。ポートフォリオを無相関の資産で分散化すれば、リスクも減少するのではないかと言う人もいる。しかし、リスクは減少しない。ポートフォリオに無相関の資産を加えれば、ポートフォリオのリスクは増加する。しかし、増加速度は徐々に減少する。

　最後の第３行目は、究極のトレードを示している。完全逆相関の証券を同時にトレードすれば、リスクはゼロになる。ドル指数と日本円のように逆相関性の高い商品はあるが、両方を同時に買ったり売ったりしてお金の儲かる戦略を見つけるのは難しい。

　２つの変数を使った上記の公式の変数はいくつにでも増やすことができる。買い、売りの両方に対応でき、枚数あるいは株数もいくつにでも増やすことができる。

表A.1 2つの変数に基づくポートフォリオ

変数1の標準偏差 (ポイント)	変数2の標準偏差 (ポイント)	変数1と変数2の 相関係数	変数3の標準偏差 (ポイント)
5	5	1	10
5	5	0	7.1
5	5	−1	0

付録B ── 先物

商品先物取引はゼロサムゲームだ。どの取引にも買い手と売り手が存在する。買い手は価格が上昇すると信じ、売り手は価格が下落すると信じている。仕掛け値から価格が上昇すれば、買い手は儲かり（含み益または資産の上昇）、売り手は同じ額だけ損をする（含み損またはドローダウン）。買い手と売り手のいずれかがポジションを手仕舞えば、そのトレードの損益が確定する。

商品先物は米国および海外のさまざまな取引所で売買されている。取引所はいわば仲介者のようなもので、取引のサイズ、取引時間、限月、価格の最小変動幅、証拠金などを管理する。

先物取引

商品取引は限月制の先物取引である。各限月には発会日と納会日がある。先物取引とは、取引の時点での約定価格で納会日に特定の商品（原資産）を受けたり渡したりする義務のことを言う。売り手は対象となる銘柄を提供する義務を負う。しかし、ほとんどの取引は納会日以前に決済され、トレーダーは最初の通知日前にポジションを手仕舞いすれば、その銘柄を受けたり渡したりする必要はない。商品先物にはコーヒーやトウモロコシをはじめとするさまざまな原材料や食品がある。これらの大部分は実際の銘柄の受け渡しによって決済される。したがって、銅取引の売り手は納会日に2万5000ポンドの銅を渡さなければならないし、トウモロコシの買い手は5000ブッシェルのトウモロコシを受けることになる。

それぞれの商品先物では、銘柄の数量、発会日、納会日が決められる。トレーダーとしては最も流動性の高い限月を売買したいと思うは

ずだ。最も流動性の高い限月は報告される出来高と取組高が最も多い月である。一般的には期近の限月である。期近は最も商いが多い。出来高とは任意の日に売買される取引の総数を言う。報告には2つの方法がある。限月ごとに出来高を報告する方法と、すべての限月の出来高を報告する方法の2種類だ。取組高とはまだ手仕舞いされていない買いと売りのペアのポジションの総数である。例えば、取組高が1万枚と報告されたとすると、1万枚の買いポジションと1万枚の売りポジションがまだ手仕舞いされていないことを意味する。

先物取引における価格付け

トレーダーにとって重要なのは、仕掛けたポジションの潜在的リスクとリワードを知ることである。リスクとリワードは売買している銘柄(例えば、オーツ麦とS&P)、その銘柄の最近の相対的ボラティリティ、取引所によってその銘柄がどのように価格付けされているかによって異なる。例えば、トウモロコシ1枚は5000ブッシェルだ。1ブッシェルの価格が1ペニー上昇したら、そのトウモロコシの先物価格は50ドル上昇する(0.01ドル×5000)。銅が1ペニー下落したら、銅の先物の取引単位は2万5000ポンドなので、銅の先物価格は250ドル下落する(0.01ドル×2万5000)。

先物取引の相対リスク

トウモロコシと銅の例で見たように、銅価格が1セント動いたときの先物価格の変動は、トウモロコシが1セント動いたときの先物価格の変動の5倍である。これは、銅がトウモロコシよりも5倍リスクが高いことを意味するのだろうか。それは原資産のボラティリティによる。例えば、トウモロコシの価格のボラティリティが銅の5倍だとす

ると、2つの先物取引のリスクはほぼ同じになる。ボラティリティを測定する方法はいろいろあるが、私は終値の標準偏差を使うことが多い（標準偏差については付録Aを参照）。標準偏差とは一定の期間における価格の平均からのばらつきのことである。標準偏差の公式は以下のとおりだ。

$$\sigma = \sqrt{\frac{\sum_{i=1}^{n}(\mu - x_i)^2}{n-1}}$$

ただし、

n＝母集団に含まれるサンプル（データ）の数
x_i＝その母集団のなかのi番目のサンプル
μ＝n個のサンプルを持つ母集団の平均
σ＝その母集団に含まれるサンプルの標準偏差

　各先物取引の相対リスクには、その先物取引の一代の全期間における終値の40日標準偏差の平均を使った。ここでは分析目的のため、つなぎ足を使った。**表B.1**は原資産、その銘柄の一代の全期間における平均標準偏差、その銘柄の一代の全期間における最大標準偏差と最小標準偏差、平均標準偏差のドル価を示したものだ。

　表B.1を見ると分かるように、銘柄ごとに大きな違いがある。40日の平均標準偏差はナスダック100では8800ドルだが、オーツ麦ではわずか323ドルである。オーツ麦先物よりもナスダック100先物のほうがリスクが高いのは明らかだ。さらに、最大標準偏差と最小標準偏差を見ると、同じ商品先物でも標準偏差には大きな違いがあることが分かる。例えば、ナスダック100は平均ボラティリティは8800ドルだが、最小ボラティリティは1140ドルと小さく、最大ボラティリティは4万6500ドルと大きい。直近のボラティリティに合わせてストップを置く

表B.1　銘柄別ボラティリティ

銘柄	平均標準偏差 (ポイント)	最大標準偏差 (ポイント)	最小標準偏差 (ポイント)	平均標準偏差 (ドル)
トウモロコシ	7.68	50.50	1.32	$384
オーツ麦	6.46	74.20	1.28	$323
大豆	19.60	101.00	3.64	$978
大豆かす	6.37	39.70	1.34	$634
大豆油	0.80	4.63	0.20	$483
小麦	11.00	61.30	2.46	$553
KC小麦	10.40	74.80	1.92	$522
もみ米	0.30	1.83	0.04	$594
生牛	1.46	7.37	0.36	$585
豚赤身	2.18	7.84	0.55	$873
飼育牛	1.49	6.69	0.32	$747
コーヒー	6.12	46.50	1.19	$2,297
綿花	1.99	7.64	0.48	$996
木材	11.50	77.70	1.36	$1,260
ココア	65.00	229.00	12.5	$650
砂糖	0.57	5.78	0.11	$639
オレンジジュース	4.43	30.20	0.72	$665
銅	3.24	19.50	0.50	$811
パラジウム	10.50	115.00	0.76	$1,054
銀	33.50	877.00	2.69	$1,672
金	9.84	98.30	1.23	$983
白金	16.40	166.00	2.35	$820
ロンドン銅	61.30	514.00	11.6	$1,532
ロンドン合金	32.90	273.00	6.77	$658
ロンドンアルミ	48.30	308.00	9.63	$1,207
ロンドンニッケル	354.00	3183.00	34.4	$2,123
原油	1.09	5.11	0.13	$1,095
天然ガス	0.23	1.72	0.01	$2,328
灯油	0.30	0.14	0.005	$1,270
無鉛ガソリン	0.33	0.20	0.008	$1,417
日本円	0.013	0.057	0.001	$1,596
スイスフラン	0.012	0.039	0.003	$1,523
カナダドル	0.0058	0.021	0.0006	$579
英ポンド	0.026	0.12	0.0053	$1,601
ドル指数	1.30	3.82	0.25	$1,303
メキシコペソ	0.0017	0.0094	0.00045	$839
豪ドル	0.010	0.033	0.0025	$1,028
ユーロ通貨	0.018	0.052	0.0056	$2,241

銘柄	平均標準偏差（ポイント）	最大標準偏差（ポイント）	最小標準偏差（ポイント）	平均標準偏差（ドル）
30年物債券	1.36	5.14	0.28	$1,364
10年物債券	0.995	2.93	0.21	$995
5年物債券	0.67	1.75	0.15	$670
2年物債券	0.30	0.85	0.066	$596
ユーロドル	0.19	1.42	0.004	$484
豪ドル債	0.19	0.82	0.051	$1,095
カナダ国債	0.94	2.40	0.26	$640
ユーロ建てブンズ	0.80	1.95	0.22	$760
長期ギルト債	1.04	3.77	0.28	$797
スペイン国債	0.87	2.20	0.26	$825
SIMEX日本国債	0.89	3.22	0.24	$822
S&P500	14.70	81.00	1.22	$6,128
ナスダック100	88.00	465.00	11.4	$8,800
日経平均	529.00	1558.00	110	$2,646

ことを推奨するのはこのためだ。

商品先物グループ

　各銘柄をグループ別に分けておくと便利だ。最もよく使われるグループ分けは、穀物（農産物）、畜産、貴金属、エネルギー、通貨、金融、ソフト、株価指数である。以下に示すのは、私がシステムを開発するときに用いるグループ分けだ。

●穀物
トウモロコシ
オーツ麦
大豆
大豆かす
大豆油

小麦
KC小麦
もみ米

●エネルギー
原油
天然ガス
灯油
無鉛ガソリン

●株価指数
S&P500
ナスダック100
ラッセル2000
中型株400
日経平均

●畜産
生牛
豚赤身
飼育牛

●貴金属
金
銅
パラジウム
白金
ロンドンニッケル

ロンドン銅
ロンドン合金
ロンドンアルミ
銀

●金融
30年物債券
10年物債券
5年物債券
2年物債券
豪ドル債
ユーロ建てブンズ
スペイン国債
長期ギルト債
ドル指数

●ソフト
コーヒー
ココア
綿花
砂糖
オレンジジュース
木材

●通貨
豪ドル
ユーロ通貨
スイスフラン

カナダドル
英ポンド
メキシコペソ
日本円
ユーロドル

　銘柄をグループ分けするのは、一般に同じグループの銘柄は高い相関性を持つからである。マネーマネジメントの観点から言えば、高い相関性を持つバスケットをトレードするよりは、低い相関性を持つバスケットをトレードしたほうがはるかに有利だ。たとえ、各バスケットの儲けが同じ額になるとしてもである。相関性のある銘柄のトレードを避けるのは、それらが同じような動きをする傾向があるからだ。１つの銘柄における良いトレードは、それと相関性の高いほかの銘柄においても良いトレードになり、１つの銘柄における悪いトレードは、それと相関性の高いほかの銘柄においても悪いトレードになる。注意しなければならないのは悪いトレードだ。多くのトレードが一斉に損失を出せば、トレード資産は大きく目減りする（ドローダウン）。一方、相関性のないバスケットは同時に悪いトレードを生みだすことは少ない。なぜなら、それらはそれぞれのファンダメンタルに従って別々の動きをするからである。
　対応関係のある２つのデータセットで相関性を調べれば、返される相関係数は－１と＋１の間の値を取る。相関係数が－１ということは、２つのデータセットは各データ点で逆方向に動くことを意味する。また、相関係数が＋１ということは、２つのデータセットは各データ点で同じ方向に動くことを意味する。２つのデータの意味のある正の相関係数の閾値として、私は値0.40を使う。
　表B.2から**表B.9**は各商品先物グループのすべての銘柄の相関を示したものだ。相関係数はピアソンの相関アルゴリズムを使って計算し

表B.2 穀物グループの商品の相関

	穀物グループ							
銘柄	トウモロコシ	オーツ麦	大豆	大豆かす	大豆油	小麦	KC小麦	もみ米
トウモロコシ	1	0.50	0.62	0.54	0.48	0.51	0.51	0.17
オーツ麦	0.50	1	0.40	0.37	0.29	0.42	0.41	0.15
大豆	0.62	0.40	1	0.82	0.68	0.40	0.37	0.17
大豆かす	0.54	0.37	0.82	1	0.35	0.36	0.33	0.15
大豆油	0.48	0.29	0.68	0.35	1	0.30	0.38	0.13
小麦	0.51	0.42	0.40	0.36	0.30	1	0.87	0.13
KC小麦	0.51	0.41	0.37	0.33	0.38	0.87	1	0.13
もみ米	0.17	0.15	0.17	0.15	0.13	0.13	0.13	1

た。

　一番左の列の銘柄から興味のある銘柄を選び、一番上の行から興味のある銘柄を選び、それらが交差する数値が相関係数になる。例えば、トウモロコシはそれ自身との相関は1で、オーツ麦との相関は0.50になるといった具合だ。すべての相関を見てみると、穀物グループの銘柄は、もみ米を除き、高い相関性を持つ銘柄が1つ以上ある。もみ米はほかの銘柄との相関は低い（**表B.2**）。

　牛（生牛と飼育牛）は高い相関性を持つ。牛と豚赤身との相関は0.25から0.35で、相関はあまり高くないが、高い相関ぎりぎりといったところだ（**表B.3**）。

　ソフトグループの銘柄は高い相関性を持つものはない。したがって、それぞれに独立していると見てもよい。ソフトグループはいろいろなものが混ざり合ったグループだ。ほかのグループに属さないものをこのグループに入れた。このグループの銘柄のファンダメンタルズは、それらを生みだす分野と同様に、大きく異なるのは明らかだ（**表B.4**）。

　次に、**表B.5**を見てみよう。金属や準貴金属（銀、金、白金）は互

表B.3 畜産グループの銘柄の相関

銘柄	畜産グループ		
	生牛	豚赤身	飼育牛
生牛	1	0.35	0.75
豚赤身	0.35	1	0.32
飼育牛	0.75	0.32	1

表B.4 ソフトグループの銘柄の相関

銘柄	ソフトグループ					
	コーヒー	ココア	綿花	木材	砂糖	オレンジジュース
コーヒー	1	0.11	0.01	0.02	0.05	0.03
ココア	0.11	1	0.04	0.02	0.09	0.01
綿花	0.01	0.04	1	0.08	0.02	0.04
木材	0.02	0.02	0.08	1	0.08	0.02
砂糖	0.05	0.09	0.02	0.08	1	0.02
オレンジジュース	0.03	0.01	0.04	0.02	0.02	1

いに高い相関性を持つ。触媒コンバーターの製造に使われる工業用ホワイトメタルであるパラジウムは、工業用金属（銅とロンドン金属）よりも、貴金属グループとの相関が高い。工業用金属はすべて相関性が高い。

表B.6のエネルギーグループの銘柄はほかの1つ以上の銘柄と高い相関性を持つ。

表B.7を見てみよう。主要通貨（ユーロ、円、スイスフラン、英ポンド、米ドル）はすべてが互いに高い相関性を持つ。特に、円、スイスフラン、英ポンドは同じ動きをする傾向が高く、米ドルはこれら3つとは逆方向に動く傾向がある（高い逆相関）。米ドルとユーロはほぼ完全な逆相関の関係（-0.97）にあることに注意しよう。マイナー通貨（カナダドル、豪ドル、メキシコペソ）は互いに相関性はなく、主要通貨とも相関性はない。私の経験から言えば、これら3つのマイナー通貨

表B.5 貴金属グループの商品の相関

銘柄	銅	パラジウム	銀	金	白金	ロンドン銅	ロンドンアルミ合金	ロンドンアルミ	ロンドンニッケル
銅	1	0.21	0.23	0.22	0.25	0.78	0.46	0.51	0.31
パラジウム	0.21	1	0.39	0.41	0.57	0.16	0.17	0.16	0.05
銀	0.23	0.39	1	0.67	0.52	0.16	0.15	0.12	0.09
金	0.22	0.41	0.67	1	0.58	0.15	0.18	0.13	0.08
白金	0.25	0.57	0.52	0.58	1	0.14	0.13	0.17	0.06
ロンドン銅	0.78	0.16	0.16	0.15	0.14	1	0.46	0.52	0.40
ロンドンアルミ合金	0.46	0.17	0.15	0.18	0.13	0.46	1	0.75	0.35
ロンドンアルミ	0.51	0.16	0.12	0.13	0.17	0.52	0.75	1	0.45
ロンドンニッケル	0.31	0.05	0.09	0.08	0.06	0.40	0.35	0.45	1

表B.6 エネルギーグループの商品の相関

銘柄	エネルギーグループ			
	原油	天然ガス	灯油	無鉛ガソリン
原油	1	0.28	0.85	0.79
天然ガス	0.28	1	0.32	0.35
灯油	0.85	0.32	1	0.74
無鉛ガソリン	0.79	0.35	0.74	1

は主要通貨よりもトレードが難しい。

表B.8を見ると分かるように、米国の金融グループはすべてが互いに高い相関性を持ち、相関の度合いは満期までの長さの近い証券同士（30年物債券と10年物債券、10年物債券と5年物債券など）が高い。米国の金融グループは海外の金融グループとも相関性が高いが、相関の度合いは米国の金融グループ内の相関のほうが高い。同様に、海外の金融グループも互いに高い相関性を持つ。特に高いのは同じ地域の銘柄だ（スペイン国債とユーロ建てブンズと長期ギルド債。これらはすべてヨーロッパの銘柄）。

米国の株価指数グループも互いに高い相関性を持つが、日経平均との相関も比較的高い（**表B.9**）。

証拠金

商品先物取引と株式取引との大きな違いはレバレッジが使えるかどうかである。商品先物取引の場合、約定代金のすべてを支払う必要はない。取引所が要求する必要証拠金を口座に担保として預けておくだけでその何倍もの取引が可能になる。例えば、トウモロコシの現在価格が1ブッシェル3ドルだとすると、先物1枚は1万5000ドルになる。現在の必要証拠金が1枚につき500ドルだとすると、口座に1000ド

表B.7 通貨グループの商品の相関

銘柄	日本円	スイスフラン	カナダドル	英ポンド	ドル指数	メキシコペソ	豪ドル	ユーロ通貨
				通貨グループ				
日本円	1	0.54	0.15	0.41	-0.57	-0.14	0.09	0.38
スイスフラン	0.54	1	0.16	0.65	-0.91	-0.20	0.12	0.91
カナダドル	0.15	0.16	1	0.20	-0.14	0.02	0.31	0.13
英ポンド	0.41	0.65	0.20	1	-0.73	-0.07	0.20	0.63
ドル指数	-0.57	-0.91	-0.14	-0.73	1	0.12	-0.18	-0.97
メキシコペソ	-0.14	-0.20	0.02	-0.07	0.12	1	0.01	-0.16
豪ドル	0.09	0.12	0.31	0.20	-0.18	0.01	1	0.19
ユーロ通貨	0.38	0.91	0.13	0.63	-0.97	-0.16	0.19	1

表B.8 金融グループの商品の相関

	金融グループ							
銘柄	30年物債券	10年物債券	5年物債券	2年物債券	ユーロドル	豪ドル債	ユーロ建てブンズ	スペイン国債	長期ギルト債
30年物債券	1	0.95	0.87	0.76	0.71	0.44	0.61	0.53	0.48
10年物債券	0.95	1	0.96	0.88	0.77	0.46	0.62	0.51	0.46
5年物債券	0.87	0.96	1	0.94	0.83	0.52	0.60	0.48	0.49
2年物債券	0.76	0.88	0.94	1	0.88	0.55	0.56	0.43	0.49
ユーロドル	0.71	0.77	0.83	0.88	1	0.39	0.46	0.33	0.34
豪ドル債	0.44	0.46	0.52	0.55	0.39	1	0.45	0.46	0.35
ユーロ建てブンズ	0.61	0.62	0.60	0.56	0.46	0.45	1	0.77	0.74
スペイン国債	0.53	0.51	0.48	0.43	0.33	0.46	0.77	1	0.70
長期ギルト債	0.48	0.46	0.49	0.49	0.34	0.35	0.74	0.70	1

表B.9　株価指数グループの商品の相関

銘柄	株価指数グループ				
	S&P500	ナスダック100	ラッセル2000	中型株400	日経平均
S&P500	1	0.81	0.79	0.85	0.39
ナスダック100	0.81	1	0.78	0.77	0.44
ラッセル2000	0.79	0.78	1	0.92	0.36
中型株400	0.85	0.77	0.92	1	0.35
日経平均	0.39	0.44	0.36	0.35	1

あれば、その必要証拠金で売買できる枚数は2枚ということになる。しかしこの場合、証拠金枠を全部使っているので不安だ。価格が1ペニーでも逆行すれば、追証を請求される。追証を請求されたら、ポジションの一部あるいは全部を手仕舞いするか、追証請求を満たすだけのお金を差し入れなければならない。

　レバレッジを例を使って説明しよう。例えば、今、口座資金1000ドルでトウモロコシを2枚買っているとしよう。トウモロコシの価格が3.00ドルから3.10ドルに上昇した。わずか3.33％の上昇だが、1枚当たり500ドルの含み益になる。2枚買っているので、含み益は1000ドル、つまり口座資産1000ドルに対して100％のプラスになる。株式の信用取引では、預け入れ資金の2倍までしか売買できない。同じ2000ドルの口座資産で、信用枠のすべてを使えば、1株10ドルの株を200株買える。株価が3.33％上昇すれば、今の株価は10.33ドルだ。200株買っているので、総額で2066.66ドルになる。1000ドルの口座資産に対して66.66ドル儲けたので、6.67％のプラスだ。したがって、証拠金をフルに使ったトウモロコシのレバレッジは、株式トレードのレバレッジのおよそ15倍ということになる。

　レバレッジをフルに効かせた商品先物取引は危険だ。価格が急激に逆行すれば、口座資産以上のお金を失うことになるからだ。例えば、レバレッジをフルに効かせたトウモロコシの売買では、価格が0.15ド

ル（トウモロコシでは比較的小さな変動）逆行すれば、1枚当たりの含み損は750ドルになる。2枚ポジションを持っているとするとトータルで1500ドルの含み損になるので、最初1000ドルあった口座資産は500ドルのマイナスになる。

　経験豊富な商品先物トレーダーは売買するときに必要証拠金のことなど考えない。彼らはリスクをドローダウンの観点から考えるため、ドローダウンがリスクの許容範囲内になるようにするのだ。20％のドローダウンが出るとトレードは困難になるので、ドローダウンを安心領域に抑えるためのプランを立てる。必要証拠金はリスクの遅行インディケーターなので、何の役にも立たない。もし商品先物のボラティリティが上昇すれば、必要証拠金は高くなる。つまり、証拠金が不足するということである。トレーダーにとってそれでは遅すぎるのである。

電子市場

　商品取引が始まってからこの10年前までは先物はピットで売買されてきた。映画『大逆転』はオレンジジュースの先物にまつわる物語だが、ピットの様子が克明に描き出されている。しかしテクノロジーの進歩により電子市場がスタートし、今ではほぼすべての取引が電子市場に移行している。

　電子取引はほとんどのウィークデーに行われ、ほぼ24時間市場だ。例えば、日本円はCME（シカゴマーカンタイル取引所）で午後5時から午後4時まで電子取引が行われ、ピット取引も午前8時20分から午後3時まで行われている。

　電子取引は夜間と早朝は注意が必要だ。日中のピーク時から取引量が劇的に減少するからだ。私は終値をベースとする成行注文を出すとき、その銘柄のピット取引がまだ健在ならば、ピット取引がオープン

するときに注文を出す。例えば日本円の場合、午前8時20分に成行注文を出すといった具合だ。

付録C ── つなぎ足

　株式データや商品データを使って分析を行うとき、問題となるのがデータの分断だ。データの分断とは、商品先物の場合、限月が交代するときに整合性が取れなくなることを言い、株式の場合は、株式分割や配当支払いによって時系列データが変化することを言う。本付録では、仮説に基づく検証と実際のトレードとで結果が同じになるようにつなぎ足を作成する方法とその使い方を説明する。

株式分割と配当

　ほとんどの株式データベンダーでは、顧客はデータフォーマットを、毎日の実際の株価データ（生データ）、株式分割に対して調整された株価データ（株式分割調整済みデータ）、会社が支払った配当に対して調整された株価データ（配当調整済みデータ）のなかから選べる仕組みになっている。これらの株価データは一定の期間に株価に発生した変化を正しく反映してしかるべきだが、残念ながら、これらのデータの1つだけでは、配当支払いや株式分割が計算日以降に行われた場合は正しい結果は得られない。

実際の価格に関する問題

　IBMの株価を使って説明しよう。1999年5月26日、IBMは2対1の株式分割を行った。IBMのその日の終値は236.25ドルだった。IBMは発行されている株1株に対してそれを2株にし、株価を118.125ドルに調整した。各株主は分割前の株価の半分でそれまでの保有株数の2倍を保有することになるので、資産的には分割前も分割後も変わら

表C.1　株式分割前後のIBMの実際の株価

日付	終値
1999/5/24	223.75
1999/5/25	221.1875
1999/5/26	236.25
1999/5/27	116
1999/5/28	116
1999/6/1	112

ない。**表C.1**は株式分割前後の実際のデータを示したものだ。

実際の価格データを使って分析を行うと、1999年5月24日の終値で買って、1999年6月1日に手仕舞ったとすると、およそ112ポイント（50％）損をしたことになる。しかし、実際には、株式分割のあと1株が2株になるので1999年6月1日の終値は224ドルの価値を持つ。したがって、わずかながら利益を得ることになる。この例を見ると、実際の価格データの問題は株式分割問題だけのように思えるが、別の問題がある。実際の価格データには配当支払いが含まれていないのだ。

例えば、IBMは2005年2月7日に1株当たり0.18ドルの配当を支払ったとしよう。**表C.2**は配当支払い日前後の実際の価格データを示したものだ。

このデータを使って2005年2月7日の終値で買い、2005年2月8日の終値で手仕舞ったとすると、1株当たり0.40ドルの損失になる。しかし、配当支払いが0.18ドルあるため、実際の損失は1株当たり0.22ドルだ。

実際の価格データを使った場合、株式分割前後の悪いトレードを除外することができれば、かなり正確な結果が得られるはずだと思うはずだ。なぜなら、配当支払いの効果は小さいからだ。分析によってはこれが正しい場合もあるが、配当支払いの効果が重要な場合もある。1980年から2005年3月までのIBMの配当支払いはトータルで64.32ド

表C.2　IBMの配当支払い日前後の実際の価格

日付	終値
2005/2/4	94.51
2005/2/7	94.53
2005/2/8	94.13
2005/2/9	92.7

表C.3　株式分割前後のIBMの実際の価格と株式分割調整済み価格

日付	実際の終値	株式分割調整済み終値
1999/5/24	223.75	111.875
1999/5/25	221.1875	110.59375
1999/5/26	236.25	118.125
1999/5/27	116	116
1999/5/28	116	116
1999/6/1	112	112

ルだった。この間、IBMの株価は238.8ポイント上昇した。これは2回の株式分割も含めた価格だ。配当を無視すれば、IBMの株価は1980年以降383％上昇した。しかし配当を含めれば、実際の成長率は473％になる。これは大きな違いだ。

株式分割調整済みデータの問題点

　分析に株式分割調整済みデータを用いると似たような問題が発生する。**表C.3**はIBMの最後の株式分割前後数日間の実際の終値と株式分割を調整した終値を示したものだ。

　株式分割調整済みデータは、1999年5月26日以前の実際の価格を分割値（このケースの場合は2）で割ったものだ。1980年以降に行われた株式分割はもう1回あり、それは1996年に行われた。それも2対1の分割だったので、分割日とそれ以前の実際の価格は4で割られるこ

とになる。株式分割調整済みデータを用いることの問題点は、日々の値動きと日々の値幅が分割値で割られることである。1999年5月25日から、次のトレード日の終値までの実際の値動きは15ポイントを少し上回る。しかし、株式分割調整済みデータではおよそ7.5ポイントである。

　これはさまざまな分析上の問題を引き起こす。ボラティリティあるいは値幅ベースのシステムを使っている場合、価格は株式分割ごとに人工的に変化する。さらに、トレードも変わる。もしIBMが再び2対1の株式分割を行えば、1999年5月26日から1999年5月27日までの株式分割調整済み値動きはおよそ7.5からおよそ3.75に変わることになる。

　株式分割調整済み価格は実際の価格データとも共通の問題点を持つ。配当支払いによる変動が含まれないのである。

配当調整済みデータの問題点

　配当調整済みデータは、それまでに支払われた累積配当額を実際の価格から差し引いたものだ。**表C.4**は2005年2月7日（この日0.18ドルの配当が支払われた）前後の実際の終値と配当調整済み終値を示したものだ。

　配当調整済みデータで見ると、2005年2月7日から2005年2月8日までの1日の値動きは0.22ドルである。このデータを使うことの問題点は、時間をさかのぼるにつれて、価格が実際の価格から遠ざかることである。1980年1月2日には配当調整済み終値は－2.828ドルで、実際の終値は62.5ドルだった。

表C.4　配当支払い日前後のIBMの実際の価格と配当調整済み価格

日付	実際の終値	配当調整済み終値
2005/2/4	94.51	94.33
2005/2/7	94.53	94.35
2005/2/8	94.13	94.13
2005/2/9	92.7	92.7

株式データの問題点のまとめ

どの時系列データも実際に起こったことを正しく反映しているとは言えない。実際の価格に株式分割や配当支払いを含めたデータが使われるべきであることは明らかだが、求める情報をすべて含んだ時系列データは存在しない。

問題を解決するには

この問題を解決する簡単な方法がある。3つのデータを操作して、起こっていることを正確に反映するデータを作成するのである。このためのステップは以下のとおりである。

1. 実際の価格データと株式分割調整済みデータを使って、株式分割に伴う日々の乗率を求める。乗率を求めるには、毎日、実際の終値を株式分割調整済み終値で割る。最初の株式分割までは乗率は1である。乗率は株式分割（2対1、3対1、1対3など）が発生するたびに変化する。
2. 実際の価格データと配当調整済みデータを使って、支払われた累積配当を算出する。そのためには、毎日、配当調整済み終値を実際の終値から差し引けばよい。

表C.5　IBMのつなぎ足

日付	始値	高値	安値	終値	実際の終値
1980/1/2	−210.0938	−208.5938	−210.5938	−210.5938	62.5
2005/3/14	93.79	94.04	92.5	93.04	93.04

3．実際の価格データにその日の乗率を掛け、その日の累積配当を差し引くことでバックアジャストつなぎ足を作成する。
4．バックアジャストつなぎ足の日付、始値、高値、安値、終値を書き出し、その日の実際の終値を書き足す。

表C.5はIBMのつなぎ足の最初と最後の行を示したものだ。

このデータには25年にわたるIBMの実際の値動きが反映されている。2005年3月14日と1980年1月2日の終値の差はおよそ303ポイントで、株式分割によるものが238ポイントで、支払われた配当は64ドルである。

このデータは実際の値動きをポイントおよびパーセントで算出するのに必要なすべての情報が含まれている。日々の値動きは実際の値動きに等しい。したがって、ポイント変動は正確なものだ。日々の値動きのトータルを実際の価格で割れば、この間の実際の変動率が算出できる。**表C.6**は数日分のつなぎ足と実際の価格データを示したものだ。どちらのデータでも日々の値動きは同じであることに注目しよう。

つなぎ足と実際の価格の日々の値動きは等しい。したがって、つなぎ足は実際のポイント変動を正しく反映していることになる。変動率を求めるには、つなぎ足を使ってポイント変動を求め、それを実際の価格で割る。

日中の値動きも正確に求めることができる。**表C.7**はつなぎ足の架空の日のデータを示したものだ。

表C.6　つなぎ足と実際の価格の価格変動は等しい

日付	つなぎ足の終値	実際の終値	価格変動
1997/8/7	−15.671	107.375	N/A
1997/8/8	−17.796	105.25	−2.125
1997/8/11	−20.046	103.0	−2.25
1997/8/12	−19.6085	103.4375	+0.4375
1997/8/13	−18.671	104.375	+0.9375

表C.7　つなぎ足の架空の日のデータ

日付	始値	高値	安値	終値	実際の終値
xx/xx/xxxx	−10	−5	−12	−8	60

　つなぎ足の−6で仕掛けたとしよう。実際の仕掛け値はつなぎ足の終値と実際の終値の関係を使って求めることができる。実際の終値はつなぎ足の終値より68ポイント高い。したがって、実際の仕掛け値は62ドル（68−6＝62）ということになる。

　最初の株式分割や配当支払いが行われるまでは、実際の始値、高値、安値、終値はつなぎ足の始値、高値、安値、終値に等しいことに注意しよう。

正しいデータは何が違うのか

　それぞれのデータの違いを説明するために、つなぎ足、実際のデータ、株式分割調整済みデータ、配当調整済みデータを使ったトレード戦略を見てみることにしよう。このトレード戦略のルールは以下のとおりである。

■終値が終値の10日移動平均線を下回ったときに買う。仕掛けから15

表C.8　つなぎ足、実際のデータ、株式分割調整済みデータ、配当調整済みデータのトレード結果

データ	勝ちトレード数	負けトレード数	利益（ポイント）	利益率
つなぎ足	120	96	195.1	249.1
実際のデータ	119	99	−60.7	100.2
株式分割調整済みデータ	120	97	28.6	208.6
配当調整済みデータ	173	184	−103.2	−906.3

％上に利食いを入れ、仕掛けから15％下に損切りを入れる。
■価格が10日移動平均線を上回り、そのトレードが20トレード日以上続いていたら手仕舞う。
■終値ベースで損切りを下回ったら手仕舞う。
■終値ベースで利食いを上回ったら手仕舞う。

　表C.8は４つのデータのトレード結果を示したものだ。
　実際の価格と株式分割調整済みデータとでは、勝ちトレード数と負けトレード数は25年にわたり実際の数字に近いが、利益と利益率は大きく異なる。
　配当調整済みデータに関しては、勝てるシステムが実際には負けるシステムに見える。配当調整済みデータの1980年１月２日の利益率はほぼゼロだ。日々の小さな値動きを小さな数で割れば、勝ちトレードと負けトレードの割合は大きくなる。正味効果としては、これらのトレードによって結果は著しくゆがめられる。利益が大きく異なるのは、損切りと利食いに関係がある。小さな数値の15％はさらに小さな数値になる。損切りと利食いは実際よりもはるかに頻繁に執行されたため、結果は実際のトレードを反映していない。
　つなぎ足は現実を反映しているばかりでなく、ほかの価格データよりも結果は良い。つなぎ足はほかのデータよりも値幅が大きいため、

成功するシステムでは大概はこうなる。つまり、つなぎ足ではより多くの利益が得られるということである。

株式のつなぎ足のまとめ

数年以上前のデータで株式戦略を開発すれば、正しい結果は得られない。おそらくは非常に不正確な結果しか得られないだろう。実際のデータ、株式分割、配当支払いを使って正しく調整されたデータを用いれば、実際のトレードを反映した結果が得られ、ほかのデータを使って得られる仮想的な結果よりも良い結果が得られる。データ問題はパフォーマンスを著しく低下させるため、聖杯システムを見逃してしまったのかもしれないと思わせてしまうほどだ。

商品のロールオーバー（ポジションの乗り換え）

先物取引で唯一調整しなければならないのは、当限の納会までに当限のポジションを次の限月以降のポジションに乗り換えること（ロールオーバー）だけなので、株式よりも簡単だ。そのためにつなぎ足という人工的なデータを作成する。当限から次の限月への乗り換え日に、新たな限月の終値と古い限月の終値との差を前のすべてのデータポイント（始値、高値、安値、終値）に足せばつなぎ足の出来上がりだ。このバックアジャストによって前のデータは増減するため、価格はヒストリカルな価格に一致しないが、日々の終値間の差も、始値、高値、安値、終値間の関係も正しく維持される。

データプロバイダーのほとんどはつなぎ足を提供している。なかには当限から次の限月へのロールオーバーの基準を選択できるところもある。最もよく使われる基準は、次の限月の未決済建玉が当限の未決済建玉を上回るときにロールオーバーするというものだ。ロールオー

バーの基準の違いによってデータは若干違ってくるが、すべて有効だ。

付録D ── カーブフィッティングの例

　カーブフィッティングの原因は、システムの開発段階でデータが少なすぎることである。サンプル数が少なすぎて、無限サンプルを近似するのにはほど遠いということである。しかし、カーブフィッティングは気づかないうちに発生することもある。本付録ではそんな例をいくつか紹介する。カーブフィッティングはコストが高くつく。自分の戦略がカーブフィッティングしていることに気づかなければ、多額の損失を出して初めて問題が何なのかに気づき、そこでようやくトレードを中止するはめになる。しかし、あなたの聖杯がなぜ失敗したのかは分からずじまいだ。

ケース1 ── 株式ペアのトレード

　あるとき私は、相関性のある株式ペアをトレードする株式戦略を開発できるかどうか調べてみることにした。相関性のあるペアの価格が互いに異なる方向に動きだしたら、上昇している株式は売り、下落している株式は買い、再び同じ方向に動き出したら手仕舞う。そうすれば利益が得られるはずだと思った。こういった戦略の利点は、リスクが比較的小さくて済むことと、買いと売りのイクスポージャーが等しいことである。したがって、市場全体の上下動にはほとんど影響を受けない。

　流動性のある株式の相関係数を調べ、相関係数が0.4を上回るペアをバスケットに入れた。およそ1300の流動性のある株式のうち、バスケットに入れたのはおよそ300ペアだった。

　その300ペアで戦略を構築した。うまくいくかに思えた。しかし、その戦略をトレードしてみると、結果は惨憺たるものだった。それが

市場状態によるものなのか、その戦略にとって時期が悪かったのかは分からなかった。実はそのプロセスはとてつもなくカーブフィッティングされていたのである。

相関を調べるとき、すべてのデータを使った。それが間違いだったのだ。株式の多くはある時点までは相関条件を満たし、そのあと相関条件を満たさなくなり、そして再び相関条件を満たした。相関性を持っているときに、相関係数が0.4以上のペアを使うべきだったのだ。ある時点では相関性を示すが、最後には相関性を示さなかったペアはトレード戦略を悪化させた。なぜなら、相関性を失った時点で、それらのペアは独立した動きになったからだ。私はそれらのペアがあたかも相関性を取り戻すかのようにトレードしていたのだ。それらのトレードのほとんどは負けトレードになっただろう。

相関条件を満たしたペアを含めて戦略を練り直したときには、戦略はもはやトレーダブルなものではなかった。

この話の教訓は、まだ起こっていないデータに基づく情報を使うときは、ある程度のカーブフィッティングを取り込んでいるということである。カーブフィッティングが最小限なら構わない。これはまさに本書で紹介したバースコアリングテクニックで出てきたケースである。バースコアリングを行うときは、BRACテストを行ってカーブフィッティングが戦略にどれだけの影響を与えるのかを調べる必要がある。

ケース２──株式の日足データで指値注文を使う

私はかつて市場がオープンする前に指値で発注する買いのみの株式システムを開発したことがある。50から200の注文を出したが、私がポジションを保持したかったのは20だけだった。注文数が20に達したらほかの注文はキャンセルするソフトウエアを持っていたが、問題は寄り付きで20以上の注文数に達したときである。そのときは最初の数

分間に、最大の利益になっているトレードを利食いするか、最小の損失を出しているトレードを損切ることで余分な注文は手仕舞った。バックテストでは、寄り付きで指値に達したすべての注文を維持し、20を超えるものについては（あれば）、寄り付きのあとで執行された注文から必要なものだけをランダムに選択した。パフォーマンスは天文学的な数値だった。

　実際にトレードを始めると、結果はいきなりバックテストの結果とは異なるものになった。調査の結果、以下の問題のあることが分かった。

■実際のトレードでは、価格が明らかに指値注文の仕掛け価格を下回っていても、仮説どおりにすべてをトレードしたわけではない。仕掛けたのは10のうちおよそ8つだったが、仕掛けなかったトレードはその日にあとで執行されたものよりはパフォーマンスがよかった。だから、いくつかのトレードを回避したことで全体的なパフォーマンスは下がった。また、実際のトレードではバックテストでは発生しないスリッページが発生した。指値が100で、寄付価格が99であれば、仮説では99で仕掛けるところだが、実際に99で仕掛けられたのはときたまであり、ほとんどは99と100の間で仕掛けられた。

■寄り付き後に執行されたトレードをランダムに選ぶのは楽観的すぎた。実際のトレードでは、良いトレードよりも悪いトレードのほうが多かった。それらの銘柄は指値注文を通り越して、下落し続けた。指値を通り越したあと再び上昇するような株式はない。

　こういった問題点によって戦略はまあまあのものにしかならなかった。この例は指値注文システムの典型だ。予想よりもどれほど悪くなるかなんて分かるわけがないのだ。

ケース3 ―― 1トレード当たりの利益を基準に使ったバースコアリング

　本書で前に述べたように、バースコアリングではあなたの好きな基準を用いることができる。私はバースコアリングの基準として過去n回のトレードの利益率を使って調べてみることにした。nは過去10回のトレードとした。過去10回のトレードにそれらのトレードの平均利益率を割り当てた。その基準を、すでに使っていた4つか5つの基準に追加したとき、スコアがトップのトレードの平均利益率は急に上昇した。結果に疑問を持った私は、どこかでカーブフィッティングしていないか調べてみることにした。トレードが2～3日継続するとすれば、最後の10回のトレードのいくつかはまだ手仕舞いされていない。まだ手仕舞いされていないトレードの利益をバースコアリングの基準に使ったのである。未定の利益を使ったのだからバースコアリングがゆがめられるのは当然だ。トレードはすでに仕掛けられているが、損益はまだ確定していない。でも、その確定しない損益を使ったわけである。この問題は手仕舞ったトレードのみを用いることで解決したが、1トレード当たりの利益は良い基準にはならないことが分かった。

結論

　カーブフィッティングはいろいろな理由で発生するが、ほとんどは開発時におけるサンプルトレードが少なすぎることが原因だ。カーブフィッティングしているかどうかを教えてくれるのがBRACテストだ。ときにはカーブフィッティングしているかどうか分かりにくいこともある。結果がすこぶる良いときには、やったことを丹念にチェックすることである。

■著者紹介
キース・フィッチェン（Keith Fitschen）
先物市場向けのテクニカルなトレードシステムの開発に25年以上にわたって携わり、その間、自らもこれらのシステムで活発にトレードしてきた。1986年、最高のメカニカルシステムの1つと言われるアベレイションを開発。アベレイションは1993年に市販され、それ以来『フューチャーズ・トゥルース』誌の「史上最高のトレードシステムトップ10」に4回仲間入りを果たした。最近では上昇相場と下降相場の両方に対応できる株式トレードシステムを開発した。技術会議やワークショップで話す機会も多く、毎年全国でセミナーを開催している。トレードシステム社の社長でもあり、ウェブサイト（http://www.keithstrading.com/）ではトレードシステムに関する情報を提供している。

■監修者紹介
長尾慎太郎（ながお・しんたろう）
東京大学工学部原子力工学科卒。北陸先端科学技術大学院大学・修士（知識科学）。日米の銀行、投資顧問会社、ヘッジファンドなどを経て、現在は大手運用会社勤務。訳書に『魔術師リンダ・ラリーの短期売買入門』『新マーケットの魔術師』『マーケットの魔術師【株式編】』（いずれもパンローリング、共訳）、監修に『高勝率トレード学のススメ』『フルタイムトレーダー完全マニュアル』『システムトレード 基本と原則』『一芸を極めた裁量トレーダーの売買譜』『裁量トレーダーの心得 初心者編』『裁量トレーダーの心得 スイングトレード編』『ラリー・ウィリアムズの短期売買法【第2版】』『コナーズの短期売買戦略』『続マーケットの魔術師』『アノマリー投資』『続高勝率トレード学のススメ』『グレアムからの手紙』『シュワッガーのマーケット教室』『トレーダーのメンタルエッジ』『プライスアクションとローソク足の法則』『トレードシステムはどう作ればよいのか 1 2』『ミネルヴィニの成長株投資法』『破天荒な経営者たち』など、多数。

■訳者紹介
山下恵美子（やました・えみこ）
電気通信大学・電子工学科卒。エレクトロニクス専門商社で社内翻訳スタッフとして勤務したあと、現在はフリーランスで特許翻訳、ノンフィクションを中心に翻訳活動を展開中。主な訳書に『EXCELとVBAで学ぶ先端ファイナンスの世界』『リスクバジェッティングのためのVaR』『ロケット工学投資法』『投資家のためのマネーマネジメント』『高勝率トレード学のススメ』『勝利の売買システム』『フルタイムトレーダー完全マニュアル』『新版 魔術師たちの心理学』『資産価値測定総論1、2、3』『テイラーの場帳トレーダー入門』『ラルフ・ビンスの資金管理大全』『テクニカル分析の迷信』『タープ博士のトレード学校 ポジションサイジング入門』『アルゴリズムトレーディング入門』『クオンツトレーディング入門』『スイングトレード大学』『コナーズの短期売買実践』『ワン・グッド・トレード』『FXメタトレーダー4 MQLプログラミング』『ラリー・ウィリアムズの短期売買法【第2版】』『損切りか保有かを決める最大逆行幅入門』『株式超短期売買法』『プライスアクションとローソク足の法則』『トレードシステムはどう作ればよいのか 1 2』『トレードコーチとメンタルクリニック』（以上、パンローリング）、『FORBEGINNERSシリーズ90 数学』（現代書館）、『ゲーム開発のための数学・物理学入門』（ソフトバンク・パブリッシング）がある。

2014年5月2日　初版第1刷発行

ウィザードブックシリーズ ㉑⑦

トレードシステムの法則
──検証での喜びが実際の運用で悲劇にならないための方法

著　者　キース・フィッチェン
監修者　長尾慎太郎
訳　者　山下恵美子
発行者　後藤康徳
発行所　パンローリング株式会社
　　　　〒160-0023　東京都新宿区西新宿7-9-18-6F
　　　　TEL 03-5386-7391　FAX 03-5386-7393
　　　　http://www.panrolling.com/
　　　　E-mail　info@panrolling.com
編　集　エフ・ジー・アイ（Factory of Gnomic Three Monkeys Investment）合資会社
装　丁　パンローリング装丁室
組　版　パンローリング制作室
印刷・製本　株式会社シナノ

ISBN978-4-7759-7186-4

落丁・乱丁本はお取り替えします。
また、本書の全部、または一部を複写・複製・転訳載、および磁気・光記録媒体に
入力することなどは、著作権法上の例外を除き禁じられています。

本文　©Emiko Yamashita／図表　© Pan Rolling　2014 Printed in Japan

キース・フィッチェンの開発した代表的なシステム アベレイションとは？

アベレイションは、キース・フィッチェンが1993年12月に開発したシステムである。リリース以降のパフォーマンスも高く、1983年からのバックテストの結果も良かった。
われわれはこのアベレイションをビジネス向けシステムとしては最も優れていると考える。
ただ注意しなければならないのは、実際のトレードに先立って自分のドローダウンに対する耐久力を十分に知っておくことである。開発者であるフィッチェン自身も言っているように、広範な市場向けに分散投資すれば大きな成果が得られるだろう。このシステムは国際市場のさまざまな投資対象に使用可能で、コンピューターが必要である。

P.367〜368『トレーディングシステムのベスト10』より

究極のトレーディングガイド
定価 本体4,800円+税
ISBN:9784775970157

表13.2 アベレイション

1枚の売買
検証期間――1983/1/1〜1999/8/31
75ドルの手数料とスリッページを含む

各市場	トータル損益	年間平均損益（ドル）	最大ドローダウン（ドル）	年間トレード数	勝率（％）	総利益／総損失	利益／証拠金＋ドローダウン（％）
コーヒー	78,638	4,718	76,425	5	42.7	1.5	5.8
綿花	54,845	3,291	12,835	6	43.4	1.7	23.8
原油	48,490	3,031	10,800	7	56.4	2	23.6
スイス・フラン	55,600	3,336	16,588	5	51.8	1.6	18.2
独マルク	42,925	2,576	12,000	5	50	1.6	19.3
英ポンド	26,906	1,614	28,138	5	40	1.2	5.4
Tノート	53,970	3,238	16,180	4	52.8	2.2	18.3

パフォーマンスサマリー

純利益（ドル）	361,374
最大ドローダウン（ドル）	73,360

アベレイションの成績 キース・フィッチェンのウェブサイトより

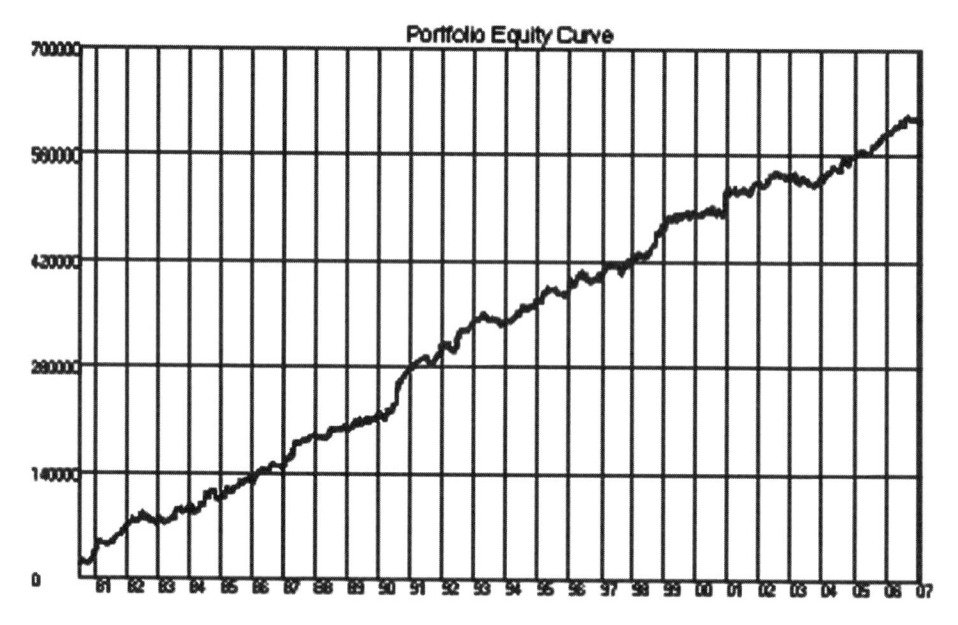

Portfolio Equity Curve

アベレイション　グローバル・ポートフォリオ

年	年間収益率	年間最大ドローダウン	年	年間収益率	年間最大ドローダウン
1980	38.8	10.7	1997	6.6	30.6
1981	55.8	9.7	1998	45.8	31.5
1982	16.9	22.2	1999	44.3	24.4
1983	23.7	18	2000	43.1	17.8
1984	89.1	18.5	2001	61	18.4
1985	62.7	18.4	2002	26.4	21.7
1986	92.6	15.3	2003	4.3	37.8
1987	248.1	21.5	2004	41.5	24.3
1988	22.3	26.9	2005	11.1	24.4
1989	166.6	15.6	2006	40.6	18.5
1990	177	17.6	2007	3.9	35.7
1991	102.5	23.1	2008	235.2	16.9
1992	47.1	21.2	2009	1.4	23.8
1993	165.2	22.6	2010	46.19	13.5
1994	60.7	15.2	2011	1.7	23.9
1995	41.8	22.8	2012	-17.9	29.6
1996	149.2	18.4	2013	-37.7	48.8

平均年間収益率
54.8

平均年間最大ドローダウン
22.5

アベレイション関連書籍

マーケットの魔術師 システムトレーダー編

定価 本体4,800円+税 ISBN:9784775970157

株式を除くほとんどすべての商品市場を追跡している長期的トレンドフォロー型のアベレイションシステム。
キースは自ら使用し、成功を収め、公開に踏み切った。
以来、世界有数の人気ある商品取引ソフトとなった。
三回発表されたフューチャーズ・トゥルース誌のトレーディングシステムの歴代トップテンでアベレイションは、いずれのときもランク入りした。すべてのルールを完全に公表、だれもが自由に買うことができる。あるいは、さまざまな規模のポートフォリオファンドに参加し、利益を得ることもできる。

アベレイションはキースの仕事の土台をなすものであり、インタビューから判断するかぎり、明らかに開発者にとって安心して使えるピッタリのシステムとなっている。

P.104〜120『キース・フィッチェン』

1986年ごろにアベレイションを開発しました。そのシステムを市場で販売し始めたのは1993年のことでした。市販されて10年経っているということですね。ただ、私は1986年からそれを使ってトレードしているわけで、結果として大変良いパフォーマンスを上げています。

アベレイションはバスケットシステムです。自分のセミナーで証明していることですが、株価指数を除く全商品、つまり穀物、食肉、金属、エネルギー、金融、ソフトといった真の商品をトレードする最良の方法はトレンドフォローのテクニックです。そして最高収益を出せる最良のトレンドフォローシステムは長期的なもので、アベレイションがまさにそれなのです。

(中略)

それにアベレイションはいつも市場にいるわけではありません。強力なトレンドを探しているのです。名前もそこから来ています。並外れた(アベラント)価格トレンドを求める、というわけです。価格がどっちかの方向に強力なトレンドを作っているときにだけ、トレードしたいのです。それ以外のときはジッとしています。

――――定期的にシステムの再最適化をしますか?

しません。最初に何千ものサンプルを集めてからスタートするのですが、それでトレード方法が決まります。もとに戻ってやり直すようなことはしません。アベレイションのパラメータはひとつの値しかとりません。それは結論を出すのに何本のバーを使うのかという数値です。1986年に私たちはそれを80本と決め、今でも同じ数字を使っています。当時、その数字は35の市場に基づいて算出しました。今は57か58の市場で検証していますが、バーの数はやはり80本です。それは出発点としては正しい値でした。何が正しい値なのかという答えを得るためのサンプルが十分にあったからこそ決められた数字なのです。

キース・フィッチェンのインタビューより抜粋

アベレイション関連書籍

トレードシステムはどう作ればよいのか 1・2

定価 本体5,800円+税 ISBN:9784775971789
定価 本体5,800円+税 ISBN:9784775971796

ジョージ・P・プルートが世界中から送られてくるトレードシステムを検証しランキング。そこで得られた知識や経験が集約。

	総損益	年次平均損益	最大DD	過去12カ月の損益	過去12カ月のDD	年間トレード数	勝率	市場時間	勝ち：負け	%Gain/Mr+DD	シャープレシオ
Tボンド	28410	1392	26370	540	5820	5	47.9	58	1.3	4.8	0.00
Tノート	21540	1055	26830	-4610	7290	4	46.2	58	1.3	3.7	0.00
英ポンド	40225	1970	29725	1869	8538	5	40.9	56	1.3	6.3	0.00
日本円	117925	5776	19113	5213	7788	5	48.9	64	2.1	27.2	0.00
スイスフラン	52900	2591	16588	-3200	9000	5	50.5	63	1.5	14.1	0.00
ユーロ通貨 (DM)	104188	5124	27225	-1388	14763	5	46.0	62	1.6	17.2	0.00
大豆	-3465	-170	45390	335	5575	7	33.8	59	1.0	-0.4	0.00
綿花	61900	3032	15990	-7115	7995	6	45.5	63	1.6	17.8	0.00
生牛	-7028	-344	17892	2888	2408	8	36.1	65	0.9	-1.9	0.00
銅	66725	3268	26338	60825	11538	6	42.1	62	1.9	11.5	0.00
砂糖	3830	188	13563	6922	3875	6	39.8	62	1.1	1.3	0.00
オレンジジュース	-2243	-110	32505	-105	3398	7	40.1	65	1.0	-0.3	0.00
灯油	48880	2394	24763	-4263	24881	7	46.4	68	1.3	8.9	0.00
原油	49480	2424	27150	-11670	22120	7	53.2	71	1.5	7.9	0.00
天然ガス	131220	8159	42000	53190	34620	7	47.4	71	1.8	17.0	0.00
銀	-6990	-342	46265	19745	13735	5	37.6	57	0.9	-0.7	0.00

	純損益	最大DD	日付	トレード数	市場時間	必要平均証拠金	年次損益X 10十最大DD	%Gain/Mr+DD	%Gain/20%DD
過去6カ月	61862	43353	20060519	47	100	20227		178.0	
過去12カ月	116549	43353	20060519	95	100	20981		167.7	
年平均	34622	39678	Avg. Hi 20	91	100	20211		47.8	
トータル	706868	85735	20050518	1866	100	20211	4.0	29.2	8.1

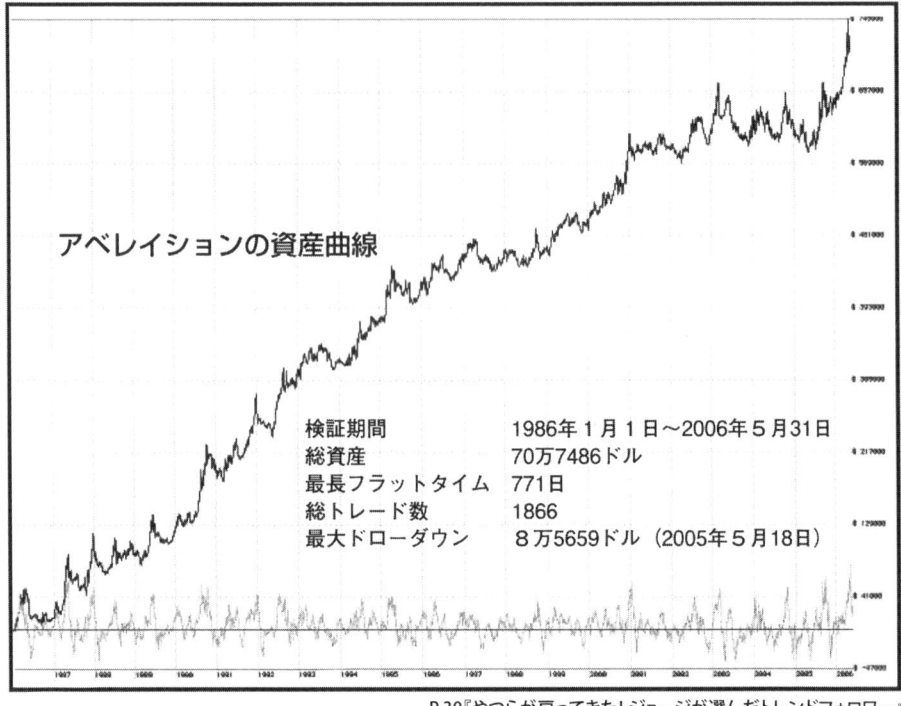

アベレイションの資産曲線

検証期間	1986年1月1日～2006年5月31日
総資産	70万7486ドル
最長フラットタイム	771日
総トレード数	1866
最大ドローダウン	8万5659ドル（2005年5月18日）

P.30『やつらが戻ってきた！ジョージが選んだトレンドフォロワー』

ロバート・パルド

トレーディング戦略の設計・検証のエキスパート。プロのマネーマネジャーとしても長い経歴を持つ。マネーマネジメント会社パルド・キャピタル・リミテッド(PCL)、コンサルティング会社のパルド・グループ、市場分析サービスを提供するパルド・アナリティックス・リミテッドの創始者兼社長でもある。

ウィザードブックシリーズ167
アルゴリズムトレーディング入門

定価 本体7,800円+税　ISBN:9784775971345

使えるシステムの判断法

トレーディング戦略を正しく検証・最適化する

これは正しく応用することよりもはるかに重要だ。トレーディングアイデアを使える戦略に変換するには、設計・検証・評価という正しいステップを踏むことが何よりも重要だ。正しい最適化、アウトオブサンプルデータによるウォークフォワード分析、トレーディング特性の作成、評価特性との比較によるリアルタイムパフォーマンスの評価だけでなく、間違った最適化によって発生の元凶とも言えるオーバーフィッティングの見分け方とその防ぎ方についても解説。

アート・コリンズ

壊滅的な市場の混乱をトップトレーダーがどう乗り越えたのかを描いた評判作『ホエン・スーパートレーダーズ・ミート・クリプトナイト』著者。また、CBOT(シカゴ・ボード・オブ・トレード)の会員で、ほぼ20年にわたってメカニカルシステムの開発を手掛けている。

ウィザードブックシリーズ137
株価指数先物必勝システム

定価 本体5,800円+税　ISBN:9784775971048

シュワッガーに負けないインタビュアー

ノイズとチャンスを見極め、優位性のあるバイアスを取り込め

変化の激しい今日の金融先物市場。トレーダーは不確実で矛盾に満ち、しかもほとんどランダムともいえるマーケットのノイズに直面している。そうしたノイズのなかから有望なバイアスを選別し、それをトレーディングシステムに取り込もうとしているトレーダーの90%以上がその試みに失敗し、大きな損失を余儀なくされている。有効なトレーディングシステムを開発し、金融先物市場で飯を食っていけるわずか5～10%の成功するトレーダーとなるには何をすればよいのだろうか。

ラリー・R・ウィリアムズ

ウィザードブックシリーズ196
ラリー・ウィリアムズの
短期売買法【第2版】
投資で生き残るための普遍の真理

10000%の男

定価 本体7,800円+税　ISBN:9784775971604

短期システムトレーディングのバイブル！
読者からの要望の多かった改訂「第2版」が10数年の時を経て、全面新訳。直近10年のマーケットの変化をすべて織り込んだ増補版。日本のトレーディング業界に革命をもたらし、多くの日本人ウィザードを生み出した教科書！

ウィザードブックシリーズ97 ラリー・ウィリアムズの
「インサイダー情報」で儲ける方法
定価 本体5,800円+税　ISBN:9784775970614

"常勝大手投資家"コマーシャルズについて行け！ラリー・ウィリアムズが、「インサイダー」である「コマーシャルズ」と呼ばれる人たちの秘密を、初めて明かした画期的なものである。

ウィザードブックシリーズ65
ラリー・ウィリアムズの株式必勝法
定価 本体7,800円+税　ISBN:9784775970287

正しい時期に正しい株を買う。話題沸騰！
ラリー・ウィリアムズが初めて株投資の奥義を披露！
弱気禁物！上昇トレンドを逃すな！

トーマス・R・デマーク

ウィザードブックシリーズ41
デマークの
チャート分析テクニック

テクニカルサイエンティスト

定価 本体5,800円+税　ISBN:9784775970027

いつ仕掛け、いつ手仕舞うのか。
トレンドの転換点が分かれば、勝機が見える！チャート分析における世界の第一人者として広く知られているトム・デマークは、世界中の最も成功した多くの取引に対して、テクニカルなシステムや指標を開発した。

ラルフ・ビンス

トレーディング業界へは歩合制外務員として入り、のちには大口の先物トレーダーやファンドマネジャーのコンサルタント兼プログラマーを務める。著書には『投資家のためのマネーマネジメント』（パンローリング）、DVDに『世界最高峰のマネーマネジメント』（パンローリング）などがある。ケリーの公式を相場用に改良したオプティマルfによって黄金の扉が開かれた。

オプティマルfの生みの親

ウィザードブックシリーズ151
ラルフ・ビンスの資金管理大全

定価 本体12,800円+税　ISBN:9784775971185

どんな手法にも最適なマネーマネジメントが存在する

最適なポジションサイズとリスクでリターンを最大化する方法。リスクとリターンの絶妙なさじ加減で、トントンの手法を儲かる戦略に変身させる!!!
資金管理のすべてを網羅した画期的なバイブル!
基本的な数学法則とコントロール不可能なリスクを伴う一連の結果を扱うときに、これらの数学法則がわれわれにどのような影響を及ぼすのか。

DVD 資産を最大限に増やす ラルフ・ビンスのマネーマネジメントセミナー

定価 本体100,000円+税　ISBN:9784775962442

中長期トレンドフォローシステムの公開

スペース・レバレッジモデル（資金管理モデル）の公開
↓
オリジナルソフト提供

オプティマルfで定期性リスク率を一般に公表したラルフが次に開発した資金管理モデル。本セミナー参加者だけに公表される数学やプログラムの知識がなくても活用できる資金管理プログラム。

システムトレード関連書籍

ウィザードブックシリーズ138
トレーディングエッジ入門
著者:ボー・ヨーダー

定価 本体3,800円+税　ISBN:9784775971055

統計的、戦略的なエッジを味方につけて、「苦労しないで賢明にトレードする」秘密

エッジがなければ、トレーディングはそのコストによって長期的には損失になる。トレーディングのエッジを獲得するためには、マーケットのなかで統計的に優位な「何か」を探さなければならない。そして、最高のエッジは、トレーダー心理が引き起こすマーケットの転換期に現れる。

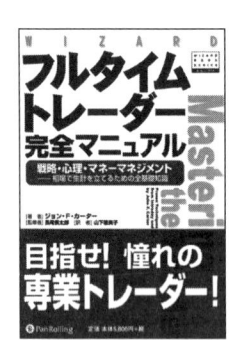

ウィザードブックシリーズ119
フルタイムトレーダー完全マニュアル
著者:ジョン・F・カーター

定価 本体3,800円+税　ISBN:9784775963302　63分

相場で生計を立てるための全基礎知識

初期の学習曲線を素早く乗り越えて、儲かるフルタイムトレーダーへの近道を模索するトレーダーに格好の書。
トレードに必要なすべてを余すことなく、かつ分かりやすく伝える。

ウィザードブックシリーズ159
ロジカルトレーダー
著者:マーク・B・フィッシャー

定価 本体5,800円+税　ISBN:9784775971260

**超短期のトレードから
ポジショントレードまで応用可能!**

エゴを捨てる、ギャンブル理論、「次!」などの概念を組み合わせれば、ACDシステムはあらゆるトレードスタイルや理論にも応用できる。

システムトレード関連書籍

ウィザードブックシリーズ42

トレーディングシステム入門

著者:トーマス・ストリズマン

定価 本体5,800円+税　ISBN:9784775970034

仕掛ける前に勝負はすでに決着がついている!

巨額のマネーを動かす機関投資家であろうと、ポケットマネーの身銭を切って戦う個人投資家であろうと、成功と失敗の分かれ目は、結局、あなたが構築したトレーディングシステムにかかっている。トレーディングの運命を任せるに足るシステムと考え抜かれた戦略的トレーディングシステムの設計方法について、すべてを網羅した画期的書籍!

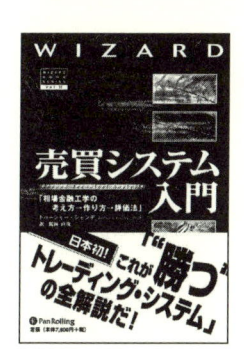

ウィザードブックシリーズ11

売買システム入門

著者:トゥーシャー・シャンデ

定価 本体7,800円+税　ISBN:9784939103315

「勝つトレーディング・システム」の全解説!

トレーディング上のニーズに即した「実際的な」システムの構築法。図表や数々の例を用いて、トレードの基本、新しいシステム、資金残高曲線分析、マネーマネジメント、データスクランブルなどについて、深く言及。

ウィザードブックシリーズ63

マーケットのテクニカル秘録

著者:チャールズ・ルボー、デビッド・ルーカス

定価 本体5,800円+税　ISBN:9784775970256

コンピュータートレーディングの決定版!

今日の先物取引では、インターネットを通じ手ごろな価格でデータにアクセスできる。広範囲のテクニカル指標を表示することができる優れた最新ソフトを使えば、データ分析を即座に、効率的に行うことができる。

システムトレード関連書籍

ウィザードブックシリーズ183
システムトレード 基本と原則
著者:ブレント・ペンフォールド

定価 本体4,800円+税　ISBN:9784775971505

あなたは勝者になるか敗者になるか？

勝者と敗者を分かつトレーディング原則を明確に述べる。トレーディングは異なるマーケット、異なる時間枠、異なるテクニックに基づく異なる銘柄で行われることがある。だが、成功しているすべてのトレーダーをつなぐ共通項がある。トレーディングで成功するための普遍的な原則だ。
またそれらを裏付ける成功した幅広いトレーダーたちの珍しいインタビューを掲載。

システムトレード発見のポイント
著者:斉藤正章

定価 本体2,800円+税　ISBN:9784775991206

**売買ルールの着眼点から
売買ポートフォリオの最適化まで**

現在の知識と経験を積み重ねた状態で、その「遠回り」を整理してみると、必要ないくつかの「ポイント」さえ押さえておけば、それほどの時間をかけずに実運用に耐えられるものができるのではないか。

使える売買システム判別法
著者:山本克二

定価 本体28,000円+税　ISBN:9784775990971

確率統計で考えるシステムトレード入門

システムトレードで最も重要なのは、「これまでの実績」ではない。「これからの実力」を見極め、"常勝チームの監督"になることだ。
エクセルで実力を見極め強力なポートフォリオをつくり、許容リスクのなかで最高のリターンを期待できる組み合わせを探る。